（上）カバーで使用した絵は、ウクライナから避難してきた4人姉妹の次女、アデリナが描いたもの
（下）左からアリビナ、アンナ、アデリナ、アンゲリナ。4人姉妹は物資の積み込みを手伝ってくれる

(上)アリビナが作ってくれたブレスレット。足りなかった「O」は、「U」をペンで塗って「O」にしてくれた（中右）積み上がったウクライナに運び込むための支援物資。自宅に置けない分は全て避難所で保管する（中左）ウクライナから避難してきている「お母さん」が作ってくれたピロシキ。あっという間にみなで平らげた（下右）調達した物資をウクライナに届けてくれるオスファルドは支援を通じてできた大切な仲間だ（下左）絵を描くことと日本のマンガが大好きだというソニャは、絵を通して他の子どもたちとも仲良くなった

（右上）大切な物資をウクライナに届けてくれる搬入車両。ドアには、3つの国の国旗が張られている（左上）戦地まで物資を届ける支援車両。届けられた飲料水は戦う「お父さん」にとって貴重なものだ（右中）「光と暖」を届けたい。冬本番を直前に控えて、搬入を待つポータブル発電機。箱には「夢」と書いた（下）西部リヴィウ州のザスタブネ小学校に届いたパソコンと受け取ってくれた子どもたち

（上）12月24日、発電機とともにウクライナイに届けられた子どもたちのためのクリスマスプレゼント
（下）西部テルノピリ州のクレメネチ小学校から届いた写真。手のひらには「Help me」のメッセージが

ウクライナとともに

涙と笑顔、怒りと感謝の365日

ワルシャワ日本語学校教頭
坂本龍太朗

双葉社

序章

ポーランドに来て12年、日本語学校を経営しながら日本文化を国内外で紹介することが何よりの生き甲斐だった。日本とポーランドの関係づくりを促進することに大きな喜びを感じ、両国の間で年を重ねていくのだろうと勝手に考えていた。アメリカやベラルーシに住んだあと、最終的に落ち着いたポーランドという土地。いや、今思えば落ち着いたのではなく導かれたのだろう。そこには、ここですべき別の役割を全うせよという天の采配があったからなのかもしれない。

「誕生日だって聞いたけど、プレゼントに何かほしいものある？」

2022年6月、ウクライナから避難してきている12歳の少女アリビナにこう問いかけたのは戦争が始まって約4ヵ月後のことだった。お父さんもお兄さんもウクライナに残してきた少女なら、多少のわがままも聞いてあげたくなる。

「ウクライナの平和がほしい」

それが彼女の唯一の答えだった。沖縄の海を閉じ込めたような少女の瞳は、その答えに偽りがないことを物語っている。

「家族が集まるべき日に、家族はばらばらにされた」

ヴェラさん（50）は涙ながらにそう打ち明け、財布の中にあった息子たちの写真を見せる。ハリキウから避難してきたこの女性の誕生日は2月24日。家族や親せきが集まり、バースデー・パーティをすることを楽しみにしていたその日の朝、自宅の近くに爆弾が落ちた。家族を支えてきた彼女はたった1人でポーランドへ。夫だけが家に残り、息子たちは戦場へ。家族が集まり幸せに過ごせるはずだったその特別な日に、家族はばらばらに引き裂かれた。涙が止まらないのは彼女に共感したからではない。ヴェラさんの手を握り、話を聞くことしかできないという現実が許せなかったからだ。

「オデーサはとてもきれいな街よ」

オデーサ出身のオレーナ（30）はそう言ったあと、口に手を当てて目線を逸らす。数秒後、瞳に水たまりをつくり再び私に目を向けると、「きれいな街だったのよ」と言い換えた。濡れた目は、私のことなどろくに見えていない。彼女は私の息子と同じ5歳の娘ヴェロニカと2人でポーランドに逃げてきた。手に握られているスマートフォンには、オデーサに残してきた夫からの動画が届く。それを私に見せながら「オデーサの男たちは強いから、希望を持って強く生きなくちゃね」と言うが、その言葉は私ではなく彼女自身に向けられている。動画の中の火炎瓶を投げる練習をしている男たち。火炎瓶が当たり一気に燃え上がる壁。炎とは対照的に、男たちはぶ厚いコートに手袋姿だ。ウクライナ南部のオデーサは温暖なのかと思いきや、3月の初めでも日中の気温は3度だそうだ。「次は平和で美しいオデーサで会いましょう」と言い、翌朝6時の便でヘルシンキに向かったオレーナ。娘のヴェロニカは以前から飛行機に乗ることが夢だったそうだ。ロシアによってその夢は悪夢として叶えさせられ、大好きだったお父さんはそこにいない。

ウクライナの人々は決まって、会ったばかりの私に驚くほど個人的な身の上話をする。彼らは他人である私を、自らの心にぽっかりと開いた真っ暗な穴の奥まで連れていこうとする。引き裂かれた心のピースを一つひとつ確かめながら、まるで私と一緒に再びパズルを完成させたいかのように……。いくら探しても家族や平和といったピースはここにはないと分かっているにもかかわらず……。

カウンセラーでもない私が、ここまで彼らの心に触れてしまっていいものなのかと戸惑ってしまう。しかし、恐らく私にだからこそ彼らは話しやすいのかもしれない。ウクライナ人同士であればお互いつらい話をし合うことになり、とめどない暗闇へと突き進むだけだ。一方、祖国を追われた経験をしたことがない私は、ほとんど一方的にその話を聞くことになる。同じウクライナ人には知られたくないようなこともあるだろう。祖国に家族を残して、自分だけが逃げてきてしまったという罪悪感。そんな痛みを誰にも打ち明けず、抱え込んで避難生活を送れるほど人は強くない。

「支援する理由を教えてください」

今まで日本のメディアから、オンラインの講演会で、何度この質問を受けてきたことだろう。残念ながらこの問いに対する適切な答えは持ち合わせていない。支援する理由など考えたことはなく、考える暇もなく走り続けてきたからだ。ただ、1つだけ言えることがある。ここに紹介した3つのやりとりは過去1年にあった数ある会話のほんの一握りだ。こんなやりとりが昼夜を問わず繰り広げられる環境にいると、支援する理由もなにも、支援しないという選択肢が見えなくなっていく。目の前で交通事故があり、怪我をしている人がいて無視できる人は数少ないだろう。隣の家で火事があり、こちらに燃え移るかもしれない時に、行動を起こさないほうがむしろ不自然だ。行く当てもなく着の身着のまま逃げてきた彼らをよそに、何もなかったかのような日常を送ることはできない。

このような質問が多く寄せられるということは、それだけポーランドと日本とではウクライナでの戦争に対する報道の仕方も、伝わり方も、考え方も違うのではないか。こちらでは当たり前のことも日本では驚きも持ってとらえられる。これは、そもそも日本に現状が正しく伝えられていないからではないか。

ウクライナの人々は言う。「ウクライナはロシアだけが脅威だけど、日本の周りには中国や北朝鮮もあるし、台湾だっていつ何があるか分からない。私たちはクリミア半島を8年前に占領されたけど、日本は北方領土を一体何年前に取られたの？　日本は大丈夫？」と。

祖国が侵略されているにもかかわらず日本を心配しているウクライナの人々。今、このヨーロッパで起きていることが正しく日本に伝わらなければ、万が一日本を含むアジアで同じような危機が起こった時、日本は今のポーランドと同じように突然の避難民流入で大混乱することになりかねない。

平和な世界で生きていきたい。しかし、このような危機は予期せずどこでも起こりうる。それがもし日本やその周辺で起きた時、どこにどんな支援がいつ必要で、それをどう進めていくのか。「我関せず」では済まされない。ウクライナでの戦争は、多くの識者がないだろうと高《たか》を括《くく》っていた。平和は続くと多くの人が思っていた。しかし現実は、私たちを1日にして裏切ったのだ。日本で今後もずっと平和が保たれるという保障はどこにもない。

ウクライナ人やポーランド人がそうであったように、私たちはいつどこで突然避難民に、また支援者になるか分からない。それだけ情勢を読むのが難しい世界に私たちは生きている。だから知ってほしい。新聞やテレビを通しては届いてない現実を。小さくて聞こえない子どもたちの声を。ヨーロッパはどうウクライナを支え、ウクライナはどう戦っているのかを。

戦いは戦場だけではない。今回の戦争はハイブリッド戦争と呼ばれるように、プロパガンダとの戦い、世論形成、支援疲れとの戦いなど多岐にわたる。ウクライナ支援もヨーロッパができる戦い方の1つであり、この本は活字を使った平和構築への戦いである。本書を、そして執筆で得られる私の報酬を全てウクライナのために捧げる。それは、この本の主人公は私ではなく、ポーランドでもなく、ウクライナの人々であるからだ。

目次

ウクライナと
ポーランド
その周辺国
ロシア
チェルニヒウ
スーミ
ハリキウ
ルハンスク
ポルタヴァ
トーミル
キーウ
ウクライナ
ドネツク
チェルカーシ
キロヴォフラード
ドニプロ
ヴィンニツァ
ザポリージャ
ミコライウ
オデーサ
ヘルソン
モルドバ
クリミア

ベラルーシ
ポモージェ
ヴァルミア・
マズールィ
ポドラシェ
西ポモージェ
クヤヴィ
ポモージェ
マゾフシェ
ヴィエルコ
ポルスカ
ポーランド
ルブシュ
ヴォルィーニ
リウネ
ウッチ
ルブリン
ドイツ
ドルヌィ・
シロンスク
シフィェン
ティクシシュ
オポーレ
シロン
スク
ポトカルパチェ
リヴィウ
テルノピリ
マウォポルスカ
チェコ
イワノ
フランキウスク
ザカルパッチャ
チェル
ニウツィ
スロバキア
オーストリア
ハンガリー
ルーマニア

〔協力〕
竹下雅道（千曲市ウクライナ避難民を支える会）
葛西龍也（haco!／株式会社cd.）
株式会社フェリシモ

LOVE IN PEACE
PROJECT
haco! | FELISSIMO

〔カバーアート〕
アデリナ「困った時にこそ分かる友」

〔デザイン〕
金井久幸＋川添和香（TwoThree）

〔校正〕
谷田和夫

〔編集〕
谷水輝久（双葉社）

第一章
戦前、まやかしの平和

2022年3月6日、著者が「自宅に国旗掲揚。ウクライナが平和になるまでは下ろさない」とSNSに投稿

開かれた扉

なぜポーランドは、これほどまでにウクライナを助けているのか。ウクライナで戦争が始まってから、ポーランドが取った行動に世界中が驚いた。制限なく避難民を受け入れ、難民キャンプに収容するのではなく、主な受け入れ先となったのは一般家庭だ。支援物資は山のように集まり、国境からは消費が間に合わないと送り返されるほどだった。国境とワルシャワの間に運行した人道列車は避難民の足となり、ポーランド国鉄は全土で避難民に対し無料開放された。ポーランド人の子どもたちと同じ額の子ども手当が支給され、日本のマイナンバーにあたるポーランド国民識別番号（以下、ＰＥＳＥＬ）を発行し就労への道を開く。なぜここまでできたのか。

世界を驚かせた理由の1つは、それまでポーランドが全く正反対の道を歩んできたためだ。これまで周辺国のスウェーデンやフィンランド、ドイツなどは中東やアフリカなどから多くの難民を受け入れてきた。ポーランドでは街を歩くと、移民が少ないことに多くの観光客が驚く。2021年の年末にはベラルーシが中東から来た難民をポーランド国境に送り、越境する事案が多数発生した。ポーランドをはじめ、欧州連合（以下、ＥＵ＝European Union）は同年6月にベラルーシに対して課した経済制裁への報復措置だと判断し、ベラルーシのルカシェンコ政権を非難した。当時、ポーランドは国境に軍を展開し、放水などで越境しようとする難民の多くを退去させた。その後、ベラルーシとの国境沿いに高さ2・5mのフェンスを設置することが決まる。このニュースが世界に配信されるやいなや、ベラルーシを非難する声があると同時に、ポーランドが越境してきた難民さえも送り返したことにもまた批判があった。

ポーランドの難民政策は欧州内でも長らく問題となってきた。ヨーロッパは長年、中東やアフリカからの難民流入に苦しめられており、地理的に最初に難民が入国することが多いギリシャやイタリアなどは、EU諸国に応分の負担共有を求めてきた。それでもポーランドの消極姿勢に変化はなかった。第二次世界大戦まで、多くのユダヤ人と共存してきたことを考えれば、なおさら21世紀のポーランドは難民に厳しい国だった。

それが今回の危機では、一転して国をあげて無制限に難民を受け入れた。それも、国としてだけではなく、一般家庭の多くがウクライナ人に扉を開き自宅に招き入れた。今まで難民をほとんど受け入れてこなかったことを鑑みるに、この行動は人種差別ではないかという見方もある。差別がないかと言えば、それは嘘になる。キリスト教徒・スラブ民族は、イスラム教徒・アラブ民族よりも受け入れに対する社会の抵抗が少ないことは事実だ。しかしそれ以上に、ポーランドにはウクライナ避難民を受け入れる多くの理由があった。

言語。ウクライナ語とポーランド語は別の言語であり、文字体系も違う。しかし、ともにスラブ語圏に属し、文法や語彙などに一定の共通性がある。多くのウクライナ避難民がポーランドに来たのは、ポーランドであれば他国より比較的言語に対する壁が低いと考えていたためである。では、どれぐらい通じるのか。文字の場合、ウクライナ語はキリル文字である一方、ポーランド語はラテン文字なのでほぼ読めない。会話の場合、3割ほど単語の共通性があるため、意思疎通の可能性は多少広がる。とはいえ、言語の壁はなお高いと言わざるを得ない。

ポーランドにとっての兄弟国ウクライナ

兄弟国のような関係上、戦前からポーランドには多くのウクライナ人が住んでいた。ポーランド国家統計局によると2019年12月31日の時点で在ポーランド・ウクライナ人の数は135万1418人。約8割が労働目的であり、医療から土木建築、教員まで幅広い業種でウクライナ人が活躍していた。

ポーランドの大学等教育機関には、多くのウクライナ人留学生も在籍していた。彼らはポーランド語を習得し、大学卒業後にポーランドで就職することが多い。結果としてポーランドでは、ウクライナ人の同僚や級友がいることは誰にとっても当たり前の日常となっていた。私たちがウクライナ人と出会った場合、またはウクライナ人同士が出会った場合でも、ポーランド語で話し始めると相手がウクライナ出身であることに気づかないことがよくある。ある程度、両国で共通する名前もあり、見た目だけではなく名前を聞いても、ポーランド語を話している限り判断することは難しい。

民族。ウクライナ人もポーランド人も国こそ違えど、スラブ民族という括りに入る。民族が同じということはある程度の食文化や習慣、そして民族衣装なども似ている。どちらの国でも地域によって民族衣装は異なり、見ただけではそれがどちらの国のものなのかは素人目では判断がつかない。ボルシチはウクライナ発祥の料理として知られている。ウクライナにもいろいろなボルシチがあるが、ポーランドでよく食べられているボルシチは「ウクライナ風ボルシチ」と言われ、一般的な家庭料理となっている。

伝説。建国にまつわる伝説にも意外な共通性が見られる。ポーランドに伝わる伝説はルス、チェフ、そしてレフという3人の兄弟が一緒に狩りに出かけるところから始まる。レフが自分の放った矢を追って北に向かったところ、そこで白い鷲に出会う。そこでレフがつくった集落からポーランドが始まったとされている。真っ赤な夕日と白鷲は現在、ポーランド国旗の色となっている。

一方、ウクライナでは、キー、シチェク、ホリフというこちらも3兄弟が出てくる。長男キーが作った村、それが今の首都キーウである。ポーランドの伝説に出てくる3兄弟の中のルスは東に向かったとされ、そこでロシアの土台をつくったとも言われる。もちろん、ロシアの起源となったのは、ロシア諸都市の母という別名でも知られ、ルーシ国家の首都であったキーウである。

両国は建国における時期も近い。ポーランドでは部族国家が9世紀頃に出現し、初代統治者と言われるミェシコ一世が洗礼を受け、キリスト教を受け入れた年が966年である。ウクライナにおいても部族国家の出現は9世紀頃に遡り、最初の歴史的支配者であったヴウォディミェシがキリスト教の洗礼を受けたのは988年である。兄弟国のようなポーランドとウクライナは、建国の段階から兄弟だったのかもしれない。ウクライナ国歌の中に出てくる「兄弟」という歌詞はある意味、ポーランドを意味するのではないかとさえ思ってしまう。

次に国歌。「君が代」からも分かるように、国歌を読み解けばその国の歴史や文化、気質、意志を垣間見ることができる。両国の国歌は次のように始まる。冒頭からその共通性が見られ、中盤には両国歌とも「敵」に関する歌詞が現れる。傍線部分は繰り返しのパートであるが、2度繰り返されることも共通している。ポーランド国歌は4番まで、ウクライナ国歌も原歌は同様に4番まであったことも偶然ではないだろう。両国歌の1番だけここで紹介したい。

ポーランドは未だ滅びず

我等が生きている限り
外敵が迫ってきたら
サーベルを手に立ち上がれ
進め進めドンブロフスキ将軍
イタリアからポーランドへ
汝の指揮の下国民は団結せり

ウクライナは未だ滅びず　栄光そして意志もしかり
若き兄弟たちよ　運命は再び我等に微笑むだろう
敵が迫ってきても
日差しに散る霧の如く消え失せよう
兄弟たちよ　自らの土地を自らの手で治めよ
自由のためには魂も体も捧げ
兄弟たちよ　コサック民族の血を示せ

歴史。伝説や民族、言語、国歌以外にもポーランドとウクライナの間には歴史という大きな共通点がある。第二次世界大戦後、ポーランドの領土には大きな変更がもたらされた。東方の国境は１９４３年のテヘラン会談で定められたカーゾン線をベースに、西方はポツダム会談の合意内容に基づきオーデル・ナイセ線上に定められた。オーデル川とナイセ川は現在でもポーランドとドイツの国境となっている。当時の国境変更によってポーランドは全体として西に移動し、面積も約20％減らされた。結果として、戦前のポーランド東部地域はソ連となり、ポーランドの西部地域となった旧ドイツ領からは多くのドイツ系住民が追放された。

リヴィウをはじめ、テルノピリやルックなどは現在ウクライナの西部都市として知られている。しかし、そこは戦前ポーランド領であった。ポーランド人にとって、リヴィウなどは古都に近い感覚をもって受け止められているうえ、年配のポーランド人の中には現在のウクライナ領出身者も少なくない。戦後ソ連領となった現在のウクライナ西部にはポーランド系住民も多く、国籍こそウクライナであれ、彼らはポーランド系としてのアイデンティティも同時に持ち合わせている。それらを考えると、ウクライナ西部の街と姉妹都市提携を結んでいるポーランドの街が多いことにも頷ける。私が現在住んでいるツェレスティヌフは、４００㎞も離れていないリヴィウ州のグリニャニと姉妹都市関係にあり、戦前から民間レベルでも活発な交流が行われていた。ポーランドの国名はポーレ（平原）に由来するが、一方のウクライナはウ（〜の近くに）、そしてクラーイ（国境）から来ている。ポーランドにとって、ウクライナはまさにポーランド国境と大きな歴史的関係がある。

そして何より、ポーランドとウクライナを深く結びつけているものとして宗教が挙げられる。その国の文化や習慣は、宗教から大きな影響を受けている。日本であれば、スポーツの日などの一部を除き、多くの祝日が神道と皇室に由来しているように、両国はともにキリスト教国であるということで文化や習慣に大きな類似性が見られる。クリスマスの料理から、イースターの飾りつけまでが似ている。キリスト教国家であればイースターはどこも似たようなものだと思われがちだが、両国にはピサンキと呼ばれる卵に色を着けて絵を描く珍しい習慣がある。

スポーツ。両国で一番人気のあるスポーツはサッカーである。2012年にポーランドとウクライナでユーロカップを共催したことは記憶に新しい。過去に2度2ヵ国共同開催の例があるものの、ユーロカップは通常1ヵ国内で開催されているという枠組みから外れ、ポーランドとウクライナで共同開催されたという意味は大きい。

ポーランドに住む者にとって、それだけウクライナは近い存在であり、職場においても教育機関においてもよきパートナーであった。今までずっとそうであった。2014年にクリミア危機が起こってからも、その関係に大きな変化はなかった。ポーランドに住んでいたウクライナ人だけではなく、ポーランド人も、この良好で安定的な関係が永遠に続くものと信じて疑わなかった。2022年2月24日までは。

第二章

戦争勃発

2022年2月28日、侵攻直後の避難所の様子。戦前は市民体育館として使用していた場所

春より先にやってきた戦車

２０２２年２月24日、それはいきなり訪れた。まるで予知されなかった地震のように。もちろんロシアは、前もって15万とも19万ともいわれる部隊をウクライナ周辺に集結させ、軍事演習を行っていた。しかし、専門家を含め多くの人々がさすがに戦争にはならないだろうと高を括っていた。北京オリンピック中に戦争を始めて世界中の反感を買うほどロシアは愚かではないだろうし、オリンピックが終わったとしてもウクライナでは雪解けに伴う泥濘期《でいねいき》で戦車による作戦は難しいだろうと見られていた。ロシアと世界との経済的な結びつきも、残念ながら人々の判断を鈍らせる要素にしかなりえなかった。そして世界は、パンデミックがある程度収束することを望み、３年ぶりに行動制限のない春を期待していた。しかしこの年、ウクライナには春より先に戦車がやってきた。

大方の予想に反し、ロシアによるウクライナ侵攻が始まった。世界中のメディアが速報で伝え、同時に数日でキーウは陥落するだろうという専門家の意見が紹介される。キーウが陥落し、ロシアの傀儡《かいらい》政権ができればそれで戦争は終わる。ウクライナのＥＵや北大西洋条約機構（以下、ＮＡＴＯ＝North Atlantic Treaty Organization）加盟への道が閉ざされるだけの話で、戦争自体は短期間になるだろう。燃え上がるウクライナの空港……。圧倒的な軍事力を持つロシアを前に、ウクライナの運命などほぼ見えている。

ポーランドの歴史を知る者にとって結果は予想しやすい。1939年、ドイツの侵攻を受けたポーランド。侵攻からたった1ヵ月で首都ワルシャワは陥落し、ポーランド政府はワルシャワを〝捨て〟、ルーマニアへ渡りそのまま亡命政権となった。その後、ポーランドはドイツとソ連によって分割される。当時のポーランドは英仏と同盟関係にあったため、ドイツの侵攻を受けても多くのポーランド人が友軍の参戦に期待して抵抗を続けた。しかし、友軍は足踏みしポーランドはある意味国際社会から見捨てられた。

当時のポーランドより、今のウクライナは弱い。他国との軍事同盟もなく、ウクライナ人だけで戦わなければならないからだ。ウクライナは見捨てられる以前に、助けに来る同盟国さえ存在しない。核をちらつかせるロシアとの軍事力の差は、数字だけでウクライナの士気を挫《くじ》くだろう。

1939年のワルシャワでは戦争に対する準備ができておらず、開戦直後に食糧が底をついた。今のウクライナも同じではないか。その日が来るまで戦争の危機をあおらないように、平静を保つようにと、政府が国民に、そして世界にずっと呼び掛けてきた。ウクライナは当時のポーランドのようになってしまうだろう。多くの人がそう考え、ニュースを見ては専門家の意見を疑わない。赤子が手をひねられるかのように戦争はすぐに片がつく……。

しかし、それらの予想はいずれも覆された。ゼレンスキー政権は亡命せず、国内に留まる決断をした。ウクライナ軍も2014年のクリミア危機以降、手をこまねいていたわけではなく、侵略に対する備えを決して怠ってはいなかった。当初の想定が崩れたことで、最も度肝を抜かれたのは、ウクライナを他のどの国よりも分析していたはずのロシアだっただろう。そして戦争は、長期化への道を歩みだす。

数日間だけ家族と離れて避難すれば、また戻れると考えていたウクライナ人。何日か避難民を支援すれば、また日常が戻ると考えていたポーランド。みながクリミアのように占領されたとしても大規模な衝突は短期で終わり、戦争そのものは終結に向かうだろうと考えていた。人は危機において、楽観視することで崩れそうな心の安定を保とうとする。しかし無情にも、戦争は答えを見いだせないほうへと向かっていく。

大きな戦況に関するニュースが伝えられる中で、報道で取り上げられない人々の声がある。ニュースが減っても苦しむ子どもたちの数は増える一方だ。彼らの多くはポーランドに押し寄せ、私たちの生活を一変させた。ポーランドはいかに避難民を迎え入れ、どう支援を進めたのか。ノウハウも正解もないいばらの道が永遠と続く中、支援は目的地の見えない新幹線のごとく走り出すこととなる。

初日の荒波

まさに人の津波だ。それは東から一気にポーランドに押し寄せ、私たちの生活を飲み込んだ。準備ができていたポーランド人はほとんどいなかった。万が一に備え、すぐ逃げられるようにと給油を急ぐ車の列でガソリンスタンド周辺の交通が麻痺した。ATMでお金をおろしたり、ポーランド通貨のズロチをユーロなどに換金したり、現金を手元に保管し始める人々。戦争の足音におびえた彼らは、戦禍がポーランドに及んだ時に備え、避難するために西へ目を向けた。

一方、東に目を向けた人々もいた。彼らは逃げるためではなく、ウクライナ国境へ行くためにガソリンスタンドに並んだ。自分のためではなく、人を助けるために現金を準備した。ウクライナとの国境には数㎞にも及ぶ列ができ、国境まで来たはいいが寒さで亡くなってしまうケースも報告された。ポーランド側に入れたとしても行く当てがない。そんな彼らの足になりたいと多くのポーランド人が自家用車を国境へと走らせたのだ。

このように、一夜にしてポーランドの人々がした〝まわれ右〟。その目線が西なのか東なのかの違いがあるだけで、無反応だった人はいなかった。そんな中、分かっていることは1つ、全員が西を向いていたとしたらウクライナからの避難民がポーランドに来たとしても、決して安心できる環境に落ち着くことはできなかっただろうということだ。

私が住んでいるツェレスティヌフという街はワルシャワからウクライナへの国境方向に45㎞ほど離れた場所にある。一番近いウクライナ国境の検問所まで約230㎞あり、車で行けば2時間半の距離である。そこに今、第二次世界大戦のユダヤ難民を描いた映画で見たような光景が広がっている。それだけではない。彼らはすぐにここに来る。今、住む場所を準備しなければマイナス10度を下回るようなポーランドの冬は生き残れない。ポーランドにいる者としてすぐにでも行動を起こさなければならない。ポーランドはこの危機に対応できるということを世界に、そしてロシアに見せつけてやりたい。そして、日本人としても無視できない。多くのユダヤ難民を救った杉原千畝《すぎはらちうね》（1900－86）や樋口季一郎《ひぐちきいちろう》（1888－1970）。800人近いポーランド孤児を救った日本陸軍や日本赤十字。その歴史を知ってしまった以上、そんな先人たちから日本を引き継いだ1人として、恥じぬ戦いを後世に見せていかなければならない。これを義務と呼ぶのはいささか大げさだろう。しかし、海外に住む日本人は、いかなる行動も個人としてではなく日本人として見られる傾向にある。だからこそ、その行動は日本のイメージに直結する。一個人であればそれは選択と権利にすぎないが、日本人として行動するのであれば、そこには一定の明文化されていない義務と責任が伴う。

まずできること。朝、家族と相談して子ども部屋を1つあけ、受け入れのためのマットレスなどを購入する。行政と協力し、市民体育館に簡易ベッドや食料などを搬入する。初日は忙しさで時間に追われているような、今後を見越しての準備で時間を追い越しているかのような一日だった。

日本を含めた西側のメディアは目まぐるしく移り変わる戦況を伝えながら、1994年12月5日に結ばれた「ブダペスト覚書」についても取り上げている。ブダペスト覚書とはロシア、アメリカ、イギリス等が結んだもので、ウクライナの独立や主権、国境尊重などが謳《うた》われている。結局、弱者にとっては頼みの綱である国際合意も、強者にとっては掃けば舞い上がる埃のようなものなのか。そんな合意がいとも簡単に破られてきたという世界の歴史がここでもまた繰り返された。思い返せば、日ソ中立条約も、独ソ不可侵条約も、今回の戦争に至っては国連憲章までもが破られてきたのが現実だ。

ロシアのニュースにも時たま目を通すようにしていたが、ポーランドで流される内容とは正反対で、ドンバス地方の解放は近いと喜び、ロシア国旗を掲げる人々の姿が映し出されている。同じ戦争であっても国や地域、侵略国か被侵略国か、当事者か第三者かによって扱われる情報の内容は全く異なる。

しかし、今後の戦況分析やブダペスト覚書などはどうでもいい。過去や未来ではなく、今現在、そこには苦しんでいる人々がいる。どうして戦争が起きたのか、どう戦況が進むのか、ウクライナとロシアの歴史的な関係など分析したところで、目の前の現実は変えられない。そして、ウクライナの人々は今まさに助けを求めてこちらに向かっている。

2月27日、市民体育館は120人が収容できる避難所としての準備が整い、翌28日からの受け入れを決定した。準備が整ったといってもこれでいいという判断基準は誰も持ち合わせていない。体育館には簡易ベッドやマットレスが所狭しと敷き詰められている。

避難所開設で私が主に担当したのは、ベビー用品とシャンプーやリンスを含む日用品の確保だった。紙おむつ、ウェットティッシュ、乳幼児食などを、狼が狩りをするかのごとくかき集め、店と避難所の間を何度も往復する。少しでも効率を上げるため、私がベビー用品を狩る間にポーランド人の妻は洗剤や下着などを鷲掴みにしていく。

ウクライナ人のためといえば聞こえはいいが、そんな正義感で動いているわけではない。私たち夫婦には当時1歳半と5歳半の子どもがおり、同じような年の子どもたちが国境で泣き叫んでいる姿を見て動かないという選択肢を持ち合わせていないだけだ。結局は、そんな自分たちを落ち着かせるために、涙をこぼす暇を与えないために走り続けているにすぎない。

もちろん物資購入資金は全て自費であるが、私が妻のレシートを見ないのと同じように、購入品を気にする妻も購入額については口にしない。明日は明日の風が吹くと言えば楽観的に聞こえるが、とにかく今困っている人を助けなければ明日なんてない。しばらくは旅行に行くこともないだろうと、家にあったスーツケースやリュックなど、使えそうなものを端から車に詰め込んでいく。

避難民の中には、私のような大人の男性はほとんどいない。そのため私の衣類は寄付できず、妻や子どもたちが自分たちの服や靴を整理して段ボールに詰め、避難所への搬入とその後の仕分けが私の仕事となった。役割を話し合ったわけではない。危機に際し自分の役割を言わずとも意識できるのが、長い間共に時間を過ごしてきた家族のよさでもある。

幸い、車のトランクは大きい。戦前に和太鼓のコンサートをポーランド国内外で行ってきたため、トランクに太鼓5台が積めることを基準に選んだ車だ。しばらくは太鼓の代わりに人と物を運ぶことになるだろう。

日々到着する避難民

こちらにバスが到着するまで何人受け入れることになるのか正確には分からない。大人と子ども、そして男女の割合も分からない。そのため、追加でどんな物資がどれだけ必要になるのかは支援しながら絶えず把握していく他にない。必要に駆られ、家にあった2つの電気ポットを運び込んだのは3月1日のことだった。気温は朝7時半でもマイナス8度。電気ポットを搬入すると、すでに見知らぬ市民からも別に4台寄付されていた。私より早く、もしかしたらまだ暗い中、誰かがそっとここに持ってきてくれたのだろう。水を温める前に心が温まった瞬間だった。

当初は、とにかくこちらが必要だと思う物資をかき集めることしかできなかった。バスが朝来るのか夜来るのかによっても必要な物は異なる。荷物も広げず、避難所で一休みしてすぐに移動していく人もいれば、1泊だけして翌朝次の場所へ向かう人もいる。そうかと思えば、あてもなくしばらく滞在する場合もある。このような日々異なる状況に24時間態制で対応していく。保存食を買うにしてもキュウリ瓶がいいのか、パプリカ瓶がいいのか、それともツナ缶か……。こちらの好みで買ったところで、普段ウクライナの人々が好んで食べているものが分からず、気に入ってくれるかどうか分からない。金銭的に限りがある中、無駄な買い物はしたくない。保存食もポーランド語の説明だけで中身も分からないようでは、初めから手に取ってもらえず放置されるだけかもしれない。

サンダル履きで歯ブラシ1本持たずに国境を越えてくる人々がいる。そのため一言に支援物資と言っても、食べ物や飲み物だけではなく、靴、下着、櫛《くし》、体温計、シャンプー、生理用品など多岐にわたる。服をサイズごとに分ける段ボールや、上着などを掛けるためのハンガーなども運び込む。日本の段ボールは丈夫で重宝された。

お金はなくなったとしても、稼げばまた生まれる。しかし、命はなくなったら決して戻らない。だからお金の心配は二の次で、とにかく命を助けることに集中しなければならない。

パンデミックをも終わらせた戦争

ポーランドでは戦争が始まったその日から社会的にパンデミックは終わりを告げた。避難民がワクチンを打っているのか、いないのか、マスクをしているか、していないかなんて関係ない。ＰＣＲ検査で陰性を確認してからポーランドに入国させているようでは、国境は凍死する避難民で溢れかえってしまうことは火を見るより明らかだ。法は人を守るためにあり、人が殺されるようなら、その法は社会的な役割を果たしえない。もちろん避難所のベッドとベッドの間に感染防止のための仕切りがあるわけでもなく、対人距離やシーツの消毒なんて考えている余裕はない。危機に際しては、赤信号を無視するかの如く対応を進めなければ人を救えない時がある。

日本人として、ルールを守りすぎているのだろうか。支援の初日はしっかりとマスクをして臨んだ。ウクライナから避難してきた人々はもちろん、スタッフも含め私以外は誰もマスクをしていない。したくないのではない。ウクライナの人々はマスクを持っていないのだ。そこで初めて、マスクができるということは贅沢なことだと悟る。周りに配慮するなら、ルールに反してマスクを取るべきなのだろうか。

２日目、マスクを外す。きっかけは子どもたちとの出会いであった。子どもたちにマスクをしたままでは、どうしても伝わらない大事なことがある。言わずもがな、それは笑顔である。マスクをしている限り、顔が見えないので子どもたちも警戒してしまう。ある子どもが笑いかけてくれた時、私は反射的にマスクを取り、そのままポケットではなくゴミ箱に投げ入れた。これは、もう必要ない。これから立ち向かわなければならない敵はウイルスではなく、目の前で起きている悲劇だ。

マスクを取ると自然に子どもたちも警戒しなくなり、その日は避難所を出る時に何人もの子どもが抱きしめてくれた。つい先日まで、ハグはおろか握手も避けられていた時代であったにもかかわらず。国の決定を待たず、私たちは自らの判断でマスク着用規制を取り払った。子どもたちを抱き上げ、また明日みんなが大好きな菓子をたくさん買ってくることを笑顔で約束するが、それも作り笑顔にすぎない。日が傾きかけた空の下、家まで車を運転しながら涙が止まらない。1人になると、この時を待っていたかのように溜まっていた涙は視界を奪い始める。なんでこんな、罪もない子どもたちが苦しまなくてはならないのか。この現実をどうしても受け入れることができない自分がいる。

夜、家には帰っても寝るだけで、次の日も朝からまた支援だ。寝るだけとは言っても結局は布団に入っても落ち着けず、涙で枕を濡らし続けた。ここまで泣いたら明日は涙も枯れているだろうと思っても、壊れた蛇口のように涙は毎晩枯れることはなかった。朝起きて目が痛いのは泣きすぎたからか、それとも寝不足のためなのか。それでも支援に向かうのは、その先にもっと泣いている人々がいて、全く寝られない子どもたちがいるからだ。

その日は、避難所で不足し始めていたチョコレートやクッキーなどの菓子を搬入し、そのまま支援に移る。上空ではアメリカ軍機が旋回している。聞けば、空中給油の訓練をしているそうだ。給油機がつくり出す飛行機雲に励まされる自分に気づきはっとする。

避難所には昨晩からいる人たちもいれば、恐らく深夜に着いたであろう人々もいる。想定していたよりも子どもたちの割合が多く、菓子の消費がはやい。子どもが朝から菓子を食べていてもお母さんたちは注意をしていない。いや、できないのだろう。菓子の食べすぎはよくないと分かってはいても、それで子どもたちのストレスが少しでも和らぐのであればと考えていることは容易に想像できる。国境で寒い中、何時間も待ってポーランドに入ってきた子どもたちにとって、菓子があるということがどれだけ幸せなことか。大量に購入した菓子を置くと、すぐに子どもたちが寄ってくる。彼らの笑顔は私の罪悪感をなでるように消し去っていく。

この避難所に来たことは、別に彼らが望んだわけではない。国境から席があいているバスに乗って、着いたところがここだったというだけの話だ。とにかくウクライナの人々はワルシャワなどの大都市を目指す。ウクライナでは田舎や地方と聞くと、インフラが整っておらず、インターネット環境がない場合がよくある。ポーランドでは全くそのようなことはないのだが、多くの避難民は都市を目指すため、ワルシャワなどの環境は悪化する一方だ。駅のホームなどで一夜を過ごすなどという光景は日常茶飯事。とにかく都市を目指せばなんとかなるだろうと「ワルシャワ方面」のバスに乗る人々が、予期せずして私がいる避難所で降ろされるはめになる。ウクライナとの国境から見て、ここがワルシャワ方面であることに間違いはないが、首都からはまだ45㎞離れている。

ここで降ろされた人々に伝えたことは、都市ではなく地方で避難生活を送ったほうが、ずっと快適だということだ。実際、ワルシャワとツェレスティヌフでは全く避難環境が異なっていた。この避難所には食べ物や飲み物が常にあるうえ、シャワー室やトイレ、授乳室まである。寒く、人で溢れかえるワルシャワの駅で寝泊まりするよりはずっと楽だろう。この避難所を経由してワルシャワやベルリンに行った人が、環境に耐えかねて戻ってきたというケースさえあるほどだ。日々繰り返される予期せぬ出会い。しかし、そんな出会いにこそ意味がある。ここに来たことで、その後の人生が変わったというウクライナ人も少なくない。

ポーランドで実際にウクライナの人々と過ごす中で、そして遠く離れているウクライナの友人たちとやりとりを続ける中で、少しずつ自分の役割を自覚し始めた。それは彼らの声を日本に届けるということだ。彼らの使用言語はロシア語かウクライナ語で、日本語ができるわけではない。学生時代に一番仲の良かったドネツク出身の友人は毎日泣くことしかできないと言い、それ以降連絡が来なくなった。もちろん、その気持ちは痛いほど分かる。ウクライナ人ではない私でさえ、この戦争が起きて初めて涙は枯れないという当たり前の事実に驚きを隠せないでいる。ウクライナの「ウ」を聞くだけで目の海は満ち潮になる。涙に勝とうと支援をしているわけではない。実際は、泣きながらやみくもにもがいているだけだ。動かないと目の蛇口は開く一方で、とくに夜は休まなければと思いながらも、今この瞬間も寒い国境で多くの子どもたちが苦しんでいるかと思うと、横になれる罪悪感で自分を責めては布団を濡らし続けて朝を待つことになるのだ。

情報戦

アナスタシア（31）という大学院時代の友人は、同じように泣きながらも動き始めた。ウクライナ西部ヴォルィーニ州出身の彼女はポーランドに住んでおり、得意の英語を生かしてSNSでウクライナの現状を発信し始めたのだ。驚いたのはそのメッセージの内容ではない。大学院時代いつも笑顔が絶えなかった彼女が全く別人のようになっていたということだ。大学院では拷問《ごうもん》のような口頭試験の前でも、決して笑顔を絶やさず、しかしまじめに取り組んでいたアナスタシア。私はすぐに彼女の動画に日本語訳をつけて日本の報道各社へ送った。約3分半の短い動画であったが、翻訳作業に随分時間を取られてしまった。涙にここまで作業を邪魔されたのは初めてだ。

この動画は複数のテレビ局が紹介してくれ、日本で大きな反響を呼んだ。戦況についての情報は多かったが、その中で苦しんでいる人々の声はなかなか届いていなかったためだ。当時、日本では「ウクライナ国内で一般市民が戦争に駆り出されている」「男性は出国さえ禁止された」といったニュースが注目され、ウクライナに対して否定的な意見も目立った。世論は、プロパガンダという手のひらの上で転がされていた。もちろん、ロシア発の情報が元になっているのだろう。

しかし現実は全く異なり、ウクライナでは老若男女を問わず、多くの一般市民が自発的に武器をもらうために列をなしていた。男性の出国が禁止されていることは確かだが、実際に出たいと考えている人はごくわずかだ。私の避難所に来たウクライナ人は女性と子どもだけで、出国できる60歳以上の男性は3月末になってもいっこうに姿を現さない。聞けば、出国できる男性も自ら残る決断をし、祖国防衛のため後方支援をしているケースが多いそうだ。

また、驚くことに多くの海外在住のウクライナ人男性がウクライナに帰国しているのが現実である。女性や子どもがウクライナを出る一方、多くの男性が帰国する義務がないにもかかわらず、自らの意志で祖国に戻った。そういった大きな事実は日本ではあまり伝えられず、その代わりに失礼にも「逃げたくても逃げられないウクライナ人男性」というフレーズが独り歩きしている。

ウクライナでの戦争という歴史は1つだが、その見方は見る者の数だけ存在する。今までだってそうだ。歴史は強国によってつくられ、弱者の声は歴史から消し去られてきた。今回も、当初は強国ロシアからの情報が世界中に拡散され、ウクライナからの声を覆い隠そうとしていた。

しかし、弱者の情報にこそ真実を見いだすことができる。問題はその声が、世界になかなか伝わりにくいということだ。私の大きな役割の1つは、彼らに代わり日本に真実を伝えていくことであると考える理由がここにある。ロシアのプロパガンダはロシアを利する方向でつくられ拡散される。ウクライナは、ロシアに比べれば圧倒的に小さく、外国人記者の数も少ない。ニュースに触れた人々は、最初に得た情報を唯一のものだと信じ込み、その出所まで調べることは稀である。たとえその情報がロシア寄りのプロパガンダであったとしても……。

これはとても危険なことだ。一方のニュースだけに触れていると、知っていることが真実で、知らないことは虚偽であるかのような錯覚に陥ってしまう。2014年のクリミア半島のロシアへの併合以来、ドンバス地方ではウクライナと親ロ派勢力の間で長らく小競り合いが続いてきた。そこではウクライナ側にも、親ロ派勢力の側にも犠牲者が出ている。双方に犠牲者が出ているにもかかわらず、「ロシアによるウクライナ侵攻は、ウクライナによる親ロ派住民の虐殺が原因である」とロシアを擁護するような政治家や識者がマスメディアで堂々とコメントをしている。そこでは一切、親ロ派勢力によるウクライナ人殺害については触れられない。

西側からの情報が全て正しいと言っているわけではない。また、ウクライナからの情報が全てでもない。そのうえで出てくる情報を常に疑わなければ、真実にはたどり着けない。道を渡る時に右だけ見て踏み出したら、左から来る車に轢《ひ》かれるかもしれない。安全に渡るためには右だけではなく左も見なければならない。一方だけの情報に触れて判断することがいかに危険かということは、私たちの日常生活からもよく分かる。

時間が経つにつれ、少しずつウクライナからの情報がロシアのプロパガンダを押し戻し始める。当初からロシアは軍事目標しか攻撃していないと言っているが、今ではそれはプロパガンダであるということを多くの人が知っている。ウクライナがネオナチではないことも、核兵器や生物化学兵器を造っていなかったことも、ロシアの主張の多くがプロパガンダであったことも今では周知の事実だ。

理論と感情の狭間で

多くの日本人にとって、戦争とは歴史上か、または遠い世界で起きていることだった。比較的記憶に新しいアフガニスタン紛争(2001-21)やイラク戦争(2003-11)、そしてミャンマーの軍事クーデター（２０２１）なども日本社会が一般人レベルで大きな影響を受けたわけではない。もちろんそこには悲劇があるが、ある意味離れたところから冷静に観察していられた。

私も、もちろんイラク戦争よりも自分の大学受験のほうが大切だったし、香港民主化デモ（２０１９‐20）があった時でさえ、日本への影響ぐらいは気にしても、その中で苦しんでいる人たちには目が向いていなかった。ウクライナ侵攻、それは私の生活に直接大きな影響を与える生まれて初めての戦争であった。今まで世界では、ほぼ常に内戦はもちろん難民問題も各地で起こっていたうえ、外交学を大学院で学んだ者としてそれなりの見識を得たという自負もあった。しかし、結局は無関心であり続けたのだろう。ウクライナで戦争が始まってから右往左往する自分を客観視するに、今までの紛争は文字と映像だけで知ったつもりになり、結局自分は真実の外壁を眺めるだけの井の中の蛙《かわず》であったと思い知る。戦争で難民が出ることも、その難民に支援が必要なことも知っていた。しかし、知っていただけでどう支援すべきなのか考えてこなかった結果だ。結局、支援をしながらそれを考えなければならない自分に腹が立つ。

日本では過去の紛争と同じように、戦争勃発とともに即時停戦が叫ばれた。戦争が起きたらできるだけ早く停戦するのが理想だと私も信じて疑わなかった。しかし、ウクライナ人がそれを望んでいるかというと、そんな声は全く聞かれない。戦争勃発とともにロシア軍が一気に支配地域を拡大し、日々多くの命が奪われていく。それを見て当事者であるウクライナ人は「即時停戦」ではなく、「徹底抗戦」に傾いていったのだ。即時停戦してしまうと、その時点でロシアの支配下にある地域出身の人々は帰れなくなる。ロシア軍が撤退し、祖国全体に平和が戻ってこそ停戦の時だと考えているのだ。ウクライナ人はロシア軍の「即時撤退」は求めているが、「即時停戦」はロシアを利するだけだと言う。即時停戦は誰もが望むこと。その知識も結局教科書の中だけの理想論で、現実世界に出てくることはなかった。

避難所にはマリウポリから来ていた人もいる。彼らはロシアに拉致《らち》され、ロシア国内を彷徨《さまよ》ったあとなんとか出国し、ようやくここに来ることができた。彼らにとって、ロシアが支配する故郷に帰れるわけがない。そんな彼らを目の前にすると、即時停戦を訴える勇気は私の中から蒸発して消えた。ウクライナに寄り添うなら、彼らの故郷がウクライナに戻るまであきらめずに戦い続けなければならない。外交的話し合いと言ったところで、北方領土の歴史を知る限り決してそこに楽観的な解決策を見いだすことはできない。ウクライナ南東部を北方領土のような状態に置き、何十年も解決が見えない話し合いをすること。決してそれを平和とは呼べない。

3月に入り、ロシアとウクライナの停戦協議が始まるとともに休戦の機運が高まった。しかし、その停戦協議中にブチャでの民間人虐殺が明らかになると話し合いは暗礁に乗り上げる。

この殺戮《さつりく》は双方の合意がなければ、またはどちらかが戦えなくならなければ終わらない。ロシアが戦争をやめ、ウクライナから撤退すれば平和になるだろう。しかし、ウクライナが戦争をやめた場合はウクライナがなくなる。つまり同じ「戦争をやめる」にしてもどちらがやめるのかによって、結果は全く異なるのだ。それも、即時停戦を簡単には口に出せない理由の1つである。

繰り返すが、ロシアが戦争をやめれば戦争は終わるが、ウクライナが戦争をやめればウクライナがなくなる。その結果、次はポーランドやバルト三国、または日本が次のロシアにとっての〝解放〟すべき対象となりうる。ロシアの中には一部で「アイヌはロシア系であり、アイヌを日本から解放するために北海道に対して軍事行動を起こす必要がある」、または「日本はアメリカの属国であり、日本をアメリカから解放するためにロシアが戦う必要がある」といった議論がまじめにされていたと聞く。

日本のウクライナに対する見方において現実と乖離している点をもう1つ強調しておきたい。「ロシア政府とロシア国民を分けて考えなければならない」。これはよく言われることで、私もそれに賛成だ。戦争が始まってからもロシア人やベラルーシ人とも必要があれば連絡を取ってきた。私のロシア語はロシア人やベラルーシ人から学んだものだ。ロシアがキーウ攻略戦の拠点としたベラルーシのホメリ州、ここの国立大学で私は世界経済を学んでいた。ホメリの中心部からウクライナまでは40㎞しか離れておらず、戦争のニュースとともにホメリの地名が出るにつけ、とても複雑な想いになったものだ。ロシアやベラルーシの国民と政府を分けて捉え、反戦の国民とは協力していくべきであると今でも考えている。

しかし、実際に侵略を受けているウクライナ人の見方は違う。ある大学院時代のウクライナ出身の友人は、理論で国民と政府を分けるべきだと分かっているが、とてもそのように考えられないと吐き捨てた。そこで初めて国民と政府を分けるという考えも、結局は当事者ではないから言えるきれいごとなのだと気がついた。彼らは故郷を爆撃され、家族を殺され、領土を奪われている。そんな人たちに対して、「ロシア政府とロシア人は分けて考えよう」と言うのはあまりにも無責任である。実際にプーチン政権を支えているのはロシア国民であり、ウクライナにミサイルを撃ち込んでいるのも、ロシア軍の作戦を支えているのも、ロシア国民である。たとえ爆撃をするロシア兵が、自らの行為が間違っていると分かっていても民間人の殺害は許されない。それが上官からの命令であったとしても、侵略戦争を遂行すること自体国際法に反する。戦争とは第三者にとっては理論をもって議論され、当事者にとっては感情をもって議論されるものである。

ロシアでは、デモに親と参加したり、ウクライナ大使館の前に献花をしたりして、拘束された子どもたちがいる。7歳の子どもが反戦と書かれたプラカードを掲げたまま不安そうな顔で拘留されている様子は涙なしでは見られない。しかし彼らと、ウクライナでロシア軍の爆撃によって殺害された子どもと比べ、限られた時間と労力、資金をどちらの支援に振り向けるべきかを冷静に考えると、規模においても明らかに後者である。

みんな助けたい。そんな気持ちは現実という壁に阻まれ、一方を後回しにする選択を日々迫られる支援。全員を救えないのなら、安易に手を出すべきではないのだろうかとの考えが浮かんでは消えていく。1人を支援すればその周りから、その周りを支援すればさらに他方から支援依頼が来るようになる。時間と資金が限られている中、相対的に救えない人が増えていく。そんな未曾有《みぞう》の事態においては、自ら考え、自ら出した正解のない結論を信じ、全責任を負ってその行動を遂行していく以外に道はない。

歴史が大きく動く時、その渦中にいる人間はみな同じように残酷な選択をしてきたのだろう。1人ではどうしようもない世の中の荒波に対し逆らう術《すべ》を持たないのであれば、その激流に身を投じ、流されながらもよりましな方向へともがき続けるしかない。

銃ではなく言語を武器に

言語は何のために学ぶのか。多くの学生は試験のために勉強しているかもしれない。しかし言語は人と人をつなぐことに本来の役割があり、人を助けるためにあり、世界を近づけるツールである。学校での外国語教育では、まずはそこから教えなければならない。英語を学べば留学でき、いい成績がとれ、いい大学に入れる。もちろんそれも大事だが、入試も留学も言語が本来持つ機能からすると通過点にすぎない。

自分自身のためという域を超えていない勉学は、言語に限らずその人の可能性という天井を低くするだけだ。子どもたちに言語が本来持つ機能を伝えていくことがモチベーションになれば、外国語力の向上にもつながる。外国語に限らず、私がずっと勉強ぎらいで成績も芳しくなかった理由は、もちろん私自身のできの悪さが一番であるが、目標を自分の中に留め続けたため、社会に対する責任を意識できなかったからということもあるかもしれない。言語が持つ、人をつなげ助けるという機能に気づいたのは大人になってからだった。人と人との心をつなぐ橋としての言語。ウクライナ支援において、一番私の支えとなっているのは何かと聞かれれば、お金でも、時間でも、物資でもない。言語がつないでくれた、たくさんの人々だ。

戦争が始まり、ポーランド語を軸にロシアでのニュースや英語圏のニュースにもできるだけ触れるようにしていた。もちろん、日本語で情報を得るほうがずっと楽で頭にも入る。しかし日本語での情報はあまりにも少なく、遅く、質においても劣っていることは、今回の戦争に関して言えば、今もなお変わっていない。限られた情報で判断することは、免許もなく高速道路を運転するようなものである。情報を多角的に見るためにも言語は大きな武器になる。

避難民とのコミュニケーションにおいて、ロシア語がなければここまで支援を続けてくることはできなかっただろう。避難所では、共通言語がない周りのスタッフがスマホの翻訳アプリを使い画面を通してやりとりをしているケースがよく見られた。それでもある程度の意思疎通は可能であるが、残念ながら意思疎通にとどまり心の疎通にはつながらない。ウクライナ支援で当初最も必要とされていた言語はロシア語とポーランド語であり、英語は全く使われていなかった。日本の子どもたちに外国語教育の対象は英語だけではない、自分の得意な言語でいいのだということを、この状況からも知ってほしいと強く思う。

避難所内はまるでウクライナだ。世間では圧倒的多数のポーランド人も、ひとたび避難所の扉という国境をくぐればそこはウクライナだ。自分がたった1人の日本人であることを忘れ、彼らの立場が一瞬にして〝少数民族〟に変わる様子を眺めている。

外に出たがらない子どもたち

国境からウクライナ人を乗せたバスはよく夕方に出発するため、私の避難所には夜遅くに到着する。着いてからまずは登録を行い、受け入れる人数や女性、子どもの割合などを把握する。避難所に着いた人々がまずすることと言えば、スマホを避難所のネットに接続することだ。彼らにとって大切なことは、どこにいようとも祖国とのつながりであり、ウクライナに残してきた家族に無事を伝えているのだ。

翌日、必要に応じて個別に要望などの聞き取りをする。いつまでここにいたいのか。最終目的地はどこなのか。目的地がない場合は、この街で受け入れ家庭に入って避難生活を送る希望があるのか。薬やその他に必要なものがあるか。

朝から多くのお母さんたちは椅子に座ったり、ベッドに横になったりしてスマホの画面を見ている。ウクライナの状況が気になって仕方がないのだ。とくに開戦直後は、四六時中戦況をチェックしている人たちが多かった。もちろん、ウクライナから持ってきたスマホにはロシア軍によるミサイル攻撃の避難アラートが届く。私に気づくと誰もがスマホを見せ、今どんなことがウクライナで起きているのかを教えてくれた。時たま、ウクライナに残してきた彼らの家族ともビデオ通話する機会があった。彼らからの情報は世界中のどのメディアが報じるよりも早く、かつ映像や写真の量も比べ物にならない。支援をしているだけで、その日のウクライナの状況はニュースを見なくても概ね把握できてしまう。

ある日の午後、イスカンデルミサイルがオデーサに撃ち込まれたと伝えられた。ポーランドにいても、彼らの心は常に戦場にある。彼らの故郷ではミサイルが降る。そう思いながらふと避難所の外に目をやれば、雪が静かに降っている。まるで、自然は戦争が起きていることなど全く知らないかのように。

この落差にめまいといら立ちを感じながらも、積もる雪は一時の平和を私に感じさせてくれる。私だけではなく、ウクライナのみなさんにもこの平穏は届いているのだろうか。ウクライナのお母さんから教えてもらったイスカンデルミサイルのニュースがポーランドのメディアで取り上げられたのはその6時間後、そして日本でニュースになったのはようやく翌日になってからのことだった。とはいえ、日本でニュースになったことだけでもありがたいと思わなければならない。

避難民の多くがお母さんとその子どもたちだ。お母さんたちがスマホと向き合っている間、スマホがない子どもたちはそれぞれ思い思いの時間を過ごしている。彼らの居場所をつくるため、避難所に子どもエリアを設置することを決定し、ぬいぐるみや絵を描くための鉛筆やノート、その他おもちゃを大量に運び込んだ。同時に多くの中古自転車を購入して避難所の入口に置き、ウクライナ語で誰でも使っていい共同自転車だと掲示した。彼らに屋内に閉じこもるのではなく、外で体を動かしてほしいと思ってのことだ。避難所から見えるところには公園もある。しかし、日中でも2月、3月はほとんど誰も外に出たがらなかった。屋内で体を動かさずに何日も過ごしていれば、それだけで気持ちがふさがってしまう。30分だけでもいいから公園に子どもたちと行ってみてはどうかと何度も提案した。

「まだ、そのような気持ちにはなれない」

決まっていつもこんな答えが返ってくる。見るに見かねて子どもたちだけでも私が預かって公園に連れていくという案を投げかけてみる。

「子どもたちはすでにウクライナでお父さん、お兄さんと離ればなれになっている。私は外で遊んでおいでと子どもたちに何度も言っているんだけど、私のそばを離れたがらないの。多分、私が見えなくなることを極度に怖がっているんだと思う」

それ以来、子どもたちの笑顔の裏にある心の闇を知り、屋内で心のケアを考えながら接することにした。私も男性であり、父でもあり、兄でもある。ウクライナに残してきたお父さんと遊べない子どもたち。彼らは初対面であっても全く臆することなく心を開いてくれる。しかし、いくら時間をともに過ごしても彼らのウクライナに残してきた心の一片を埋めることさえできない。いくら頑張ったところで彼らのお父さんやお兄さんの代わりにはなれない。遊びながら、本当に彼らが一緒に遊びたいのは私ではなく、ウクライナに残してきた家族なんだろうと思うと子どもたちの前であったとしても涙を抑えきれない。プライバシーのない避難所では、そんな涙を隠す場所はなく、無理やり笑顔をつくっても、子どもたちはすぐに気づいて私の心配をしてくれる。支えるべき自分が支えられてはどうしようもないと分かっているのだが、感情は私の意志を無視し、独り歩きを続けている。

その名がAから始まる4人姉妹との出会い

3月に入ってから初めて出会ったのはウクライナ西部のクレメネチから来ている母ターニャ（43）とその娘たちだった。上からアンゲリナ（13）、アデリナ（12）、アリビナ（11）、そしてアンナ（7）。自己紹介で4人の名前を聞いても、端から忘れてしまうのは恐らく私のせいではない。ウクライナ西部でもソ連時代を知っているお母さん世代はロシア語が話せるが、子ども世代はウクライナ語しか話せない。そのため避難所に来た子どもたちの会話を聞けば、彼らが西部から来たのか、それ以外の地域から来ているのかが分かる。この4人姉妹も私のロシア語をどれぐらい理解しているのか分からない。もちろん私も彼女たちのウクライナ語は全くと言っていいほど分からない。言葉が通じないとはいえ、身振り手振りで一緒に遊びたいという気持ちは伝わってくる。

初日に、お母さんがロシア語で話している私に対し「あなたはどの街から避難してきたの？1人？」と聞いてきた。確かにこんな顔をしてはいるが、ぼさぼさの髪や着たきりの服を見れば、私が避難民だと思われても仕方ない。ウクライナにいるタタール人だと思われたのかもしれない。ターニャは「どこから来たの？」と聞きながらも、その目からは「なんでこの男はウクライナを出ることができたのか。私は息子を残してきたのに」という不信の気持ちが伝わってくる。日本人だと伝えると、不信の目は驚きの目に変わり、頬を緩ませた。そしてなぜロシア語を話すのか、なんでポーランドにいるのかなど答える間もなく多くの質問が飛んできた。

ターニャを含め、私が避難所で出会ったほぼ全員が口をそろえて「あなたは私が人生で初めて会った日本人だ」と言う。これは私にとって大きなプレッシャーとなる。なぜなら、知っている日本人が私だけとなれば、彼らは日本人の全体的なイメージを私のみを通して想像するからだ。私が何か変なことでもしようものなら、比較できる他の日本人がいないため、一般的に日本人は変だと思われてしまいかねない。例えば田舎の中学生が初めて学校で会ったアメリカ出身のＡＬＴ（＝Assistant Language Teacher、外国語指導助手）を見て、アメリカ人はみんなこんな感じなのだろうと思ってしまうのに似ている。だからこそ、日本人としての矜持《きょうじ》を日々保たなければならない。

また、男性というのも珍しい存在で、周りのポーランド人スタッフはほぼ女性であった。彼女たちはボランティアとして登録し、シフトを組み、任務もある程度決まっていた。一方の私は朝から晩まで自分がすべきだと思ったことをその場その場で判断し行動していた。だからこそ、子どもと遊びたい時には子どもと遊び、お母さんたちと話したい時はお母さんたちと話し、買い物が必要な時は車を出した。よく行政は私の自由な支援活動を許していたと思う。

ポーランドではどの避難所でも、登録なしで自由に出入りはできない。子どもの連れ去りや人身売買などからウクライナ人を守るためだ。戦争で苦しむ人もいれば、一方で戦争を利用して儲けようとたくらむ輩《やから》が出てくることは避けられない。弱い立場にある避難民を犯罪から守るためには、避難所の出入りが制限されることは当然の流れだった。実際、ウクライナのお母さんたちは私が子どもたちを誘い、他の部屋で遊んでいても全く警戒しない。正直、見ず知らずのアジア人がロシア語で子どもたちを誘っている様子を見たら、少しぐらいは心配してほしい。ここまで放任状態だと、今後ポーランドで生活するうえで子どもたちの身に何か起こりはしないかと、誘っているこちらが不安になってしまう。一方でお母さんたちの気持ちも理解できる。心は常にウクライナにあり、ミサイルが飛んでこないポーランドにいる子どもたちより、生死も分からず連絡も簡単には取れない祖国にいる家族のことが気がかりで仕方ないのだ。

4人姉妹も母の目から離れて自由に遊び、別の部屋にまで私についてくる。最初話しかけた時は誰がお母さんなのかさえ分からなかった。私がボール遊びをしようと体育館に誘うと迷わずついてくるので、そこで初めて彼女たちに、お母さんは一緒に避難してきているのか、と聞いた。娘の1人が遠くを指さす。奥の椅子に座り、暗い中スマホを見ている女性に近づき、子どもたちと遊ぶために体育館に行くがいいか、と聞くと無言でうなずくのみ。こんな状態で大丈夫なのかと不満さえ感じながらも子どもたちと体育館でバスケットをした。とは言っても体育館には簡易ベッドが敷き詰められており、休んでいる人もいる。そう、ここは巨大な寝室なのだ。丸い『ポケットモンスター』のぬいぐるみが私たちにとってのボールだ。この子どもたちは宿泊していったので次の日も少し一緒に遊んだが、夕方には私が先に避難所を後にしなければならなかった。その後、彼女たちがどこに向かったのかは分からないが、4人の幼い娘を連れての避難は大変だろう。

別れの日、子どもたちに帰宅することを告げると、みな私にお礼として菓子を持ってきた。これは君たちのものだと伝えたが、引き下がらない。口にはしなかったが先日私が買って避難所に置いた菓子だ。しかしよく考えてみれば、ウクライナから着の身着のまま来ているこの子たちは、私にお礼をしたくてもあげられるものなんて何も持っていないのだ。支援する側として支援物資を自宅に持って帰ってしまうことに対し抵抗があったが、子どもたちの気持ちに寄り添いたいのならここで受け取ることが正解だと判断し、結局いくつかもらってきてしまった。この子たちとはもう会えないだろうから、また後日避難所に戻せばそれでいい。少し子どもたちを馬鹿にするような、そんな軽い気持ちだった。

彼女たちと別れて避難所を後にした時、西の空はまだ青く、子どもたちの瞳を思い出させてくれた。東はすでに暗くなり始めており、私の目の色に近い。じきに太陽は沈み、祖国日本を照らす頃、私は床に就くことになる。しかし、家に着いてから服を着替えようとすると、私のズボンのポケットやバッグの横ポケットからいつの間にか詰め込まれた大量の飴やチョコレートがこぼれ落ちた。飴が床に落ちるのを追うように、目から大量の涙がこぼれ落ちる。家族が寝静まってからの帰宅であったこともあり、その場で1人泣き崩れてしまった。耳に残っている彼女たちの声。目を閉じれば浮かび上がる笑顔。明日はもう会えない。自宅の静寂が、逆に耳につきささり涙を押し出す。いっぱい遊んだ。体育館であっても疲れて眠れているだろうか。夢の中でも、また走り回っているだろうか。そこはウクライナなのか。私も彼女たちの夢の中に呼ばれているだろうか。

チョコレートの1つは「merci」という商品名で、フランス語で「ありがとう」を意味している。子どもたちはそんなことまで気にしていないだろうが、そのチョコレートだけは翌日避難所に返さず、その後1ヵ月以上私の机の住人となり、毎晩私の涙を待っていた。「君たちは今、どこにいるの？」チョコレートに日本語でそう語りかけるが、当然返事はない。これを食べずにとっておけば、いつかあの子たちにまた会えるだろうか。このチョコは何度も折れそうになる心を支えてくれた。戦争が始まって、罪のない多くの子どもたちが苦しんでいる。彼らといるとこの世に神はいないと思ってしまう。神がいれば、決してこのような悲劇は起こさないはずだから。しかし、この子どもたちと出会ったことで、神はまだウクライナの人々を見捨ててはいないかもしれないとわずかながら希望が持てた。

お母さんのターニャとは連絡先を交換しておいたので、いつか近況を聞いてみようと思っていたが、次から次へと来る避難民への支援で連絡を取る時間さえない日々を過ごしていた。この4人姉妹のうち、下の2人と一緒に撮った写真だけが私のもとに残った。当時は支援中に写真を撮る余裕は全くなく、私の支援活動を取材していた人が撮ってくれたものだ。この写真がなかったら、恐らくこの母娘も私の記憶の中でいつか会った名前も覚えていない避難民ということで片付けられていただろう。この1枚の写真が残ったことで気にかかり続け、その結果、3ヵ月半後に彼女たちと再会することになろうとは当時誰が想像しただろうか。

オデーサ出身のダニエル君(15)は、整った髪や黒を基調としたシャツ、顔に調和する縁太メガネなどからも、聞かなくても彼が都会から来ていることを物語っている。それがまた、この田舎町には不釣り合いにも映る。彼は、私が日本人だと分かると目を輝かせ、ウクライナでは日本のマンガをよく読んだと言った。とくに『ジョジョの奇妙な冒険』が好きだそうで、日本人には会ったことはないし、日本にも行ったことはないけれど、いつか訪日することが夢だと言う。私は買い出しなどもあり、一日に何度も避難所を出入りする。避難所に戻る度に彼は私のところに寄ってきては、日本についていろいろと質問を投げかけてきた。そうやって、自分が今までに得てきた日本に関する知識の真偽を確認していく。彼が住んでいたオデーサでは日常的にロシア語が使われていたため、コミュニケーションの壁は低い。彼が避難所を出る日に自宅にあった『ONE PIECE』のノートをプレゼントするととても喜び、すぐウクライナに帰ることになると思うけど、どうせ外国に避難しなきゃいけないなら日本に行きたいと言った。彼の笑顔を見て、ウクライナにいる彼のお父さんに大声で伝えたいことがある。息子さんはポーランドでお預かりし、元気でやっていますよ、と。その後どうしているのだろうか。当時、オデーサはまだ落ち着いていたが、その後ロシア軍からの砲撃にさらされるようになった。すぐに帰れると思っていた彼の期待は踏みにじられ、今もどこかで避難生活を続けているに違いない。

同じようにオデーサから来ている恥ずかしがり屋のヴェロニカちゃん（7）。オウムが好きだということで折り紙を折ってあげると、落ち着ける場所が決まったら飾りたいと言う。お母さんと避難してきているので2羽折ってあげたが、ウクライナに残してきたお父さんのことも考えて3羽ほしいと私の耳元でささやく。渡せるのはいつになることだろうか。子どもたちの多くはスマホなど持っておらず、避難所を離れたが最後、連絡さえ取れなくなる。

ダニエル君やヴェロニカちゃんのようにロシア語ができる子どもたちもそれなりにはいたが、言語の壁の高さによって付き合う子どもたちを差別するわけにはいかない。そのため、ウクライナ語しか話せない子どもたちに対しては、ロシア語ができる子どもたち以上に気を配っていた。たとえ言葉が通じなくとも、こちらが気にかけているということだけでも伝えたい。

当初、ロシア語を使うことに対してとても抵抗を感じていた。なぜならロシア語はウクライナの人々にとって敵国言語であるからだ。しかし支援が始まったばかりの頃は、ロシア語を日常的に使ってきたという人が多かった。それもそのはず、主にウクライナの東部や南部ではロシア語が話されており、ロシアが侵略を開始した地域と重なるためだ。私も言語には罪がないと自分に言い聞かせ、湧き起こるロシアへの怒りを呑み込み、ウクライナ語しか話せない人たちに対しても積極的にロシア語で話しかけるようにしてきた。しかしその後、この言語環境は徐々に変わっていくこととなる。〝話せない〟ではなく〝話さない〟人が増えていったためだ。

ウクライナが強い理由

戦争が始まり、首都キーウは数日で陥落するだろうと言われた。キーウに向かう戦車の大車列の画像はもはや時間の問題だと確信させるのに十分だ。ゼレンスキー政権は亡命せざるを得ないだろうと大半が予想したのも無理はなかった。クリミア半島だってあっけなく占領されたという前例がある。小国ウクライナが、世界有数の軍事大国であるロシアにかなうわけがない。私もこういった意見に傾きつつ、歴史からは別の見方もできるのではないかとも思っていた。

1904年2月に始まり1年7ヵ月続いた日露戦争において、極東の小国日本がロシア帝国に勝てるわけがないだろうと世界中が考えていた。そもそも歴史上、有色人種の国が白人国家に勝ったためしは存在しなかった。その結果がどうであったのか、私たちは歴史からよく知っている。ここでは詳しく述べないが、現ポーランドやウクライナは日露戦争においてさまざまな面で当事者であった。今までその観点で日露戦争の歴史を掘り下げてきたため、否応なしに今回の戦争と日露戦争を比べてしまう。ウクライナが当時の日本と同じような道を歩む可能性はないのか。当時の日英同盟とまではいかなくとも、西側諸国の助けがあれば一方的にやられっぱなしということにもならないだろう。ポーランドに住んでいて、同盟がなくてもこの国がウクライナを全力で支えるであろうことは十分想定できた。

ロシアとウクライナの戦争の経過は私たちが知っている通り、早期に決着がつくことはなく、キーウも陥落することはなく、ゼレンスキー政権も崩壊せずに現在に至る。ウクライナは、圧倒的な軍事力を誇ると言われていたロシアに対し、なぜここまで持ちこたえられ、反転攻勢にも出ることができたのか。私は、いつしかそこに武士道精神を見いだし始めた。第二次世界大戦でポーランドが見せた、国を明け渡すくらいなら最後の一兵卒まで戦い抜くという騎士道精神にも似ている。コサック精神とでも呼べばいいのだろうか。

戦争が始まり、ポーランドでは至る所でウクライナ国旗が掲げられた。その数はポーランド国旗を見るよりもはるかに多い。市役所や学校などの公共施設だけではなく、一般市民が車などにウクライナ国旗を掲げ、ウクライナに対する連帯を示した。日露戦争の際、日本が勝てばポーランドではロシア帝国から独立できるのではないかという機運が高まった。ウクライナ国旗がそこら中に現れたのは、当時のポーランドで東郷平八郎《とうごうへいはちろう》の写真を持つ人が増えたり、日本ブームが巻き起こったりした歴史と重なり合う。当時ポーランドが独立を夢見たように、今私はウクライナが勝つことで北方領土の返還につながることを願ってもいる。

ウクライナからポーランドに逃げてきた人たちは、ウクライナ以上にウクライナ国旗に囲まれることとなり、どれだけ励まされたことだろう。私も車のフロントガラスにウクライナ国旗を貼り付け、家には幅1・5mの巨大なウクライナ国旗を同サイズの日章旗の隣に掲揚した。

ウクライナへの連帯と、ポーランド国内の団結力は過去に類を見ないものだった。2人のポーランド人がいれば3つの意見が出ると言われるほどポーランド人は議論好きで、政治的な対立はしばしば必要以上に国を弱らせてきた。そんなポーランドをついにまとめあげた人物、それは皮肉なことにプーチンであったのだ。あのスターリンさえできなかったことを、プーチンは成し遂げたと揶揄《やゆ》されたほどだ。それだけではない。プーチンはヨーロッパさえもある程度まとめあげることに成功した。

数週間もすれば終わるだろうと高を括っていた戦争。私が戦争の長期化、そして支援の長期化を覚悟したのは戦争が始まってから1週間後の3月3日のことであった。それはもちろん、多くの避難民と接する中で彼らが私に伝えてくれる生の情報に基づく。そして、彼らと接する中で、なぜウクライナが強いのか。72時間以内に落ちるだろうと言われていた首都キーウはなぜ1週間経っても陥落せず、ロシア軍への抵抗を続けられているのか。

簡単なことだ。私の周りにいるウクライナの子どもたちは、みなとても強く、いい目をしている。つらい境遇にありながらも愛国心の強さは変わらない。ポーランドにあってもウクライナ人としての誇りを強く身にまとっている。彼らを育ててきたのは誰か。それはもちろん、お母さん、そして彼らと離れ祖国を守るために戦っているお兄さんやお父さんなのだ。家族が安心して帰ってこられるウクライナを夢見て立ち上がっているのがウクライナに残っている人々だ。彼らが命をはってでも守りたい家族が私の目の前にいる。彼らと話せばウクライナが弱いなんて言うのは幻想だったということが分かる。こんなに素晴らしい家族を守るためなら、ウクライナに残されたお父さんたちは何でもするだろう。強国と言われるロシアに対しても果敢に反抗を続けるだろう。そんなウクライナから預かった命をしっかり守り続けることが、ウクライナを支えるために私ができる、私なりの戦い方だ。後方支援とは言いながら、周りにいる子どもたちの、そして避難民の命と安全を守る戦いにおいては、ここポーランドが最前線だ。

第三章
支援の本格化

2022年3月14日、避難所でのポーランド語講座。教えるのはクリビーリフ出身のオクサナ

いかに子どもたちと向き合うか

戦争勃発から1週間が経ち、数日で終わるだろうと思われていたこの危機が、1ヵ月以内に終わると思っている者はいなくなった。

3月5日、内閣官房秘書官のクリスティーナ・シリヴィンスカ女史に面会した。後世、今回の戦争は「第三次世界大戦」として歴史に刻まれる可能性が高いと伝えられた。ウクライナが負ければ次はポーランドやバルト三国が狙われるため、ロシアとNATOの間での戦争になる。ウクライナが善戦するためには西側がウクライナ上空に飛行禁止区域を定めるなどの軍事支援をしなければならない。ロシアにとってそれは西側諸国が参戦したこととなり、同様にNATOとの戦争に発展する。第三次世界大戦を回避するための唯一の方法、それは西側からのロシアを過度に刺激しない限定的な支援で、ウクライナがロシアに勝つことである。しかし、それは考えにくいとのことだった。

話は戦況から、私たち一人ひとりができることにも及んだ。例を挙げればロシア産品を買わないことだ。商品のバーコードを調べ、460から469で始まるものはロシア産だ。そしてもちろん、481で始まるベラルーシ産も買ってはならない。具体的な企業名は避けるが、ロシアから撤退していない欧米企業についても教えていただいた。つまり、安全保障よりもビジネスを優先するような企業の商品は買うなということだ。その後、ポーランドの各企業は自主的にロシア産品を排除していく。商店で空になった棚に貼られた「排除」と書かれている張り紙を見て、私たちは今まで何がロシアから来ていたのかを、どれだけ来ていたのかを知ることとなる。

私が住んでいるツェレスティヌフのヴィトルド郡長、オスフ小学校校長、そしてエディタ教育長と子どもたちへの対応について話し合う。ポーランドの子どもたちはテレビやネット、そして親や先生から戦争について聞いている。ある程度、映像も含む情報に子どもたちは接しており、それが隣国で起きていることに不安を募らせている。学校では戦争の話をしたり、戦車の絵を描いたりする子が増えてきたことも心配だ。そこで、私たち大人はどう子どもたちと向き合えばいいのか。

「私たちにできることは、怖がっている子どもを抱きしめ、大丈夫だよ、絶対に守ってあげるから、と伝えることだけだ」

オスフ校長はそう言うが、もちろん大丈夫だという根拠はなく、ポーランドに核ミサイルが撃ち込まれたら絶対に守ってあげられるなどという保証はない。そんなことは大人なら誰でも分かり不自然が過ぎる。しかし、子どもたちに安全だと信じてもらうこと、そんな環境をつくっていくことが私たち大人の責務である。校長の目には涙が浮かぶ。根拠がない保証を子どもたちに与えることは教育者として正しいのだろうか。涙は心にあるそんな矛盾を吐き出すかのように頬を伝って落ちていく。「大丈夫だよ」、それは私が今まで何度もウクライナの子どもたちにかけてきた言葉で、同時にその言葉に自分自身が傷つけられてきた。もちろん、その言葉だけでは彼らの将来も、ウクライナに残してきた家族の安全も保証できない。そして、「大丈夫」という言葉は子どもに対してではなく、実際はそう口にすることで自分自身を落ち着かせようとしていたということを認めなければならない。無理やり大丈夫だと自分を信じさせることで、不安定な心の軸を保とうとしていただけなのだ。そこに子どもを巻き込み、その安定感を外に求めて、より強固なものにしようとしていた。そんな無責任なことしか言えない自分が歯がゆい。

ウクライナの子どもたちが定住し始めたら、いずれポーランドの小学校で受け入れなければならないだろう。その準備はできているのかとエディタ教育長に聞く。できていない、などという返事を期待されていないことも教育長は分かっている。

「ウクライナの子どもだけを取り出してクラスを作る余裕はないため、ポーランドの子どもたちと交ざって学んでもらわざるを得ない」

彼女からは想像していた以上に具体的な答えが返ってきた。それならば、せめてウクライナ語のクラスは作るべきだと言うと、そこにいる誰もが賛成した。彼らはいずれウクライナに帰る。ウクライナに帰ってからも困らないよう、母国語の能力を絶えず向上させていかなければならない。

「誰が教えるの?」

その質問が部屋に沈黙を連れてきた。

受け入れの限界

戦争勃発10日目、朝からスマホが手放せない。刻一刻と変わる戦況に対し、各方面との連絡を密にしなければならないためだ。自宅で子どもたちの前ではスマホは使わないようにと心がけてきたが、この10日間は夜でもスマホが手放せない。戦争が終わるまでだと自分に言い訳をし、子どもの前でもスマホに視線を落としてしまう。そして朝一番に電話が鳴る。今となってはその相手が誰だったのかさえ思い出せない。

「そっちの避難所で子どもたちを受け入れてくれないか」

問題ないと即答し、行政とも情報共有をするので、できるだけ早く子どもの人数と到着予定時刻を調べてほしいと伝えて電話を切る。正直、避難所じゃなくても子どもの4、5人なら私の家で引き受けてもいい。そう思いながらも念のため行政にも一報入れておく。数分後に折り返しの電話が鳴る。

「国境で行き場を失っている子どもの数は約1000人」

当時、私の避難所であいているベッドの数は20だった。1000人はさすがに受け入れられない。20人までなら対応すると伝え電話を切ったが、その後しばらくその場に呆然と立ち尽くすしかなかった。子どもたち数人なら我が家でも、などと考えていた自分はなんて浅はかで、かつ愚かだったのだろう。避難所で20人受け入れたところで、それ以外の子どもたちはどうなるのだ。そもそも子どもたちだけということは、孤児院がそのまま避難してきているのかもしれない。侵略が始まって10日という段階で、すでにポーランドでの受け入れに限界が近いことを感じた。

同じような依頼はその後何度もあった。その都度、その時受け入れられるだけの数を伝える。そこには命があるというのに、数字はまるで国境にたまった在庫を国内で処理するかのような感覚で独り歩きを始める。目の前にいる人々の世話で手一杯で、迫っている受け入れの限界に対して打つ手がない。避難民を生み出す根本原因であるロシアの侵略に対してメスを入れなければ、この流れは止められない。水害では下流で必要な場所に絶えず土嚢《どのう》を積み続けるより、ダムの放水を止めることが一番だ。しかし、私を含めポーランドは土嚢を積むことにしか手が回らず、ダムに目を向ける暇さえ与えられない。ダムからの放水がごとくミサイルが飛び交う上流に向かっているのは主にウクライナの男性たちだ。止めてくれ。いくらそう願っても、それだけでは流れ続ける血は止まらない。

　避難してくるのは人間だけではない。猫や犬などペットとともに国境を越えてくるケースは決して珍しくはない。3月5日、避難所にキーウから飼い主のスヴェトラーナ（38）とともに1匹の柴犬アグロ君（1歳3ヵ月）がやってきた。キーウにいた頃は散歩で自由に走り回っていたそうだが、避難してからというものまるで生まれたばかりの小鳥が母鳥の後を追いかけるようにスヴェトラーナの後をついて回っている。言葉は発しないが、アグロ君も相当なストレスを抱えているのだろう。スヴェトラーナによると最終目的地はベルリンで、明日の朝にでも発つことになるという。長い旅の疲れをこの避難所で癒やしてほしいと思いつつも、アグロ君を言い訳にして、横になって休んでいるスヴェトラーナに度々話しかけた。

「ベルリンまではここから少なくとも6、7時間はかかるから、まだまだ大変な旅が続くね」

「私たちはキーウから、何日もかけてここまでようやくたどり着いたの。リヴィウまでだって11時間かかったんだから、6、7時間なんて近場だよ」

　そう言う彼女の目は瞬《まばた》きをすることなく私を映しだしてはいるが、スヴェトラーナに見えているのは私ではなく、ここに来るまでの苦悩の日々だ。翌日、彼らはまだ避難所にいた。どうやらベルリンまでのチケットが取れず、しばらくこの避難所で様子をみることにしたそうだ。

こういったケースは少なくなく、予定通りいくほうが例外だ。

日曜日は行政機関が閉まっているため手続きなどができない。非常事態なのだから日曜日も開けてほしいと思いつつ、長期戦に備えて休養も必要だと、休日に出てきた自分に言い聞かせる。スヴェトラーナたちの計画が白紙になったことに対して言葉では残念な気持ちを伝えつつ、もうしばらくはアグロ君ともいられることに多少の安堵を感じてしまう。この避難所にいれば直接手を差し伸べることができる。しかし、ここを離れたが最後、何かあってもすぐに駆け付けることはできない。心のどこかで、無責任にもベルリンまで行かずにずっとここにいればいいのにと思ってしまう自分がいる。

避難所での支援の合間に役場のヴィトルド郡長、ロムアルド議長、カタジナ財務局長とともに郡内にある高圧物理学研究所を訪問した。ここにもウクライナから3人が避難している。1人目はクリシャ（32）といい、9年前にポーランドの古都クラクフに留学していた経験があるためポーランド語ができる。現在、こちらに2歳2ヵ月の娘ソフィアとともに避難してきている。もう1人は姉妹都市グリニャニの元郡長ナディアさんの娘であるオレシャ（27）だ。行政としてのウクライナ支援は、まず今までのつながりがあるこの姉妹都市とのやりとりから始まった。国による支援策の一環でウクライナへの通話は無料となっており、ウクライナ側との電話協議を行った。

早速、グリニャニから支援要請があった。発電機15台、延長コード20本、懐中電灯30本、その他医療物資や寝袋など。しかし、残念ながら6日は日曜日であり、法律上は商店が閉まっている。支援に休日なんてものはないにもかかわらず、法律の壁が私たちの足を引っ張る。翌朝すぐにアウトドア関連の店に行き、人の波をぬって寝袋、キャンプマット、緊急避難用リュックサックなどを車に入るだけ購入した。

避難所にやってくるのは老若男女、そう言いたいところだが内情はほとんどがお母さんと子どもたちだ。しかし3月7日、初めて20代と思われる青年が避難所にやってきた。総動員令が出されているウクライナでは18歳から60歳までの男性は基本的に出国できない。なぜ彼は出ることができたのか。それを聞きたい衝動を抑えながら、まずはあいさつし、右手を差し出す。彼は私の握手に快く応じながら、左手で自分の耳を指さす。出国できた理由は聴覚障がい。話せないからといって放っておくわけにはいかず、子どもの遊びスペースにあった紙と鉛筆を手に彼の元に戻る。筆談は過去の記憶を呼び覚ます。ベラルーシにいた頃、同じ部屋に住んでいた中国人と会話ができず、漢字で筆談していた日々のことを。名前も分からないその青年の最終目的地はアムステルダムらしい。そこに行くまでにベルリンなどで数回電車を乗り換えなければならない。大きく英語で「ウクライナ難民」「聴覚障がい」「目的地アムステルダム」と書いて手渡す。このメモさえあれば、道中周りの人々が彼を助けてくれるだろう。翌日、彼の姿はなくなっていた。

非常時に表面化する善意

続いて、自転車を10数台購入。車に入るのは一度に3台までであり、避難所と自転車店の間、約30分の道のりを何往復もすることになる。ウクライナ人のために中古の自転車が大量に必要だと言うと、全て仕入れ値で譲ってくれた。話すと店主も自宅でウクライナ人を4人受け入れているそうだ。自転車を買えば買っただけ、修理する必要も出てくる。修理は別の業者に頼んでいるが、私が持って来る自転車は全てウクライナ人のものだということをその業者も知っている。そのため、修理代として部品代程度しか請求されない。戦争はとても残酷なことだ。しかし、戦争の裏で支援の輪が広がり、こういった善意が表面化するのもまた事実である。

その日は前日の夜遅くに約50人が到着したため、一日中家をあけていた。そんな中、妻は1人で文句も言わず、幼い子どもたちの面倒を見てくれている。私の支援は見える支援であるが、そういった裏で支えてくれる家族があること、そして家族以外にも見えないところで応援してくれている人が大勢いる。

3月7日の自転車購入を皮切りに、自費で支援物資を購入するという期間は終わりを告げた。それは、日本中から多くの方が、支援金を寄せてくれるようになったからに他ならない。口座情報を公開していたため、お金を送ったという知らせは日本から多く届いていたが、しばらくは忙しすぎて口座を調べることもできなかった。3月7日にチェックしたところ、なんと合計221万円もの支援金が入っていた。中には私が知らない方からのものも多い。見ず知らずの私にただ支援金を送ってくれる。こちらからは支援者の連絡先が分からず感謝のメールを送ることさえできない。私ができることは、こちらの状況をしっかりと日本に伝えていくことだ。

今まではウクライナのほうばかり見ていたが、そのさらに東にある日本にも目を向けていかなければならない。とくに、私が育った長野県の千曲《ちくま》市や坂城町《さかきまち》、大学時代にお世話になった静岡市では行政をあげて支援金集めを始めている。日本を離れ12年になるが、やはり私の原点は日本にあると強く実感することができた。ここからは日本人であることを誇りに、より日本人であることを意識して活動を続けていく。支援が「私」から「私たち」によるものに変わった瞬間だった。

どん底の国際女性デー

ロシアによるウクライナ侵略13日目。この日は国際女性デーでもあった。それどころではないのは分かっている。しかし意識したくなくても、その日は否応なしにやってくる。こんなにつらい国際女性デーが過去にあっただろうか。

ウクライナから避難してきているのは主に母と子どもたちだ。お母さんたちに花を渡す夫はいない。娘に花を買ってあげようにもお金がない。苦しいのはウクライナに残された男性たちも同じだ。家族から遠く離れ、花ではなく武器を手にしている。今日私には何ができるのだろうか。花を買って一輪ずつ女性や女の子たちに配ることも考えた。しかし、日々移動している彼女たちの荷物になってしまえば逆に迷惑だ。結局、花の代わりに書道具を手に避難所へと向かった。書道具を広げると、この日本人は一体何を始めるのかと、自然と多くの人が集まってきた。

「今日は国際女性デーなので、花の代わりにみなさんの名前を書いてプレゼントします」

そう宣言すると、人生最悪の女性デーになると思っていた人々の顔に笑顔が戻る。もちろん、男の子たちにも書いてあげたが、中にはウクライナに残してきたおばあさんの名前を頼んでくる子や、夫や離れた兄弟、息子の名前を書いてほしいというお母さんたちも多かった。それも、自分の名前を頼む前に。私は筆を動かしながら口も動かしていたが、手を止めしっかりと目を見て話すべき瞬間は予期せず何度もやってくる。彼らは、私の目のその奥にあるものを探るかのように語る。その口調に悲しみが、そして怒りが滲むのを防ぐこともできない。分かってほしい。知ってほしい。聞いてほしい。瞬きをするのも忘れて、私に苦しみを訴えかけてくる。

最近は、以前にもまして精神的なダメージを受けている人の割合が増えてきた。今、目の前にいるのは開戦直後に逃げてきた人々ではなく、誰もが戦争の光景を脳裏に焼き付けられている人たちだ。何日もかけてポーランドまで来ており、疲れも見えるうえ、戦争による心の傷もより深刻になっている。食生活も乱れに乱れ、夜に眠れない人もいれば、子どもたちは落ち着きがなくなったり、ニキビが出てきたりする子もいる。ニキビ薬などを買おうにも、ウクライナで売られているものがポーランドにもあるとは限らない。

車を見ると、その車に乗って自宅に帰ろうと訴える男の子がいる。ご飯を食べる時に椅子を持ってきて、ここはお父さんの席だと言う少女。距離的にもそう離れていないとはいえ、国境を隔ててこちらと向こうはまるで世界が違う。親世代は子どもたちよりも祖国に対する思い入れが強く、故郷を追われたことからくる心の穴も深い。それに加え、ずっと夫婦でしてきた子どもたちの世話を突然1人で、それも外国で抱え込むという状態に追いやられている。目の前にいるのは強くなければならない弱者たちなのだ。彼らの話は私の心に虚《うつ》ろな穴を残していく。

侵略から2週間、日本から物資を積んだ自衛隊機がこちらに向かっているというニュースが届く。私の支援に特段影響があるわけではないが、ポーランドの田舎でたった1人、日本人として支援活動をする中で、祖国からの目に見える援助は大きな精神的支えとなる。

今日初めて会ったのはハリキウから避難してきた女性ヴェラさん。侵攻が始まったその日に、まだ暗いうちから自宅の近くが爆撃され、早朝に着の身着のまま1人で家を出た。ここに来るまでに2週間も経っているが、最終目的地のアメリカはまだまだ先である。2月24日、それはヴェラさんにとって特別な日。人生で50回目の誕生日だ。家族だけではなく親せきや友だちを多く誘って盛大なパーティをするために長い間準備してきたと言う。しかし、家族が集まるはずのその日に、彼女は家族から引き裂かれた。次男は、その日に戦場へ向かうため自宅を後にした。戦場とは言っても、ヴェラさんがその話をしてくれた時、ハリキウはすでにロシア軍の支配下に入っており、息子とは連絡が取れないそうで無事なのかどうかも分からない。涙ながらにそう訴え、財布を開けてここにはいない家族の写真を見せてくれる。戦前に撮ったその写真に写る息子の目に、やるせない怒りがちらついているようにも見えてしまう。

彼女はここ2週間、ほとんど誰とも話していなかったそうだ。周りはほとんどが母と子どもたち。そんな中、彼女はたった1人でポーランドを目指した。身の上話をしたところで周りも同じようにつらい目にあっているため暗闇に突き進むだけ……。周りのウクライナ人からは私も大変だったという話が返ってくるだけだ。ようやくこの避難所に来て、今まで溜まっていたストレスを、まるでダムが決壊するかのように私に打ち明けた。

彼女の言葉は私の体中から涙を押し出し、私をその場から離そうとしないだけの力がある。私はウクライナから避難してきたわけでもなく、戦場を経験しているわけでもない。むしろそれが申し訳なくもあり、情けなくも感じてしまう。できることは話を聞いて、一緒に泣いて、支援を続けるから安心して避難生活を送ってほしいと伝えることだけだ。ともに涙を流したとしても、私の涙と彼女の涙ではその重さが全く違う。その事実は冬の寒さ以上に体にこたえる。ポーランドが過去に味わってきた苦難、多くの戦争孤児を生み出してきた歴史を長らく学んできたが、同じような悲劇が今自分の目の前で再び起きているということが未だ信じられない。ポーランドの悲劇に対し、同情しかできなかった自分がいた。その恥を今とりかえしたいという衝動に強くかられる。今、ウクライナに対しては決して同情だけでは終わらせたくない。まるで罪滅ぼしをしたいかのような衝動に駆られている。

学校に通い始める子どもたち

3月10日、支援物資として子ども用の自転車ヘルメット5つを購入した。その他、隣町の大きなスーパーにあった日本製カップラーメンを全て、おむつを全て、おしりふき、乳児用クリームも。

支援の合間には地元の小さな小学校に視察に行った。すでに5人のウクライナの子どもたちが通い始めている。予想通り、問題ばかりだ。2017年9月からポーランドでは中学校が廃止され、小学校が6年制から8年制となった。結果として視察に行った小学校は、収容可能人数が175名なのに対し、在校生は350名を超えており、子どもたちは午前、午後の交代制で通わざるを得ない状況だ。戦前からキャパシティが足りなくて困っていたところに、ウクライナの子どもたちが入ってきた。その数は、今後しばらく増える一方だろう。

全員が学校に通うわけではないが、すでに郡内には60人を超えるウクライナの子どもたちが長期滞在を見据えて一般家庭に入っていた。彼らは教室にいてもみな無口だが、それは言葉が通じないので無理もない。見えないはずの言葉の壁がまるで見えるかのようだ。そして、子どもたちはその壁の中に閉じこもっている。そんな壁に言葉以外の道具で穴を開けようと、ポーランドの子どもたちもまた奮闘している。クラスに入ったウクライナの子どものために、交代でサンドイッチを作ったり、廊下に励ましのメッセージをウクライナ語で掲示したりしている。全てはポーランドの子どもたちが出したアイディアだ。

私はロシア語で彼らの壁にドアをつくり、子どもたちの心の奥底まで笑顔を探しに行くが、なかなか見つからない。子どもたちを少しでも楽にするためにはパソコンが必要だ。資料なども配布ではなく、パソコンで開いてすぐに翻訳機能にかけられるようにする。それだけではない。教科書は？　机や椅子は？　遠方に住んでいる子どもたちの交通手段は？　1つずつ確実に解決していかなければならないが、問題が増えるスピードは、支援のスピードを圧倒し続けている。問題を把握しても、解決しようともがいている間に、その問題はより広く、より深くなっていく現実が目の前に広がっている。いくらメスを入れても患部にたどり着かず、その間に病状が悪化していくような状況にあっても、決してメスを手放すことはできない。

なぜなら、この子どもたちは将来、ウクライナの復興にとって絶対に必要な存在であるからだ。彼らには全く罪がないにもかかわらず、大人が起こした戦争の一番の犠牲者であり、今後も犠牲者であり続ける。大人がかき回した世界の尻拭いをさせられるのが彼らだ。子どもたちは望まずして、ウクライナ復興という戦争がなければ負う必要がなかった義務を負わされてしまった。そんな大切な命を、私たちは預かっている。今はまだ復興のことなど考える余裕はないが、せめて彼らがポーランドで元気に生活している姿だけでも、戦っているお父さんやお兄さんたちに見せてあげたい。お父さんたちにとっては、食べ物より、飲み物より、子どもの元気な姿が一番の栄養になるということを2児の父として私も十分理解している。

国外に避難したウクライナの子どもたちには、現地の学校に通わずオンラインでウクライナの教育システムに沿った教育を受けるという選択肢もある。しかし、その選択肢はあってないようなもので、私の周りにパソコンを持ってきたという子どもは皆無だと言えば、それ以上の理由を説明する必要はないだろう。言語の壁を身にまとってポーランドの学校に通うのか、それともスマホでウクライナ語のオンライン授業を受けるのか。どちらも子どもたちにとっては楽ではない。後者もスマホがあれば、という前提ありきの話にすぎない。

翌日は、一日中車を運転していた。朝7時にインスタントコーヒーを20瓶搬入し、2回目の買い出しでは大量の紙おむつ、歯ブラシ60本、タオル20枚などを購入した。3回目はパスタ30

セット、大量の缶詰、そして洗剤などを買い足した。紙おむつなどは、先週末に多めに買っておいたのだが、今日またこれほど買う必要が出てくるとは……。それだけここ数日は乳児の数が多い。もちろん、赤ちゃんは誰も戦争が起きていることなんて知らない。幼稚園児でさえ親から本当のことを知らされていないのだから当然だ。突然荷物をまとめて移動することも、そしてミサイルの轟音も「大きなシティーゲーム」だと言われている。彼らはいつ真実を知ることになるのだろう。できることなら、知らぬまま故郷に帰って、以前の生活に戻れればいいのにと思ってしまうが、それがすでに手遅れであることは言わなくても誰もが知っている。子どもに戦争をどう説明するのかもまた悩みの種だ。親でさえ、なぜこのようなことが起きたのか、理解が追い付いていない中で、子どもに何を説明できるというのだろうか。

麻痺していく感覚

3月11日、朝4時起床。11年前の今日、テレビの前で東日本大震災を見て、ただただ泣くことしかできなかった自分を取り戻せる日は今日しかない。気温マイナス10度。昨晩購入した物資を車に詰め込み、避難所へと向かう。ワルシャワで泊まる場所がなく、極寒の駅構内で横になっている人々。国境で夜通し出国を待つ人々。ウクライナで昼夜を問わず前線で戦っている人々。彼らのことを考えると車を運転していても暖房をつける気にはなれない。

支援を必要としている人たちはウクライナ中に、そしてポーランド中にいる。しかし、支援できるのは目の前の避難所にいるほんの一握りの人たちだけだ。大学院で学び、言語も身に付け、事業も興し、家庭を持ち、私はある程度人として成長してきたはずだった。しかし、実際には、何俵にも重なる米俵の中の米1粒ぐらいの支援さえできていない。何のためにここまで生きてきたのか。なぜこんなにも非力なのか。ホテルチェーンでも経営できていれば、どれだけ多くの人を救えただろうか。そう何度も何度も非現実的なことを考えては自らの頭をたたく。

この日は女性の肌着が全く足りなくなったため、お昼に合計60枚の女性用肌着を購入した。1枚買うなら抵抗がある女性用肌着も、60枚ともなると感覚が麻痺し、迷いがなくなるのもまた不思議なものだ。搬入するとすぐに多くの女性が集まってくる。私がサイズなどの説明をしても彼女たちは全く抵抗を感じず、体に合わせたりしている。どうやら感覚が麻痺しているのは私だけではなかったようだ。

ポーランド政府によるウクライナ人支援策

開戦当初から、いや、それ以前からずっとウクライナに対し連帯を示し続けてきたポーランド。民間レベルでの支援を後押しするかのように政府も動きだす。前に述べた、ポーランドからウクライナへの国際電話を無料化したことは数ある支援策の1つだ。その他にも政府は矢継ぎ早に次のような支援策を打ち出した。

①国境と首都間に臨時人道列車運行
②医療費無償化
③国鉄無料化
④一定の通信量がついたＳＩＭカードの無償提供
⑤子ども手当支給［18歳まで1人につき500ポーランド・ズロチ（以下、ＰＬＮ）＝約1万5000円／月］
⑥就労許可
⑦最長18ヵ月の合法的滞在
⑧避難民を受け入れているポーランド家庭に対する財政支援（1人につき40ＰＬＮ＝約1200円／日）

戦前、ポーランド政府によるバラマキとも評価されるような政策に対して、人々は一年中反対の声を上げて通りに繰り出していた。しかし、今回はその使い道が「外国人」であるにもかかわらず、悪化していたポーランドの財政がさらに悪くなるにもかかわらず、多くの人が支持している。12年間ポーランドで生活してきて、ここまで国が団結したのを見たことがない。避難所で他のスタッフにそう話すと、彼女らは朝食準備の手を止めず、むしろポーランド史上初めてだと皮肉を込めて答える。口調からは、国はもっとウクライナ支援をやれという気持ちが読み取れ、自分がもらうわけでもない政府の支援策に励まされていることが分かる。

ポーランドにとって、この類の支援策には歴史的な下地があったのかもしれない。13世紀に出されたカリシュ法では、ポーランド国内にいたユダヤ人に対して商売の自由、信仰の自由、平等性、財産権、そして移動の自由などを保障した。当時のポーランド人は今の私と同じような気持ちだったのだろうか。

ウクライナ人の港になる

私は朝食のためのパンを整理していたが、ふと1人だけ離れて座っている女性が気になり話しかけた。名をミロスワヴァ（67）と言い、東部の田舎町から避難してきていてロシア語しか話せない。ウクライナでは年金暮らしで、自宅の庭いじりをして平和な日々を送っていたそうだ。そのまま自分の故郷で死ぬまでゆっくり暮らそうと思っていたミロスワヴァさんだったが、長年過ごした故郷を一夜にして追われ、生まれて初めて祖国ウクライナの外に出されることになった。右も左も分からない中、今後どこに行けばいいのか、と私に尋ねてくる。ポーランドは避難民で溢れているから、もっと西のドイツやフランスに行ったほうがいいのか。それともポーランドに留まるのが正解なのか。そう聞かれても、私はその答えを持ち合わせていない。ただ、ここにいさえすれば私たちが衣食住を保証します、とだけ伝えた。彼女は数日間滞在し、その後目的地も決めずにとにかく西へと旅立った。「次の避難先で大変だったら、いつでもこちらに戻ってきてくださいね」、それが私から彼女に伝えた最後の言葉となった。

私の周りには日々多くの人がやってきて、多くの人が去っていく。そんな中、私はここに残り港となり続ける。出航する彼らを引き留めることはない。ただ、港は常に開放しておき、彼らが帰ってきたければいつでも迎え入れられるようにしておきたい。

3月12日土曜日、週末は息子の幼稚園も休み。開戦後初めて妻と1歳半の娘もともに落ち着いた朝食をとる。ウクライナ支援を始めて、いかに家族が大切なものなのか、それと同時にいかに家族はすぐに壊されてしまうものなのかを思い知った。他の家族を救いたいなら、基盤としての自分の家族を大切にすべきであることは事実だが、正直ここ数日はしっかり父親の役割を果たせていたのか自信は持てない。

私の家族は家族のまま生活をしているが、避難所には引き裂かれ、心に傷痕を残したウクライナの人々がいる。私の息子や娘と同じような年齢でも、お父さんに会えない子どもたちばかりで放ってはおけない。娘が昼寝をしている合間に、無理を言って息子の世話を妻にお願いし、女児のために購入したベッドを搬入するために避難所へ向かう。

この日から、私の家でも避難民を受け入れ始めた。今まで、ポーランド各所から何度か避難民受け入れの依頼があったが断ってきた。短期間経由地として部屋を貸してほしい、ウクライナに留学していた外国人留学生を受け入れてほしいといった依頼を全て断ってきた理由は、一番の弱者である母子というケースで引き受けることを決めていたからだ。今日の依頼は、初めて子どもがいる家族からで、それも初めてウクライナ人からのものであった。

私がポーランドでウクライナ支援を行っていると聞きつけたキーウ在住の日本人が、ポーランドに避難する周りのウクライナ人にお守りとして私の連絡先を渡して送り出していた。結果として、突然知らない電話番号から連絡があるのは深夜を含め日常茶飯時となっていた。どこそこまで迎えに来てほしいといった連絡から、ワルシャワに着いたはいいが今からどこに行って何をすればいいのか分からないといった質問まで、人によって要件はさまざまで、支援依頼が多く対応しきれない。

しかし、誰もが電話口で泣きながら、最後の頼りとして近くの直接話せるポーランド人ではなく、見ず知らずの日本人に電話をかけてくる。全員を救うことができない自分にいら立ちを覚えつつ、こんな世界にしたプーチン政権に対して、今までどこの誰にも抱いたことがないような怒りで震えた。どこにもぶつけられない太陽の熱を持ってしてもあり余るようなその怒りのエネルギーを、支援をし続けることでなんとか抑えつけているのだ。

私の家に住み始めたのはブチャ出身の4人家族だ。お母さんのオラ（53）とその娘ハンナ（28）、息子ダニエル（14）、そしてハンナの息子イヴァン（4）。ハンナによると国境まではお父さんと夫が送ってきてくれたと言う。その後、ポーランド国内の避難所を転々としながら受け入れ家庭を探していたところで、私の連絡先を入手し、素性も分からぬ私の家で明日から受け入れてほしいと電話してきたわけだ。当時、彼らの故郷ブチャ近郊では激しい戦闘が繰り広げられていたが、その後ブチャはロシア軍の占領下に入り、当時そこで何が起きたのかは周知の事実である。

ウクライナの家族と一緒に住み始めることで、私は家での落ち着きを取り戻した。今までは避難所に行かなければ直接人々を助けられず、彼らを残して家に帰るということは自分だけ普通の生活に戻ってしまうということを意味していた。しかし、ウクライナからの家族を受け入れることで、家に帰ってからもウクライナに寄り添い続けることができる。その日から夜にどうしようもない寂寥《せきりょう》に襲われ、1人で泣くことがなくなった。夜の涙というそれまで最も側にいた友と別れを告げた瞬間だった。

3月13日、4人とともに避難所へ向かう。彼らはパジャマさえ持っておらず、とにかく日常生活に必要な物を集めるところから始めなければならない。日曜日、ポーランドは商店が閉まっているため、パジャマだけでもと車を走らせる。避難所に着くと、日曜日には支援物資が受け取れないと管理人に突き放された。避難所で寝泊まりしている人ならいいが、登録していない避難所外のウクライナ人は平日でなければ施設に入ってはいけないというのだ。戦争が始まってから常にストレスを抱え我慢してきたが、この対応にはさすがに声を荒げざるを得なかった。

第一、ここに登録しているかいないかで困っている人を分けるのは人道的ではない。第二に避難民にとっては平日も週末も関係ない。休日はパジャマなしで、着の身着のまま寝ろというのか。第三に私は郡長とも、そして施設長とも連絡を取っており、いつでも物資を受け取れることを確認している。日曜日は対応しないなど聞いていない。第四に管理人には言わなかったが、パジャマを含めたそれらの物資の多くは私が購入したものだ。その引き取りに対し、1円も出していない管理人にとやかく言われる筋合いはない。

そこにちょうどよく郡長が休日返上でやってきた。管理人がその場から離れようとする前に「日曜日であってもウクライナ人は物資の受け取りが可能ですよね？」と聞くと、「もちろんだ」とのこと。管理人はとても気まずそうに私から目線を逸らせる。

似たような経験は、その後何度かあった。別の日には奥の机で、地域の一般家庭に入っていたおばあちゃん、タチアナさん（51）が泣いていた。理由を聞くと、のどが渇いたと幼い孫のポラ（5）が泣いているが、冷蔵庫からジュース1本取ることも許されないと言う。その時は別の管理人であったが、ウクライナ人に対して二度とこのような扱いをしないように伝えたうえでジュースを2本冷蔵庫から取っておばあちゃんに渡した。2本目は彼女の涙の埋め合わせとして。

ずっと泣いていたおばあちゃんは、悔し泣きなのか嬉し泣きなのか分からないが、顔をくしゃくしゃにして私をしばらく抱きしめて離さなかった。孫娘は幼すぎて、恐らく何が起きているのか分からないといった様子だった。たった2本のジュースなのに……。ジュースの量より多く泣かせてしまっては元も子もないと申し訳なく感じてしまう。管理人に対する怒りも、おばあちゃんからこうも感謝されると、冬の風に溶けて消えていった。

ロシア語の諺《ことわざ》で「Кому вóйна, а кому - мать родная.」というものがある。戦争が始まってからウクライナ人がよく使っている諺だ。「ある者にとっての戦争も、ある者にとっては棚からぼたもち」とでも訳せば分かりやすいだろうか。つまり、戦争で苦しんでいる人がいる一方で、戦争を利用して儲けようとしたり、人々がいなくなった家から略奪を行ったりする者もいるということである。

世界中にある兵器産業にとって戦争は「棚からぼたもち」かもしれない。これまでも社会的に腐敗が問題となっていたウクライナでは、戦争という緊急事態を利用してさらに腐敗が横行することになった。例えば支援物資と称してウクライナに物資を運び込み、実際はそれを売りさばいて儲けたりする輩も出てくれば、人身売買も軽視できない。ずっとポーランドで働きたいと思っていたがその希望が叶わなかったウクライナ人の中には、戦争のおかげでビザなしでもポーランドで働けるようになったと喜ぶ人がいるのも事実だ。ここぞとばかりに支援金と称してお金を集め、中抜きする団体もある。今回の戦争でロシアから安い原油を買うことで「ぼたもち」を享受しているような国もあり、例を挙げ始めたらきりがない。7月から国境での書類審査が厳しくなり長時間待たされるようになったが、それも戦争にかこつけた犯罪を防止するためで、迅速に支援を届けたいと思っている私たちにとってはいい迷惑だ。

避難所での管理人の対応は、まさに支援する側としての立場を利用し、弱者を自分のコントロール下に置こうとするやり方であった。管理人とはいえ、郡に雇われている身だ。今まで部下はおらず、郡長や施設長など周りは上司ばかりだった。そんな中、戦争のおかげでいきなり自分が管理している施設に言葉も通じず、着の身着のままで、行く先も決まっていないような弱者が大勢来たことで状況が一変したのだろう。それ以外にも、私が向き合わなくてはならない壁は外なるウクライナだけではなく、ここ内なるポーランドにも決して少なくなかった。

翌日は地元の小学校を訪問。我が家に避難している14歳のダニエルの入学手続きと、すでに通学しているウクライナの子どもたちの状況を視察するためだ。

お昼時、いつものようにホールは多くの子どもたちで溢れているが、1つだけ戦前と違う光景を目にした。上級生の子どもたちが机にパンやクッキーを広げて売っているのだ。聞くと、自分たちで作ったものを売り、そのお金をウクライナから来ている子どもたちの支援に充てると言うのだ。今までウクライナの子どもたちだけを見てきたが、こんなにウクライナに寄り添おうと頑張っているポーランドの子どもたちもしっかり支えていかなければならない。

かわいそうに、気づいてみればダニエルにお小遣いを渡していなかった。今日はクッキーを買いたくても我慢していたのかもしれない。日本の小中学校では物販がなく、私には小学生の子どももおらず、全く失念していた。ウクライナの子どもたちの問題を把握するために視察に行ったはずが、結局自分の反省点を整理して学校を後にした。

小学校にはウクライナの国旗や子どもたちを励ますメッセージが至る所に貼られている。とくに感動したのは両国の言語で書かれたメッセージだ。「君は強い！」「私はいつもあなたの味方だよ」「ここにいてくれて嬉しい」「友だちになってもいい？」「つらい時は頼ってね」「君のために私には何ができるか教えて」――ポーランドの子どもたちとウクライナの子どもたち、言葉が通じなくても掲示することでお互いの気持ちを伝え合っている。

ダニエルは小学校7年生に入り、通学し始めた。学校でうまくやっているだろうか。ペンやノート、運動着、靴、鞄などは購入したが、新学期前ではないので教科書はどこに行っても手に入らない。学校に送り出したものの教科書なしで大丈夫かと、避難所での支援をしながら一日中心配でならなかった。そんな私の心配をよそに、夕方にはダニエルが笑顔で帰宅した。周りの子どもたちが彼のことを本当によく助けてくれたそうだ。知っていたはずの小学校の子どもたちの心の温かさと先生たちの支え、それを疑ってしまった自分を恥じるしかなかった。その日の授業は英語、数学、音楽、化学、地理、ドイツ語、そしてポーランド語。通い始めていきなり3つの外国語を学ぶことになるとは……。朝、宿題ぐらい見てあげるから、と偉そうに送り出したが、科目を聞いて今後は自分の首を絞めるような提案はしないようにしようと心に決めつつ、ダニエルが何か聞いてこないかと翌朝までびくびくしながら過ごすことになった。

「心配しなくていいよ。僕のクラスには他に4人もウクライナ人がいるから」

そんなダニエルの言葉に安心すると同時に、ウクライナの子どもたちが増え続ける状況には手を入れなければならないと感じる。ダニエルとの会話を遮るようにマナーモードにし忘れていたオラの携帯が耳を突き刺すように鳴った。午後5時19分、ミサイル警報である。避難所では、四六時中そこここの携帯が叫びださないよう、みなマナーモードにしており、警報音を聞いたのは今回が初めてだ。続いて地下など安全な場所にすぐに避難するように促すメッセージが続く。体に電流が走ったように立ち尽くす私に構わず、オラは平常心のまま続ける。

「ごめんごめん。消し忘れてた。今日は多いほうね」

そう言って彼女は、私に過去24時間の警報を全て見せてくる。昨晩は夜11時43分から約40分間、そして朝3時21分から5時9分までの約1時間50分、ロシア軍は市民の心を挫くため、あえて夜、それも間隔をあけてミサイルを撃ち込んでくるそうだ。市民は眠れず、地下鉄などの避難場所から自宅に戻って落ち着いたと思った頃に次のミサイルが撃ち込まれる。これでは全く眠れたものではなく、幼い子どもがいたり、足腰の悪いお年寄りであれば、どうしようもない。そもそもキーウ市民全員が地下鉄近辺に住んでいるわけでもなく、自宅のアパートに地下室があるわけでもない。

1回のミサイル警報で呆然としていた私と、それでも笑顔を保ちながら取り乱すこともないオラ。もちろんミサイルが着弾した場合は、そこがどこなのかなどはしっかりと調べている。残してきた家族が心配でたまらないことに変わりはない。私にとって非現実的な世界は、彼らにとって日常になっているという事実に同じ屋根の下に住みながらも果てしない距離を感じた。

翌日、その距離を埋めたい気持ちもあり、自宅の鍵を3セット複製してウクライナの家族に渡した。そして、オラが夕食を作っている間に、彼らをここまで運んできた「SUZUKI」を洗車する。ブチャの家を出てからここまで約2000㎞の道のりで、道中2度もバッテリーが上がってしまったらしい。命を守り、ここまで連れてきてくれたことに感謝し、車を磨く。つい最近出会ったばかりで無言の車ではあるが、言い表せないような親しみを感じてしまうのはなぜだろうか。

上空では並列飛行の訓練が行われている。恐らくＮＡＴＯ軍が演習をしているのだろう。その日、オラは１２０個ものピロシキを作ったが、家族が８人ともなるとものの数分で魔法のように全て消えてしまった。

食事中、オラはロシアに２人の兄が住んでいると唐突に打ち明けた。すでにロシア国籍を取り、家族もあるらしい。話がかみ合わないため、今は一切連絡を絶っていると言う。ロシアで流されているプロパガンダにより、兄たちは親ロ派ウクライナ人とネオナチ・ウクライナ人による内戦だと信じているそうだ。ロシアによる侵攻の証拠としてウクライナ軍によって破壊されたロシア軍の戦車の写真を送っても、「ウクライナはもともとソ連の一部だったんだから、ロシアの戦車を使っていてもおかしくない」と取り合ってもらえない。祖国を追われて苦しんでいる妹の話より、ロシアのニュースを信じているという現実に理解が追い付かない。プロパガンダによって血のつながった家族が引き裂かれたダメージは、物理的な距離以上に深刻である。ただ、今まで何度も同じような境遇にある人の話を聞いてきたため、オラの話を聞いても驚けなくなっている。これが〝戦争慣れ〟というやつか。

食後、ウクライナに残されているおじいさんとネット通話。彼は、私がウクライナからの家族を受け入れてくれたことに対して何度も感謝を口にし、こちらからは家族は安全なので安心してこれからも任せてほしいと伝える。電話を切ったあと、タイミングを計ったようにオラが口を開く。

「おじいさんはサハリンで生まれて、10年以上そこに住んでいたの」

ウクライナ人であるおじいさんが、サハリンで……。それ以上は聞かなくても時代背景を考えれば、強制的にシベリア送りになっていたことが容易に想像できる。オラは、時代は繰り返すのか、という視線を私に向けているが、それ以上話を続けることはない。頭に手をあててため息をつく私の反応を見て、それ以上説明する必要はないと悟ったようだ。

お腹がいっぱいになって幸せなはずなのに、片付けをしながら涙が止まらない。台所にいるのが私だけなのがせめてもの救いだが、その様子を悟られないよう普段より早めに食洗器を回す。ここ最近食べているウクライナ料理は本当に美味しいし、大好きだ。しかし、オラが作ってくれるボルシチを、ピロシキを、バレニキを本当に食べてほしいのは私ではないことは初めから分かっている。話さなくとも、彼女が本当にその手料理を食べてほしいのはウクライナに残してきた家族であることに疑いはない。ウクライナで平和な暮らしをしていた頃、よくこんなボルシチを作って、毎日のように家族でテーブルを囲んでいたことだろう。そう想像すると、私はそこにいないにもかかわらず、どこからともなく食卓の笑い声が聞こえてくるような気がするが、一方でその光景もガラスが割れるかのように崩れ落ちてしまう。その破片をかき集めようと座り込んでも、そこに落ちているのは私の涙だけ……。

夕方、スマホの世界に入り込んでいるダニエルを見るに見かねて、ボール遊びをしようとほぼ無理やり外に連れ出した。私はキャッチボールのつもりだったが、彼はボールを地面に置くと私に向かって蹴り上げた。ああ、そうか、ウクライナでボール遊びと言えばサッカーだったっけ。そのことに今さらながらに気がついて、構えていた手を下げ私も足で蹴り返す。しばらくボールを蹴り合ったあと、本当は私がやりたかったキャッチボールをした。ダニエルがボールを投げても、肘が伸び切っているのでなかなか私のところまで届かない。何度も彼に指導しながらも、私の心はそこにない。

そんな投げ方じゃだめだ。しっかり目標に届かなければ、どうやって生き残るつもりだ。お前のお父さんやおじいさんは今、ウクライナで火炎瓶を作って投げる練習をしているんだろう？　そんな投げ方じゃ、お前は全く使い物にならないぞ。私の脳裏には、いつかオデーサのお母さんから見せられた、序章で書いたあの動画が焼き付いている。そこでは彼女の夫が火炎瓶を投げる練習をしていた。ここはウクライナじゃないし、ダニエルもまだ中学生だ。それはよく分かっている。でも、彼が将来ウクライナに戻ることになったらと考えると、今からボールぐらいしっかり投げられなきゃだめだと思ってしまう。こんなことを考えてはいけないのかもしれないが、私の心はそんな理性を受け入れてくれない。しばらく〝訓練〟していると、ダニエルはずいぶんとうまく投げられるようになった。彼が帰国する頃には、火炎瓶なんて投げなくてもいいような平和なウクライナにしておかなければならない。

外国でその土地の家庭に入って共同生活をするということ、通常これはホームステイと呼ばれる。この言葉から連想される景色は明るく、楽しく、そして発展的なものだ。そのせいか、ポーランド中で多くのウクライナ人が一般家庭に入っている状況をホームステイと呼ぶことに大きな抵抗を感じてしまう。彼らは旅行者とは違い、来たくて来ているわけではない。そして私たちも、数日間旅行者を受け入れるような気持ちで扉を開いたわけではない。お金を払う旅行者であれば、受け入れ側にそれなりの要求もできよう。ウクライナの人々はマットレスが固くても、布団が薄くて寒くても、部屋の時計の電池がきれてしまっても、要望を口にしない。いや、しないのではなくできないのだろう。雨をしのげる環境にある自分たちは、それだけで戦地にいる同胞に比べてずっと恵まれている、そう考えているからだ。だから、何が不便で何を必要としているのかは受け入れ側が想像し、改善していく他あるまい。

予期せず、言葉も文化も違い心に傷を負っている家族が4人も増えた。もちろん受け入れる義務はなかったが、受け入れないという選択肢もまた持ち合わせていなかった。そして、彼らが家族をウクライナに残してきたことであいてしまった心の穴を埋めようと、子どもたちとともに時間を過ごしても、私は彼らの父親代わりには決してなれない。ロシア語で意思疎通ができるため、彼らの気持ちが分かるかと言えばそれも嘘になる。私は避難民になったことはないし、戦争を直接経験したことも、家族が引き裂かれたこともないからだ。同じ経験をしていないのに共感できるなどと言える立場にはない。

侵攻後1ヵ月で200万人ものウクライナ人がポーランドに入った。全員に心の平安を提供したいとは思うが、もちろんそんなことは夢のまた夢で、ならばせめて、同じ屋根の下に住む4人の生活に対しては責任を持ちたいと思う。

これは決して善意ではない。彼らは常に心にぽっかりと大きな穴があいており、それを埋める手段は彼ら自身も、そして私たちも持ち合わせていない。かといって、一緒に生活をしていくうえで彼らが不幸なままでは、受け入れた私たちの家族も幸せになれないということは火を見るよりも明らかだ。家族という土台が崩れれば、私も支援をする余裕なんてなくなってしまうだろう。

ウクライナ人を受け入れるということは妻と決めたことにすぎず、子どもたちの意見はなかったに等しい。子どもたちは今まで自分たちだけに注がれていた愛情と時間、そしてお金が分散されるだけではなく、自分の居場所だと思ってきた家に言葉も通じない人々が突然入ってきたことで、大きなストレスを感じていることは親として痛いほど理解している。この問題にも同時に責任を取り続けなければならない。

言葉が通じる私の場合は心の闇に触れ続けることになるが、そうではない子どもたちは話せないことで逆に精神的に楽なのかもしれない。いや、むしろ子どもたちが悲劇的な話を聞き、心に傷を残すことから守ってくれているのは、言葉の壁なのかもしれない。

たとえ言葉が通じなくても、たとえ文化や習慣が違っていても、ウクライナ人とポーランドの受け入れ家庭の間には1本共有している支柱がある。それは戦争を早く終わらせたいという願いだ。時間が経つにつれ覚悟や慈善の精神ではなく、その思いだけで現状に耐えているという家庭が増えてきた。私の家族ももちろん大変ではあるが、考えてみればウクライナの人々はもっと大変だ。だから支える側として弱音なんか吐いてはいられない。

自立のための言語

3月15日、避難所にすでに何日も滞在している人々がポーランド語を学び始めた。クリビーリフから娘やお母さんと一緒に避難してきたオクサナ（40）は、戦前ウクライナでポーランド語の教師をしていた。避難してきたばかりの頃は疲弊しきっていたが、しばらく経ってからポーランド語を使って多くのポーランド人スタッフと仲良くなった。そして、こちらから提案するわけでもなく、彼女を中心にポーランド語レッスンが始まったのだ。恐らくオクサナも、そうすることで自分の居場所をつくろうとしていたのだろう。感動をもってそれを見ながらも、自然とサポートに入ってしまうのは語学教師としての性なのかもしれない。しかし、私が入るととたんにみなが手を止め静かになり、突然現れた不審者を見るような目で私に視線を集める。彼らの反応に押されて一歩下がった時、沈黙を破ったのはオクサナだった。

「もしかして、ポーランド語できるの？」

あっ！　なるほど……。考えてみれば避難所で彼らとロシア語しか使ってこなかったことに今さらながらに気づく。聞けば、どうやら数人のウクライナ人はロシア語を話す日本人が偶然旅行中のポーランドで今回の事態に巻き込まれ、やむなく支援活動をしていたと思っていたらしい。私がポーランドに住んでいることを伝えるとみな驚き、さらに避難所からさほど遠くない場所だと言うと、彼らの十円玉のような目は、五百円玉のように大きくなった。ワルシャワならまだしも、こんなど田舎に日本人が住んでいることが信じられないようだ。

避難所に引きこもっている彼らは、私が買い出しで自家用車を運転している姿を知らない。役所でしょっちゅう対策会議をしていることも知らない。彼らが寝ている間に他のスタッフとポーランド語を話しながら、作業をしていることを知らない。その日は、缶詰80個、シーツ10セット、シャンプーとリンスを20本ずつ購入して支援を終えた。翌日から、ポーランド語とロシア語間の通訳を求めてくるウクライナ人が一気に増えることになる。

ポーランド語のクラスが開設できるということは、それだけ避難民の移動が落ち着いてきたということである。今ここにいる人たちは、次の目的地がないのでとにかくここにいて様子を見るか、またはこの街で入れる一般家庭を探している。避難民大移動の落ち着きは、支援の落ち着きにも結び付く。支援が始まった頃は、ごみの分別が問題となっていた。ポーランドでは紙、プラスチック、瓶、生ごみなど細かく分別している。一方、ウクライナではまだまだごみの分別と言っても何を、どうやって、何のためにするのかだけではなく、そもそも分別についての概念さえもあまり広がっていない。もちろん彼らに説明して分別してもらうこともできるが、次から次へと新しい避難民が来る状況ではそんな余裕はなかった。結果として、ごみは分別されず、収集業者が好意で追加料金を取らずに収集してくれてはいるが、果たしていつまで続けることができるのかと心配していた。しかし、大移動が落ち着けば、ごみ分別の意識を持ってもらう余裕が出てくる。そんなわけで最近は避難民にポーランドでのごみの捨て方をよく説明している。

「今、ウクライナ人は世界中に広がっている。ごみ分別を含め、世界中のいい文化を吸収したウクライナ人が将来帰国したら、ウクライナはもっといい国になるんじゃないか」

ポーランドのごみの分別に感心したあるウクライナのお母さん、ユリアンナ（27）が私にそうもらした。避難生活が長引けば長引くほど外国で吸収する文化の量は増える。しかし一方で、長期化することはそれだけ定住化が進むことになり、戦後帰国する人も減ることになる。どちらがいいのかと聞かれれば、もちろん外国の文化を吸収する間もなくすぐに帰国できることなのだが……。

受け入れ分担

夕方、姉妹都市のリヴィウ州グリニャニに送るための物資を、一時保管している避難所に搬入する。約1週間かけて寝袋やテント、キャンプ用マット、発電機、マットレス、緊急避難用リュックサックなどを購入しては避難所の一室に積み上げてきた。マットレスは30個あり、重くはないもののかさばるので、自宅との間を車で何度も往復しなければならない。一緒に住んでいるウクライナの家族も積み込みを手伝ってくれる。3月17日の時点で、ウクライナから出国した人は400万人を超えたとの推計がなされている。多いとみるべきか、それとも人口の1割にも満たないとみるべきなのか。いずれにせよ、ウクライナ国内に人口の9割以上が残っていると考えるべきであろう。

翌日は、地元の幼稚園を視察する。ウクライナから避難してきた幼稚園児たちは、なかなか馴染めずにいる。リヴィウから避難してきているお母さんと話したが、今までウクライナではお父さん、そしておじいさんやおばあさんが常に側にいた。しかし今は、避難生活で隣にいるのはストレスを抱えたお母さんのみ。お父さんと離ればなれになった幼い子どもは、幼稚園に行き母親と離れることを極度に嫌がる。教室にお母さんが一緒にいたとしても、言葉が違うことで自分の意思を伝えられないばかりか、保育士さんの指示も自分だけが理解できない。避難生活だけでもストレスなのに、さらに幼稚園に行かせることで子どもに過度の負担をかけたくないということから通園をあきらめるお母さんたちも多い。子どもが通園せず、親せきに預けることもできず、お母さんは一日中子どもの世話をすることになる。結果として就職先があっても仕事をする余裕はなく、自立もできない。残された選択肢は帰国し、安全の保証がない状態で幼稚園に入れるということになってしまう。

3月20日、私たちの避難所にスイスのルガーノから35人乗りの人道バスが到着した。支援し続けている私たちも世界から見捨てられてはいない。正直、ポーランド政府や世界から見離されるのではないかという不安はずっと付きまとっていた。受け入れ主体は国というより各地方行政であることもその理由だ。スイスからの目に見える支援は、自衛隊機がポーランドに入った時と同じような安心感を与えてくれる。彼らはスイスから持ってこられるだけの支援物資をこちらに運び、私たちの避難所からはバスに乗れるだけの避難民を受け入れてくれる。とめどなく押し寄せる避難民の受け入れを各国で負担し合うことは必要不可欠だ。

それは分かってはいるが、やはり何日も一緒に過ごしたウクライナのみなさんと別れるのはつらい。彼らをスイスに連れていくバスが憎たらしくも思えてしまう。降り続く雪に対し、ここだけバスが出発できないほどの豪雪になれと心の中で何度も繰り返してはバスをにらむ。普段はやんでほしい雪に、今だけ降れとは何とわがままなことだろうか。頬を伝うのは安心感からくる涙か、それとも悲しみからくるものなのかは自分自身でもよく分からない。行き場を失いずっとこの避難所にいた彼らが、やっと安全で美しいスイスのルガーノに行けることはとても嬉しいことのはずなのに、無責任にもずっとここにいてほしいと思ってしまう。ウクライナで妻や子どもたちを外国に送り出したお父さんたちは、これに似た気持ちを持っていたのかもしれない。

3月5日から2週間一緒にいたキーウから避難しているスヴェトラーナ、そして柴犬のアグロ君もスイスへと旅立つ。18時間バスに乗り、宿泊なしでルガーノへ。どこかで1泊すればいいのにと思うが、35人の宿をすぐに手配できるほどヨーロッパ各国に余裕はない。みなで記念写真を撮ったあと、写真のために無理やりつくった笑顔が涙で崩される前にウクライナのみなさんに向き直る。

「将来、スイスからウクライナに戻る時は、飛行機ではなく陸路でまたここに寄ってください。その時は勝利と平和の祝杯をあげましょう」

すでに私の住む街に定住避難することを決めているポーランド語教師のオクサナは、避難民でありながら私たちと同じ支援する側におり、今では私にとっての通訳仲間だ。全員バスに乗り込み、ドアが閉まろうとしている。

「いつかみんなで平和なウクライナに帰ろうね」

〝平和な〟をあえて強調したオクサナのこの言葉は、泣かずに笑顔で見送ろうと決めていた私たちの約束を反故《ほご》にした。見送る私たちからこらえていた涙が一気に噴き出す。バスに乗っている彼らの顔はよく見えない。無情にもバスのドアは閉まり、スイスへと旅立った。残された私たちは、しばらくその余韻に浸っていたが、誰かが「さあ、次の受け入れの準備を始めよう」と呼びかけ、ようやくみなで避難所へと戻ることができた。

その日は一日中、彼らが今ヨーロッパのどの辺にいるのかを考えていた。バスに乗り込む際、道中みんなで分けるようにと、ある子どもに大量の日本の菓子を託したが、それはもう食べ終わっただろうか。彼らは希望を持っているのか、それとも不安のほうが大きいのか。翌日、美しい山や湖の写真とともに無事到着したという報告が送られてきてようやく心を切り替えることができた。

ウクライナ人には避難先に対して、大別すると2つの異なる考え方がある。1つ目は近いポーランドに残るという考えで、戦争が終わったらその日にでも帰国したいと思っている人々はこちらを選択する傾向にある。2つ目はより遠い西欧などに行くという考えで、ポーランドはウクライナの隣国でありロシアの脅威も直接受けており、ここにも戦禍が及ぶことを恐れてウクライナからできるだけ遠くに行こうとする。

3月23日、新たな支援依頼あり。ポーランド南部にある宿泊施設に74名のウクライナ人が避難しているという。この施設は数年間閉鎖されていたが、ウクライナ避難民の急増を受け施設を開放したそうだ。しかし、あまりにも突然のことで暖房費が賄えない。かつて稼働していた頃は石炭で施設を暖めていたが、当時に比べると石炭の値段も跳ね上がっている。この冬を乗り切るために必要な石炭は10トン、日本円にして75万円相当である。私は支援金でこれを賄うことを決め、すぐに石炭を購入した。長期的な支援を考えると、この規模の支出が心配であったことを認めなければならない。かといって、今この瞬間に寒さに震えている人々のことを見捨てることもできない。

定住化支援

ウクライナから避難してきたダニエルが通学で使えるように自転車を購入した。中古で欠陥はあるが6000円だ。ウクライナのためということで、今回も仕入れ値で譲ってもらえた。その後、別の業者にブレーキなどを部品代だけで修理してもらったうえ、早く必要だろうとのことで、翌朝には車で私の家まで直した自転車を届けてくれた。ダニエルは笑顔で早速自転車に飛び乗り、学校へと向かった。その日は帰宅してからも靴を脱ぐことなく鞄を投げ入れると、サイクリングに行くと言って夕飯時まで帰ってこなかった。床の真ん中に投げ出された鞄を見て怒るオラと、そこまでこの家に慣れてくれたことを喜ぶ私。

その日の夕食としてオラは前回の反省を踏まえ、ウクライナ料理のバレニキを150個も作ってくれた。オラは私がウクライナ支援で朝から晩まで走り回っていることを知っており、その分料理をして私を支えてくれている。

料理をしなくていい分、私は時間を支援に使えている。共同生活はこのように、うまくいっているようにも見えるが、オラは毎日のように「一緒に住んでいてうんざりしないか」「困らせていないか」「迷惑じゃないか」と聞いてくる。彼らは心配でたまらないのだろう。突然4人もの外国人が無期限で赤の他人の家に転がり込んだだけではなく、実は4歳のイヴァンは自閉症で言葉が話せず、寝ている時以外は一日中家の中で叫んでいる。しかし、何度も伝えるしかない。ここは私の家であり、あなたの家であり、私たちの家である。あなたたちに罪はなく、私たちに義務もない。問題が出てくることを前提に受け入れているわけで、問題の発生を心配するのではなく、出てきた時に解決することに注力すべきだ、と。夫婦、そして親子の間でさえ、何年一緒にいようとも問題が出てくるわけで、あなたたちとの間に問題が起きないわけがない。その度に話し合い、解決していくしかない。これ以上彼らが心配しないように、念を押して伝えたかったことがある。今この屋根の下で問題が起きたとしても、ウクライナで起きている問題に比べれば、それは問題と呼ぶに値しないということを。その後、想定通りよく問題が起き、何度も何度も子どもたち抜きでの拡大家族会議が不定期で開かれた。

彼らは、毎日「帰りたい」と言う。私たちは人の家に行った時に、自宅に帰りたいなんて口にするのは大変失礼なことだと教えられる。しかし、そんな常識もここでは通用しない。それだけではなく受け入れているこっちでさえ、彼らがすぐにでも自分の家に帰る、いや、帰れることを願っている。それも、彼らを受け入れる前からずっと。家族が8人になって2週間が経った。今日も帰りたいと言われ、戦争が終わったらキーウまで車で送りたいと伝えると、彼らは私の話を最後まで聞かずに即刻拒絶した。

「戦争が終わっても2、3年はウクライナには来ないで。地雷だけじゃなく不発弾も多いから……」

彼らは自分たちが帰りたいと願う土地なのに、私には来るなと言う。理屈では分かっているのだが、正直頭の中は地震で散乱して収拾がつかない部屋のようになる。

侵攻から1ヵ月以上が過ぎ、誰もが年単位の避難を、そして支援を見据え始めている。我が家に住んでいるウクライナ家族も定住化を見据えて必要な手続きを進めなければならない。ウクライナ人にはSIMカードが無料で提供され、スマホは1PLN（約30円）で購入できるという制度もある。ただ、ウクライナ人用に市場に供給されたスマホの台数はあまりにも少なく、私の周りにこの1PLNスマホを手に入れたという人は皆無だ。人口4万人を超える街のショッピングモールに行ったが、そこに供給された1PLNスマホは5台のみ。

日本ではポーランドが多くの支援策を打ち出し避難民を支援していることがニュースになっていたが、掲げられた支援策の中にはこのように実際にはほぼ機能していないものも多い。ウクライナ人の中にはパスポートはもちろん、スマホさえ持っていない人もいる。これはウクライナに置いてきてしまったのではなく、そもそも戦前からスマホを買う金銭的余裕さえなかったというケースが大半だ。パスポートなどの書類がなければ、ポーランドで住民登録をすることもできない。スマホがなければ、銀行口座の開設も困難だ。何らかのIDを取得しようと、首都ワルシャワのウクライナ大使館、そして領事館には昼夜を問わず長蛇の列ができている。通常業務としてのパスポート更新などは受け付けられる状況ではなく、全く何も持たずにポーランドに入国した自国民の対応に追われている。ウクライナ大使館がこのような状況である一方で、閑散としているのはロシア大使館だ。3月22日、ロシア大使館の煙突からもくもくと煙が出ていることがニュースとなった。外気温は16度、薪ストーブを使うような季節ではなく、退去処分になることを想定して機密書類を燃やしているであろうことは想像に難くない。

ウクライナ領事館に行ったついでにウクライナ家族とワルシャワの中心部を車で回る。至る所で掲げられているウクライナ国旗、ウクライナ語で書かれた連帯を示すメッセージ、ゼレンスキー大統領の似顔絵、これらを見て希望を感じてほしいと思いつつ、ワルシャワで一番彼らに見せたかったのはそれらではない。ここワルシャワは75年前、今のマリウポリのような状態だった。そんなワルシャワは彼らの目に映っているように見事に復興し、車窓の向こうにあるきれいな街並みからは第二次世界大戦の傷跡はほとんど感じられない。ウクライナも戦後、このワルシャワのように復興できるということを感じてほしい。ウクライナ人で溢れるワルシャワも、第二次世界大戦前は人口の約30％（約37万人）がユダヤ人だった。それを考えれば今君たちウクライナ人が多くいることも驚くに値しない。

彼らは私の話を聞きながら、黙って外の景色に視線を預けていた。彼らがポーランドに入った1ヵ月前に比べ、外は春の兆しが見え始めている。春の陽気は街を行きかう人々からコートや帽子を奪い、Tシャツ姿の人まで連れてきた。冬服しか持ってきていなかったウクライナの家族と春服を買いに行ったのは、その翌日のことだった。

怒りを糧に

ウクライナからの家族、そして避難所にいる人々の支援を続けながら、私は少しずつウクライナ国内支援へと軸足を移しつつあった。目の前にいる人たちの支援はもちろん大切だが、彼らはすでに安全で、寝泊まりする場所があり、温かい食事に恵まれている。一方でウクライナ国内の状況は日に日に悪化する一方だ。支援しやすい周りの人たちだけに目を向けていると、本当に助けが必要な人々のことを忘れがちになってしまう。

ウクライナ人の大多数がウクライナ国内に留まっているにもかかわらず、ポーランドが提供している支援の時間も、お金も、労力も、それらのほとんど全てがポーランド国内避難民に向いていることはある意味皮肉なものである。より深刻な状況にあるウクライナ国内では、人手も運営資金も、そして物資も全く足りていない。ポーランドはそれが分かっていても手が回らないというやるせなさを感じている。

ウクライナにある姉妹都市グリニャニからは次なる支援要請が来ていた。しかし、突然の戦争勃発に対し、避難所運営だけでも想定外の予算を割かれている行政が使えるお金はほとんどない。郡長、副郡長、議長、支援担当部長、国際交流協会会長と私の6者で緊急対策会議を開く。私が招集された理由は行く前から明らかだ。

会議では日本からいただいている支援金を投入することが決まった。正直、ポーランド人で溢れるこの国で、外国から来たとある村人に支援を求めざるを得ない彼らの心境はいかばかりなものか。もちろん、彼らが私を無関心なポーランド人よりも、ずっと近い仲間であると考えてくれていることは昔からよく分かっているが……。

3月25日、グリニャニに送るためのガスコンロやガス燃料、電気ストーブなどを大量に購入した。今まで私が1日に何度も買い出しに行く様子を見て、車を持っているボランティアスタッフの女性数人が手伝いを申し出てくれた。その後、彼女たちは複数名でいくつかの店を回り、必要な物資をかき集めてきてくれた。事前に必要なお金を預け、あとからレシートとともに私に報告してくれる。夕方、彼女たちが私のところに来て、「ただの買い物に時間も体力もどれだけとられるのかが分かった、よく今まで1人でやってこられたね」と驚く。時間や体力が削られることは確かだが、私にとっては避難所に物資がないという精神的負担のほうがはるかに大きな傷を心に残すのだ。

それにしても物資を集めながら、こんなこと本来はしなくてもいいのにとよく思ってしまう。ロシアがウクライナに侵攻しなければ、この支援は全て必要なかった。本来必要ないはずだったことをしなければならないことで、真っ先に湧き上がるのは怒りである。こちらがいくら支援物資を送っても、ウクライナでは日々インフラが破壊され、人々が殺され、領土が占領され、家族が引き裂かれている。向こうは、いかに多くのものを破壊できるかに注力し、こちらはその膨大な犠牲の一部でも埋められないかと必死になっている。ミサイル一発で、ものの数秒で破壊されるものを私たちは何日もかけて取り戻そうとしている。24時間走り回って支援をしたところで、破壊されていくスピードには追い付けず、何度無力感に襲われ目まいがしたことか。

グリニャニから依頼されていた物資は3月30日までに全て揃え、31日の朝にバスを出した。

このバスは国境まで行き、中立ゾーンで物資をウクライナ側のバスに積み替える。ウクライナ側もポーランドの国境まで空車で来るわけではなく、国外に避難を希望する人々を乗せてくる。国境で人と物を〝交換〟し、避難民を乗せたバスはその日の夕方、私たちの避難所に戻ってきた。今回受け入れた避難民は戦争が始まってから1ヵ月以上、避難したくてもできなかった人々だ。彼らは通院、または入院が必要な病気を抱えており、避難先に入れる病院がなければ命の危険にさらされてしまうからだ。そして、その多くが子どもという何とも言えない悔しさ……。

その日の最後に、リヴィウから避難してきている2歳の女の子に300円のパズルを買ってあげた。この子もすぐに避難しなければならず、玩具なんてほとんど持ってこられなかった。握ればつぶれてしまいそうな小さな手に乗せられた小さな買い物。これで3月7日から25日までの19日間で私が支出した支援金は160万円を超えた。

「ありがとう。ちょうど今、リヴィウにミサイルが撃ち込まれてふさぎ込んでいたところだったから、少し救われた気がするわ」

女の子のお母さんは玩具と娘を交互に見つめ、それから娘を強く抱きしめた。娘は母親の気持ちに気づかず、早くパズルで遊びたくて嫌がっているが、お母さんはなかなか彼女を放そうとはしない。2人の姿を見て、私はさらに2人をその上から包み込む。娘は遊んでもらっているのかと思い、きゃっきゃと笑っているが、その笑い声が私とお母さんの目から涙を誘っていることには気づいていない。お金で平和が買えればいいのに。心の底からそう思った。同じ玩具であっても、平和な世界にいる子どもと、悲劇の主人公にさせられた子どもとでは、もらった時に得られる心の支えに大きな差があることだろう。

3月29日、ある知り合いに頼まれてドニプロから来たタチアナ（40）を避難所で受け入れた。なぜ彼女は他の避難所で受け入れてもらえなかったのか。その理由は簡単で、ペットの犬10匹、そして猫1匹とともに避難してきたからだ。避難所はどこも仕切りなどがなく子どもたちは自由に歩き回っている。そんな中、10匹の犬を放し飼いにすることはできず、かといってずっとケージの中に入れておくわけにもいかない。ポーランドにはウクライナから避難してきているペットを一時的に預かってくれる団体も立ち上がっており、そこにペットだけを預けることを提案したが即座に拒否されてしまった。恐らく今まで同じような提案を何度もされたのだろう。それだけに、彼女の反応も素早い。

タチアナには他に家族がいないため、ペットは家族そのものだと言い、1匹たりとも、1日たりとも手放すつもりはなく、そうするぐらいなら今日の夕方にでもウクライナに帰国すると言う。すでにバスの時間まで調べてあるという念の入れように戸惑ってしまう。ドニプロが危険であることはよく分かっている。分かってはいるが、選択肢がないのであればそうするしかないという残酷な現実がそこにある。

最終的になんとかポーランド国内で2週間を限度に受け入れてくれるという場所が見つかり、彼女は2時間足らずの滞在で避難所を後にした。ほっとする一方で2週間が過ぎたらどうなるのかという心配は消えない。避難所の出口で涙を流しながら私を抱きしめ、去って行った彼女の顔が今でも忘れられない。そこには、まだしばらく〝家族〟と一緒に平和な土地にいられることへの喜び、そして安心感が満ち溢れていた。

3月31日、すぐに終わるだろうと思っていた戦争は収まるどころか激しさを増している。首都キーウはなんとか持ちこたえてはいるが、日々ミサイル攻撃にさらされている状況に変わりはない。こんなに長引くとは思っていなかったが、考えてみれば日露戦争は1年7ヵ月、イラク戦争は8年9ヵ月、そしてアフガニスタン紛争に至っては19年10ヵ月も続いた。今まで世界中の戦争についても学んできたのに、ポーランドの戦史についても人一倍研究してきたのに、いざ自分のこととなると1ヵ月が長いと感じてしまうのはなぜだろうか。そう考えながら朝8時に避難所へ向かう。気温は0度。

今日は、マリウポリから24人が来ると聞いている。癌専門病院からの人たちで、今回もスイスのルガーノにある病院が受け入れてくれるため、そこに行く前に私たちの避難所で数日間療養していく予定だ。医者でもカウンセラーでもない一民間人だが、少しでも笑顔を処方してからスイスに送り出したい。年齢や子どもの割合などは来てみないと分からない。夜10時過ぎ、ようやくバスが到着した。夜も遅いため諸手続きは明日に回し、今日はゆっくり休んでもらうことにする。彼らとの実質的な付き合いは明日からになるだろう。4月1日、エイプリルフールの明日、起きたら今までのことは全て映画の世界だったなんていうことになれば、と思いながら目を閉じる。

第四章
世界に届かない小さな声たち

2022年4月13日、クリビーリフ出身のミラが「平和」をテーマに描いた絵。そこにはロシアの国旗も

弱者だからこそ支援を

私は今まで、アメリカやベラルーシ、ポーランドに住み、それぞれの国の人に助けられてきた。外国人はどの国でも本人の意思とは関係なく弱者として見られる傾向にある。例外はあるが、国境を越えれば誰でも言語的弱者、人種的少数派、そして文化的弱者となる。弱者になることが分かっていながら、なぜ外国に住むのか。それは弱者となることで見えてくる世界があるからで、その経験は期せずして私のウクライナ支援に大きな影響を与えている。

ポーランドという外国で、弱者であり、本来なら助けを必要とする側の存在であるはずの日本人がウクライナ支援をしているということ。それは周りのポーランド人にとって、とても不思議なことらしい。しかし、強者であるはずのポーランド人も、ウクライナ支援では見方を変えれば弱者たりうる。私は、ポーランドで12年間弱者であり続けてきたからこそ、ポーランドに来たウクライナ人、すなわち弱者の気持ちがある程度理解できる。弱者だからこそ支援をするという心理を、周りのポーランド人にはなかなか気づいてもらえない。

アメリカでは英語を、ベラルーシではロシア語を、そしてポーランドではもちろんポーランド語を身に付けることが弱者と強者の壁を低くするための第一の手段となる。私にとってはどの外国語も、習得に多大なる努力と時間を要した。裏を返せば、ウクライナ人がポーランドで言語的弱者としてどう感じ、いつどこでどんな助けが必要となるのか。それはポーランド人ではないからこそ気づけるというものだ。

多くの人に助けられて身に付けることができた言語だから、いずれそれを使って多くの人を助けたいという思いがある。私のロシア語だってロシア人、ベラルーシ人を含め多くの人に助けられて今がある。結局、ロシアとベラルーシに苦しめられているウクライナ人を助けるために使うことになるとは、これもまた皮肉な巡り合わせである。

言語的な壁が低くなれば、それだけ相手の心に触れる敷居が低くなる。ウクライナ人と向き合って深い話ができれば、それはいいことのように聞こえるだろう。しかし、目を見て話ができるゆえに彼らのつらい体験が、矢のようにそのまま目を通してこちらの心に突き刺さるのもまた事実だ。もちろん、彼らの心に突き刺さっている数えきれないほどの矢の1本でも、私に向かって言葉で〝放し〟、それで気持ちが少しでも楽になるならいくらでも聞きたいと思う。

知らない言語は雑音のように、右耳から左耳へと抜けていくが、知っている言語は耳から入ると脳や心に自動的に接続されていく。スマホの翻訳アプリを通せば何の変哲もない活字でも、目を通した対話となると、その矢は涙のダムを決壊させるほどの力を持つことになる。

4月1日、期待していた春は来ない。朝の気温はマイナス2度。窓の外に見えている光景が、エイプリルフールであればいいのにと思いながらコートの袖に腕を通す。支援の前に雪かきをしなければ、車さえ出すことができない。足元から這い上がってくる寒さを払いのけるように駆け足で雪を積み上げる。積もった雪で門も開かず、予定よりずいぶんと遅れて支援に向かうことになってしまった。吐く息が白い。外にいるこの時間は、短いとはいえ心に確かな安らぎを残す。避難所では一日中、まとわりつくような熱気の中で過ごしているからだろうか。

先月末から、避難所にはマリウポリなどから来ている人たちがいる。彼らは明後日の日曜日にはスイスに行ってしまう。人が人ならざるもののごとく祖国から吐き出された彼らも、安全なポーランドの避難所で落ち着けば、人間としての誇りを持ってもいいということを思い出す。到着時、避難所に入っていく彼らの足取りは軽やかだった。何日も家を離れているとはいえ、彼らはまるで近所に買い物に出かけるかのようなリュックを背負うのみで、重いスーツケースに腕を引かれることもない。そもそも松葉杖が欠かせないような子どもたちは多くの荷物を持ってくることさえ許されない。

子どもたちの名前を覚えて話し始めれば、まるでずっと前から知っているような感覚に陥ってしまう。出会う前から平和がほしいという共通の願いがあったからかもしれない。中にはイタリア語を学び始めているお母さんもいれば、スイスの何語圏で生活をするのかまだはっきりしない人もいる。

ウクライナに置いてきた色鉛筆

避難所の子どもたちと話していると、1人だけ輪に入らず全身を鎧《よろい》で固めているかのような女の子の存在に気づいた。こちらの会話が気になってはいる様子だが、鉛筆を持って朝からずっと目の前のノートと会話しており話しかけにくい。昔、私がドイツで結婚式に誘われた際、周りがドイツ語で盛り上がっている中、1人で輪に入れず孤立していた。その少女は当時の自分の姿に重なり、なおさらこの小さな背中を捨て置けない。小学校高学年か、中学生ぐらいに見えるが、痩せていて幼くも見える。もしかしたらウクライナ語しかできないのかもしれないと思いながら、無理なら英語で自己紹介ぐらいならできるだろうと思って話しかける。彼女は鉛筆を持った手を微動だにせず、顔だけを私のほうに向けた。

自己紹介すると、彼女はロシア語でソニャ（14）と名乗るが、見えない鎧の中から出てくる気配はない。ノートにはマンガがたくさん描かれていた。何のキャラクターかは分からないが、この子はきっと日本の文化が好きだと確信できるのは、長年ヨーロッパで日本文化を紹介してきた者として自然と身に付いた第六感のようなものだ。であれば、見えない鎧の中から引っ張り出す呪文を私は知っている。

「実は僕、日本から来てるんだ」

そう言うと彼女の目は大きく輝き、少しずつ強張っていた肩の位置が下がると同時に見えない鎧も弾け散る。聞けば、昨晩来たばかりだそうで、周りの人たちと馴染めなかったのはそれが理由だったのかもしれない。ドニプロからお母さんと2人で避難してきているらしく、別の部屋にいるお母さんを紹介したいと彼女は私の背後に視線を向ける。紹介したいというより生まれて初めて日本人に会ったことをお母さんに報告したいソニャの気持ちに気づきつつ、私はそれを丁寧に断った。まずは絵について聞きたいうえ、別の部屋でソニャを一回り大きくしたような女性を見かけたからきっとその人がお母さんに違いないと思っていたからだ。一回り大きくしたと言ってもソニャもお母さんも痩せていて、長い髪がさらに彼女たちを細く映し出す。ソニャを含め、避難所に来る子どもたちの父親の顔は見たことがない。それが理由で全員が母親似に見えてしまう。

ソニャにノートを見せてもらうと、そこにあるのはアニメキャラクターばかり。1ページずつ過去へとページをめくっていく。4、5ページめくればそこからはウクライナにいた頃に描いた絵が私を迎えてくれる。戦争が始まってからも本当にたくさんの絵を描いていたのだろう。学校に通えず、その分家でずっと絵を描いていたのかもしれない。と、1つ気になりページを戻す。ウクライナで描いたという絵には色がついているが、ポーランドに来てからの絵が白黒なのはなぜだろう。あとからまとめて色をつけるのだろうかと思いつつ、自然と目は彼女が握っている鉛筆に向かってしまう。なるほど、そういうことか……。ともに絵を見ていたソニャは首をゆっくり縦に振る私に視線を注ぐが、私の心の声までは聞こえていない。色鉛筆は避難する時、祖国に置いてこざるを得なかったわけだ。服や出生証明書などに比べれば、色鉛筆なんて大切ではないとお母さんに言われたのかもしれない。

朝食のために一時帰宅してからも白黒の絵が頭から離れない。色がない絵は命がないようにも見え、それはまるで彼女の絶望感を表しているようだった。彼女の心は自宅を離れてから、ずっと白黒のままだ。絶望を希望に変える、ソニャの心に色をのせるための方法はすでに分かっている。そして、朝食をとる手は自然とスピードを増していく。

朝ご飯を食べ終わり、避難所に戻る前に寄った商店で色鉛筆セットを購入する。レジに並びながら、ソニャは自宅にいるわけではないので鉛筆削りも必要だと気づき自分の頭をたたく。避難所に戻ると、ソニャはやはり朝と同じ場所で1人寂しそうに絵を描いていた。

「ソニャ、また来たよ」

笑顔で私を出迎える彼女から、もうあの鎧は消えている。まずは彼女に日本語のマンガを1冊プレゼントした。私の5歳の息子のものだったが、彼にはまた日本で買ってあげればいい。その上に自宅にあった『ONE PIECE』のノートを重ねる。どちらも軽いので荷物にはならないだろう。

彼女は信じられないといった顔で私を見上げる。そして最後に私が色鉛筆を取り出すとソニャは息を飲み、小さな小さな手で口を覆った。涙がこぼれていることには恐らく気づいていない。彼女は自分の足が不自由なことも忘れて立ち上がると、寄りかかるように私を抱きしめた。何度も「ありがとう」と繰り返すその顔は見えないが、声から涙でくしゃくしゃになっていることが分かる。そんな顔を見せたくないのか、なかなか私を離さないソニャ。小さな手からは想像できないような強い力で締め上げられ、彼女の体温は外気で冷えた私の体を癒やしていく。強く抱きしめ返したいが、か弱い背中は綿のように繊細で躊躇《ため》らってしまう。

戦争中であっても、絶望は希望に変えられる。間違っていなかった。ソニャにとって一番支えになるのは、菓子でも、ジュースでもおもちゃでもなく色鉛筆だったのだ。しかし彼女は周りの誰にも色鉛筆がほしいなんてねだらなかった。生きているだけで、ポーランドに来られただけで、鉛筆が1本あるだけで幸せなんだと自分に言い聞かせてきた。そして、頼んでも言葉が通じず理解してもらえないだろうと子どもなりに気を使っている。そんな彼女のニーズを把握するためには向き合って話し、想像するしかなかった。彼女の夢は平和になったら日本に行くことだという。私はその夢も全力で応援したいと思う。軽いけれど、小さな彼女の手から見れば色鉛筆はとても重そうに見えた。

大学院で外交学を学んできたが、つくづく外交の本質は大使館でも、外務省でも、国連でもなくここにあると確信できる。国と国との関係も所詮は人と人。この小さな空間では僕と、今向き合っているソニャ、君がその主体だ。

ソニャは、別れ際に私にひまわりの絵をくれた。ひまわりを描いてほしいとお願いした時、私は勝手に一輪のひまわりを描いてくれるものだと思っていた。しかし彼女が描いたのは、たくさんのひまわりに、ミサイルが飛ばない青い空と平和な雲だった。ひまわりはまるで家族のようだ。一番大きいひまわりはお父さん、その次に大きいのがお母さん。そして、子どもたち。お母さんと2人で避難してきているソニャにもウクライナにこんな家族がいたのだろう。この絵はその後、日本全国で行われたフォークシンガーの黒坂黒太郎氏と日本コカリナ協会によるチャリティーひまわりコンサートで展示され、多くの人の感動を呼ぶことになった。ソニャと同じように私にも夢ができた。コンサートで集まった多大なる支援金でウクライナが支えられていることを彼女に直接会って伝えることだ。小さなソニャでも大人にはできない方法でしっかりウクライナを支えているんだよということを。

お昼過ぎ、私は他の子どもたちにも『ONE PIECE』のノートをプレゼントする。そして日本のアニメ好きの子を数人選び出し、ソニャに紹介した。子どもたちを集めて机の真ん中にソニャのノートを置けば、もう私がそこにいる必要はない。あとは彼らが会話に花を咲かせているのを聞きながら、私は彼らに背を向け次の小さな背中を探しに行く。がんばれよ、ソニャ。

スイスに行ってからも君の絵は、友を集めることができるんだから。もう君は、1人じゃない。

午後、朝の大雪とは打って変わって外は晴れ、雪がとけ始めている。今日は朝から笑ったり泣いたり、天気と同じように、感情もよく移り変わる。いつの間にか、そんな生活が当たり前になってしまった。これから春が来ようとも、その生気を満喫する気にはなれない。隣国で、命をかけて戦っている子どもたちのお父さんやお兄さん、そして私の周りで生気を失ったようにふさぎ込んでいる人たちを尻目に、1人だけ春を楽しむことなどできようか。

花見ができない分、咲き方を忘れた蕾《つぼみ》のような顔をして次々にやってくる子どもたちに笑顔という名の花を咲かせてあげられれば、今年はそれで満足だ。もちろん、咲かせてあげるといってもそれは彼らのためではなく、私自身が見たいからに他ならない。

おもちゃ1つで

避難所にはずっとパジャマ姿で過ごしているお母さんがいる。名前はアレクサンドラ(32)。もちろん、婦人服はそれぞれのサイズを用意してあるので服が足りないわけではないが、パジャマ姿を見ると、この避難所を自宅のように感じてくれているように思え、嬉しくもなる。小さな彼女には大きすぎるピンク色のパジャマは、まるで着ぐるみのようだ。アレクサンドラは2人の幼い息子たちとキーウから避難してきた。戦争が始まってから2週間、毎日のように鳴り響くミサイル警報。しかし、彼女の家族には避難する場所がない。一番近い地下鉄まで2㎞あり、幼い子どもたちを連れて避難するには負担が大きすぎたためだ。ミサイルにおびえる生活にも2週間で精神的な限界を迎え、夫を残し3人でポーランドまで避難してきたのだ。彼女からそんな話を聞きながら、3歳の息子マークは隣の子どもコーナーで遊んでいる。

「ここに来て、今まで片時も私の手を離さなかったマークも、ようやく1人で遊んでくれているの」

アレクサンドラはそう言い、息子に目を向ける。マークは消防車のおもちゃを片手に夢中で遊んでおり、私たちの会話は耳に入っていない。どうやらキーウの家に同じようなおもちゃがあったそうだ。避難所では寝る時もこの消防車を手放さないと言う。

明日は、彼らがスイスへと旅立つ日だ。昨晩の大雪で交通が麻痺し、バスが来られなければアレクサンドラやソニャたちともう1日一緒にいられると思ったが、午後の日差しはそんな期待を裏切りバスに道を開いてしまった。とても悲しい。彼らと別れることではない。マークが消防車のおもちゃをスイスに持って行くことができないということが、だ。避難所にあるおもちゃはみんなのもので、ここで遊ぶことはできても自由に持って行くことはできない。スイスからの人道バスはすでに到着し、駐車場で明日の出発を待っていた。

翌日、彼らが出発する前に商店に行き、私はマークのために消防車のおもちゃを購入した。

それを持って避難所に行くと、その日もアレクサンドラはパジャマ姿で私を迎える。マークにおもちゃを渡すと、喜んだのはマーク以上にお母さんだった。

「ありがとう。スイスまでの長旅で息子たちとどう過ごそうか心配していたけど、ここを離れてからもあなたは私たちを支えてくれるのね」

ここでもまた、嬉しいのか、別れが悲しいのか、いろいろな感情がこもった虹色のような涙が彼女の頬をつたう。顔はパジャマと同じピンクに染まっている。そんな母に構わず、箱から消防車を出してくれとせがむマーク。渡したばかりのおもちゃを再び受け取ると、ここで彼にできる最後の支援としておもちゃを取り出す。

今回、スイスに送り出す人の多くは、ウクライナで通院が必要だった人たちだ。中には生後すぐに余命数ヵ月と宣告されたが、もう14歳に成長した女の子もいる。松葉杖をつきながらの避難はとても大変だろう。その子も日本が大好きで、スマホのカバーには『HUNTER×HUNTER』のステッカーが貼ってある。今ではもうソニャの友だちだ。

ソニャ、アレクサンドラ、その他合計32人のウクライナの命をスイスのスタッフに託す。スイス側のスタッフには運転手や通訳に加え、バスには医師も同乗しているので、大船に乗せる気分だ。朝、全員の健康診断を行い、2人はスイスに着き次第すぐに入院が必要だと診断された。これからはスイスで避難生活を送ることになるが、今はSNSの時代だ。ネットを通して今後もできる形で彼らをサポートしていきたい。それはおせっかいかもしれないが、つながっているということだけでも彼らの支えになれればと思う。

翌日、避難所の整理をしながら、そのままになっているソニャが温めていた椅子、マークが消防署に変えた遊び場を見ると、パジャマ姿のアレクサンドラたちがまだそこにいる気がしてならなかった。

4月2日、高圧物理学研究所に避難している2歳の女の子ソフィアに三輪車をプレゼントした。その後、お母さんのクリシャと30分以上話したが、娘はずっと三輪車に乗っていた。翌朝訪問するとまさか一晩中またがっていたのではないかと思わせる様子でソフィアが三輪車に乗って出迎えてくれる。こんなに気に入ってくれるなら、必要ないが2台目をプレゼントしたくなるほどだ。事前にクリシャからは、ソフィアがウクライナに大好きだった三輪車を置いてきたという話を聞いていた。ポーランドに数日だけ避難するなら我慢できると思っていたが、すでに避難生活は1ヵ月近くになる。

クリシャは娘に配慮して、避難所を「家」とは言わず、「建物」と呼んでいる。外に散歩に出ても、「家に帰ろう」と言うと、娘がウクライナの自宅に帰れると期待してしまうからだそうだ。1ヵ月ずっと乗りたかった三輪車にまたがり、ソフィアも少しは安心感を得ることができたのだろう。その後も自分の体の一部のように三輪車を手放さない。次のサイズが必要になる前に帰国できればいいのだが、無情にも三輪車を置き去りにして、今後もここポーランドで彼女は成長していくことになるだろう。

定住化支援の矛盾

スイスに避難民を送り出してからしばらくは、私の家に住んでいるウクライナ家族への支援に奔走した。一緒に住み始めて早3週間、ポーランドの電話番号を取得し、証明写真を撮り、PESELを申請した。仕事を見つける前に銀行口座の開設、履歴書の作成も欠かせない。これらの手続きを全てポーランド語で行う必要がある。

言語の面でウクライナの人々を助けながら、自分は正しいことをしているのかと常に疑問を感じている。彼らは四六時中、故郷に帰りたいと思っている。にもかかわらず、私は彼らがこちらに定住する支援を行っている。仕事を見つけるということ、学校に行くということ、それはすぐには帰国しないという選択につながる。もちろんそんな中から、戦後も帰国せずポーランドに定住するという人が出てくることは想像に難くない。

言わずもがな、ポーランドはウクライナよりも賃金が高く仕事もある。教育環境もポーランドのほうがよく、インフラも整っている。近いうちにウクライナに帰国するのであればウクライナからのオンライン授業を受ければいいのだが、ポーランドの学校で学ぶということは、もう1つの選択肢を徐々に広げていくことにつながる。私がやっていることは、彼らの帰国という願いに逆らうように、避難先であるポーランドでの生活基盤を固めるということだ。

仕事を見つけられず、自立もできず、ずっとポーランド家庭の庇護のもとに暮らしていくわけにもいかない。ポーランドでは電気代、ガス代を含めた光熱費のインフレにより、多くの家庭で部屋はあっても費用が賄えないため、ウクライナ人を受け入れることができないという問題がある。そして、戦争によりさらに物価の高騰に拍車がかかり、この流れはしばらく止まらないだろう。そうなると、ポーランドの家庭に入れたとしても、いずれ自立しなければいけないことは当然の流れで、自立できなければ、残された選択肢は命の危険がある祖国への帰国しかない。

こちらとしても次から次へと押し寄せる避難民に対し、同じような支援をし続けることはできない。優先すべきは到着したばかりの人であり、ポーランドである程度の支援を受けた人には自立を模索してもらわなければ手が回らない。避難民は増える一方、〝支援民〟は減る一方だ。

戦争勃発直後には車があったり、お金の余裕があったり、海外に親せきがいたりと逃げやすい人たちが国境を越えた。逃げたくても逃げる手段もお金もない人、通院が必要な人、障がいのある人は、結局すぐには逃げられない運命だ。結果として私たちの避難所は開戦から1ヵ月以上経ってから、今まで逃げることができなかったような社会的弱者で溢れるようになった。

支援熱が一番高かったのは戦争勃発直後で、当時は多くのポーランド人が仕事や私財をなげうってでも支援に向かった。結果として、一番支援が集まった時に、比較的支援の必要性が低い裕福な人たちが押し寄せ、彼らがそんなポーランドの支援をある意味で独占してしまった。受け入れ家庭を埋め、ありとあらゆる支援を享受した。その後、より支援が必要な弱者が押し寄せる頃には、ポーランドは支援疲れを起こし、受け入れられる家もほとんどなく、物資も残ったものだけという状況になっている。

今までも世界中で多くの難民問題が発生してきた。恐らくどこでも同じような状況だったのだろうが、ポーランドは、そして私は、そんな歴史から何も学んでこなかった。そのため、この支援の矛盾に気づいた時にはすでに時遅しであったのだ。

一般的な傾向として、最初に逃げることができた裕福な人たちは得られるならばその支援をできるだけ得ようとする。一方で、すぐには避難できなかった弱者は支援を受け取ることが苦手で、できるだけ自立しようともがいている。そのためやっていることが人道的な支援なのか、と悩んだことが多かったのは主に支援当初だった。例えば口紅やアイシャドウを買ってほしいと言われた場合どうするか。悩んだあげく、本人にそれは人道的に不可欠な支援だと思うかと尋ねてみる。

「口紅やアイシャドウがあれば、私は落ち着くことができるから、これは人道的だと思う」

そう言われれば買うしかない。しかし、日本からいただいた支援金を使うには抵抗があり、結局私個人の財布が軽くなる。さすがに口紅を飢えている子どもたちに対する食料と同等の支援として考えるのは無理がある。しかし、私にその女性の本当の気持ちなど分かるわけがない。

ポーランドの支援熱が最高潮であった開戦直後、「支援され慣れ」してしまう避難民が多かったこともまた事実だ。支援されることに慣れてしまうと、自立は一層遠ざかり、支援する側の不満も高まっていく。支援の目的はあくまで支援し続けることではなく、支援に依存させることでもなく、自立化を進めることである。支援され慣れた人にとって、これは時に受け入れがたい現実であり、ゆえに支援者との間で問題に発展するケースもよくある。自立を模索してほしいと伝えることは、私のことがもう嫌いになったのかと誤解されやすいからである。

また、私たちは目の前の支援で息が詰まりそうでも、常に一番支援が必要な人は誰なのか、どこにいるのかについて注意を払い続けなければならない。目の前にいる人は支援しやすい。しかし支援しやすいからと言って、その支援を行って満足してはならない。支援しやすい対象が、必ずしも最も支援が必要な対象であるとは限らず、目の前にいなくても、声をあげられなくても、言葉が通じなくても困っている人たちがいて、そこに気づき、目を向けることこそ支援のあるべき姿ではないか。

交通事故を例に挙げてみよう。初めにあなたの近くで車にぶつかった人はかすり傷だが、その次に少し離れたところでぶつかった人は重傷だったとする。助けやすいということで最初の人に目を向けるのが正解だと言えるだろうか。支援にもすぐできてやりやすい支援と、すぐにはできないがすべき支援がある。近くてとりかかりやすいが緊急性の低い支援と、遠くて手が届きづらいがとても重要性が高い支援がある。時間もお金も労力も限られている中で、時により多くの人を救うため、他の人を見捨てなければならないこともある。その判断をし、責任を取るのは支援を始めてしまった私自身だ。せめて、その葛藤で苦しむのも私でなければ、整合性が取れないだろう。

私の家にいるウクライナ家族との生活も1ヵ月近くが経とうとしていた。しかし未だに仕事は見つからず、4歳の息子イヴァンは登録させたはいいが幼稚園に通えていない。4月8日、夕食はウクライナのお母さんが作ってくれた茹で餃子ペルメニだ。みんなで食卓を囲むのはこれが最後になるかもしれない。ついさっき、突然彼らから「明日から1週間ウクライナに帰国する決断をした」と告げられた。彼らの家があるブチャはロシア軍から解放され、家の状態を見に行かなければならないと言う。お母さんはキーウでカフェを経営していたが、そこの様子も確認しなければならない。パスポート更新の時期も迫っている。

彼らは再来週ポーランドに戻る予定だが、そこからは自立したいとのことで、アパート探しの手伝いを約束した。14歳のダニエルはすでに学校に通い始めているため、転校しなくてもいいように、そして私が支援を続けられるようにと近場の物件を探すことになるだろう。しかし、頭のどこかで再来週になっても帰ってこないだろうという予感がしていた。彼らは一部の荷物や学校の教科書などを置いて行くので、いずれは取りに来るかもしれない。それでも、今までどれだけ帰国を夢見てきたことか。どれだけウクライナに残してきた家族を愛していることか。いかにロシア軍の支配下にあった故郷を心配していたか。1ヵ月一緒に住んで、毎日毎日真剣に向き合ってきたからこそ、一度帰国すればすぐには戻らないだろうという確信があった。彼らも再来週戻ると言いながら、その目は私を直視していない。恐らくそのまま帰国することを考えているが、今まで私が行ってきた定住支援に対する負い目があり、口にすることができないだけなのかもしれない。私に説得させる余裕を与えないように、帰国前日の夜に話を切り出したことも想像に難くない。

4月9日、お別れ。キーウまでは約800㎞。先日避難民をスイスまで送り出したが、目的の街ルガーノまでは約1500㎞あった。それでもルガーノよりキーウのほうがずっと遠い気がする。ウクライナ、こんなに近いのに、あんなに遠い。

ウクライナに帰国するなら支援物資を持って行ってほしいと準備をしたが、車のトランクには収納する余裕がなく、預けることができたのは米5キロだけだった。私の家には入らなかったスーツケースや服などが残された。

結局、彼らはその後1ヵ月経っても帰ってこなかった。私の家に置いていったものは、その後、ウクライナに支援物資を持って行く友人に託して届けてもらった。追加で購入した医薬品や靴、防寒具、電池など大量の支援物資を添えて……。

ロシア軍がキーウ周辺から撤退したことで、必要となった物資がある。それは、ロシア軍によって性的暴行を受けた女性に対する医療物資だ。それらも大量に積み込んだ車を見送る際、怒りなのか、悲しみなのか、希望なのか、全く分からない感情でしばらくその場から動けなかった。早朝の風が心をどこかに連れ去ろうとする。分かっている。その目的地はウクライナ。あの家族は安全に暮らしているだろうか。

メディアの関心

支援開始当初、メディア対応に多くの時間が割かれた。3月中に受けた取材は42件。最も多い日では1日5件にも及んだ。しかしその後、関心は波が引くように一気に減っていき4月は17件。その分、支援に使える時間が増えたことで心の葛藤を解消する一方で、メディアの関心が薄くなっていくことに危機感を覚えはじめた。一番支援に時間を使いたい戦争開始直後に、一番多くのメディア取材が入り、支援の時間が制限されるという矛盾。仕方ないことではあるが、5月は平均して2日に1件の取材となり、嵐のあとの静けさを感じることになる。その後、メディアに見捨てられていく気持ちを拾うかのように、反比例する形で講演会の依頼が増えていく。

メディアの取材や講演会で必ずと言ってもいいほど聞かれる質問が3つある。

①なぜ支援しようと思ったのか、そのきっかけ
②日本からできること
③具体的な支援内容

これらの質問はいずれも端的に答えられるものではないが、それぞれ簡単に整理したい。

①なぜ支援しようと思ったのか、そのきっかけ

当たり前だが、なぜかと聞かれれば戦争が始まったからとしか答えようがない。逆に、倫理的にこの状況で支援しないという選択はできない。多くのポーランド人が、なぜという質問に対する答えを持ち合わせぬまま走り出した。目の前で事故があり、傷ついている人がいた場合、その人を助ける前になぜそうするのかと考えるだろうか。助けられない理由があるならまだし

も、私の場合、言語や行政とのつながり、受け入れるための場所など、助けるための武器をいくつか持ち合わせており、なおさら助けない理由が見当たらない。

また、支援するのはウクライナのためだけではなく、ポーランドのためでもある。隣国の平和なくして私たちポーランドに住む者は、決して平和な日常を送り続けることはできない。ポーランドもウクライナ同様ロシアと国境を接しており、そのロシアがポーランドに対して軍事的な脅しをかけている状況ではなおのことである。隣の家が火事になり、それを放っておけば我が家にも燃え移るかもしれない。隣国ウクライナでの消火活動を手伝うのはある意味で、ポーランドに火の粉が降りかかってこないようにするためでもある。

そして、ポーランドは歴史上、何度もロシアに占領されてきた。私たちは、その時代にロシア占領地でどれだけ多くのポーランド人が殺害され、どれだけ多くの人が政治犯としてシベリアに送られ、どれだけ多くの子どもが孤児になったのかを知っている。そんな悲劇を繰り返したくないという強い思いがある。そして今、私はその歴史が繰り返されようとしている真っただ中にある。

もちろん、祖国日本のためであるということも付け加えておかなければならない。あわよくば、日本の周りから核保有国が1ヵ国でも減るような未来が来ればとも願ってしまう。また、私が生きている間に北方領土が帰ってくる日を迎えたいとの思いも常に根底に流れている。まるで他人事のような戦争も、このように自分事としてとらえることで自らの意志を強く保とうとしているのかもしれない。

②日本からできること

２０１１年に起きた東日本大震災の際、私はポーランドで大学院に通っていた。テレビで津波や福島原発の様子が流される。苦しんでいる人々の声が届く。しかし、私はそこにはいないため募金しかできずに、ただただ泣きながら自分にできることを考え続けた。チャリティーイベントなどを開催したが、まだまだできることがあるんじゃないかと思い悩んでいた。

そして今回、私にとってはすぐに手を差し伸べることができる隣国ウクライナで戦争が起きる。日本のみなさんは恐らく、２０１１年当時の私と同じ気持ちを持っているに違いない。破壊されていく家屋、泣き叫ぶ子ども、離れ離れになる家族。それらを見て募金以外にもできることを探したくなる。チャリティーコンサートなども日本各地で行われているが、それで満足できないのは当時の私と同じだ。日本から物資を送るにも関税や時間の問題が立ちはだかる。とはいえ、２０１１年当時よりできることは多いはずだ。

講演会で毎回伝えていることに、私の話を聞きに来てくれること、それも関心を持つという意味で日本からできる１つの支援だ、ということがある。ネット社会に生きる私たちは、メディアの関心が低くなったとしても、オンラインでウクライナに関心を寄せ続けることができる。プロパガンダを拡散せず、情報をしっかりと選別することも大事な支援だ。

日本で伝えられている情報の中には、ポーランドやウクライナから見て愕然とするようなものも多い。例を挙げれば、ウクライナの民間施設へのミサイル攻撃に関する通信傍受のニュースがあった。いわゆる専門家が堂々とテレビで「ロシア語が話されているのでこれはロシア軍か、親ロ派による攻撃だ」といったようなことを述べている。ロシア語を話すことをもってロシア軍、親ロ派と判断するなら、私が日々ロシア語で会話をしている人々が反ロなのはなぜなのか。彼らはウクライナにいた頃日常的にロシア語を使っていたにすぎず、ウクライナを愛し、ロシアを憎んでいる。このような報道が広がると、ロシア語を話すウクライナ人が誤解される危険性が高くなる。

ロシアがイラン製ドローンを使ってウクライナのインフラを攻撃していることに対し、ウクライナはイランを非難した。その際、ウクライナは欧米に武器供給を依頼する一方、イランには供給するなというのはおかしいと言った政治家の意見もニュースになった。国民の模範であるべき政治家の中にも今回の戦争がロシアによる国際法違反の〝侵略〟に対するウクライナによる合法的な〝自衛〟という構図が全く見えていない人がいる。罰せられるべき犯罪者と守られるべき被害者の権利は、決して同等なものとして語られるべきではない。

③具体的な支援内容

大きく分けて3つの柱がある。同じ屋根の下で共同生活をするウクライナ家族への支援、次にポーランド国内に住んでいるウクライナ人への支援、そして最後にウクライナ国内への支援である。この3本の柱は常に同じ太さではなく、時期によって移り変わっていく。

簡単にポーランドにいるウクライナ人支援と言っても、避難所への食料供給から通訳、車出しまで多岐にわたる。ウクライナ国内への支援は何より命を救うための物資搬入である。同じウクライナ人に対する支援だとはいえ、医療物資や発電機、寝袋などはウクライナ国内で必要なものだ。

お金はなくなってもあとから稼げばいい。しかし、命がなくなったらそれはもう取り戻すことはできない。だからこそ、ウクライナ国内への支援は人命救助が第一となる。食料搬入も、決して空腹を満たすためだけではない。缶詰にポーランド語があれば、受け取った人はポーランドが支援してくれていることを知る。私は物資に日章旗ステッカーを貼って送るが、それは彼らに日本が支援していることを目に見える形で伝えるためである。日の丸を見ても決して空腹は満たされないが、心の支えにはつながるだろう。隣のポーランドからではなく、遠く離れた日本人が関心を寄せているということ、それはたとえ送る物資が同じであっても手にする人の受け取り方は全く異なるはずだ。

支援の歯車

4月13日、朝4時起床。近くの高速道路沿いにあるガソリンスタンドに車を走らせ、物資をウクライナに搬入する友人の車に積み替える。私の住む街は、首都ワルシャワからウクライナへ向かう高速道路沿いにあり、今まで何度も早朝にこのガソリンスタンドで物資の引き渡しをしている。朝早いのは、国境での渋滞をできるだけ避けるためだ。それでも毎回、何時間も国境で待つことになる。

その友人は名をオスファルド（38）といい、ベルギー生まれで、ベルギー人の父とポーランド人の母を持つ。そんな彼に対し、外国人として一方的に親近感を抱いてしまう。そんな彼がなぜウクライナのために頑張っているのか、ずっと不思議に思っていたが、ついに聞いてしまった。

「愚問。それは僕がポーランド人でもウクライナ人でもない君にすべき質問だと思うけど。困っている人がいる。助ける。ただそれだけだよ」

苦笑を漏らしながら至極当然の理由を口にした彼に、さらなる親近感を抱いてしまう。彼は今まで、5回もウクライナに物資の搬入をしている。そのため、ウクライナのどこで、誰が、何を必要としているのかもよく知っている。彼のように、誰かが危険を顧みず物資を運ばないことには、戦地で苦しんでいる人たちを救うことはできない。

オスファルドはある時からたばこを吸い始めた。もちろんストレスもあるが、ウクライナ各地で出会う人々と話す時、彼らがみな吸っているというのも大きな理由だ。一緒に吸うことで仲間意識が育まれるという。物資の積み替えが終わってから、まだポーランドにいるにもかかわらず彼はたばこに火をつける。

「おい。まだここはポーランドだぞ。僕は一緒に吸わないし」

そう言ったものの彼の心はすでにウクライナにあることを察し、自分を恥じる。外はまだ暗く、彼の顔は半分影で隠れている。私たちの手に握られているコーヒーの湯気はお互いの顔をさらに隠そうとする。

戦争が始まって、この世に神はいない、と何度も思いながらも、たまにそれでもまだ私たちは見捨てられていないと思える瞬間がある。オスファルドとの出会いはまさにそれで、ウクライナ支援のために出会うべくして出会ったようなものだ。オスファルドはウクライナまで運ぶ意志と手段があるが資金がない。私は支援で手一杯で、ワルシャワまで行く時間さえほとんどないが、日本からいただいている支援金がある。物資をかきあつめる私と、それを送り届ける彼。大きな支援という仕組みの中で、この2つの歯車はぴったりとかみ合い、ウクライナ支援の車輪を回そうと手を取り合った。

4月下旬までに彼と私でウクライナに送った支援の総額は500万円を超える。そこには多くの医療支援が含まれているが、それはすなわち、ウクライナで人の命がまるで物を壊すかの如く消され続けているということを意味する。医者は傷ついた人を目の前にしても、医学の技術だけで人を助けることはできず、医療物資がなければその命を救えない。負傷者と医者の間に私たちの車輪で医療物資を届け、医者は手段を手に入れ、負傷者は命を与えられる。

人が傷つくのは一瞬だ。しかし、そんな人を救うためには医者、医療技術、医療物資、輸送手段、支援金が必要で、そのどれかが欠けても命を救うことはできない。ロシア軍は見えないところからスイッチ1つでミサイルを撃ち込み、一瞬で多くの人を傷つける。私たちはその何倍もの時間とお金を使って、支援の歯車をかみ合わせることで命を救おうと必死になっている。時たま届く、送った医療物資によって命がつながれたという感謝の報告は、車輪をより力強く回していくためのエネルギーとなる。

今まで何度も会っているオスファルドであるが、正直私たちはウクライナの話題ばかりでお互いのことはよく知らない。分かっていることはともにウクライナのために全力を尽くしているということ。そして協力することでより深く、より長く、より広く支援を続けられるということ。戦争が終わったら、ウクライナのほうではなく、お互いのほうを見て少しは自分たちの話もしたいと思っている。

できることは記憶すること

当時は、マリウポリがロシアによって完全制圧される直前だった。多くの民間人が、ウクライナ軍アゾフ連隊が死守していたアゾフスターリ製鉄所に避難した。多くの方からマリウポリの人たちを何とか救えないか、という質問を受けた。このままでは銃弾が撃ち込まれずとも、子どもたちは餓死してしまう。聞かれるたびに、私が繰り返した言葉はただ1つ。

「マリウポリでこれから起きる悲劇を、私たち生かされている者が忘れないこと」

たとえ、私が隣国ポーランドにいようとも、ロシア軍の支配地域に物資を届けることはできない。軍事大国アメリカであっても、マリウポリの市民1人さえ避難させることができない。ロシア軍はテレビゲームのように街を破壊し、人を殺し、まるで畑に植えるかのように遺体を近隣の街や森に埋葬する。移動式の火葬車両も前線に導入されており、一生行方知らずとなる人々も多くなるだろう。遺体が確認されなければ家族は遺族年金さえ受け取ることができず、苦しみ続けることになる。ブチャの悲劇どころではない、この世の地獄がそこにある。その一片を知ることができても指一本触れることさえ許されない。

アゾフスターリ製鉄所で戦っているウクライナのお父さんたちは、いずれロシア軍に制圧されることを分かったうえで抵抗を続けている。１日でも長く持ちこたえれば、それだけ彼らが守りたい女性や子どもの命がこの世に存在することを許される。１秒でも長くロシア軍を自分たちに引き付けられれば、それだけ他の地域で戦っているウクライナ軍を助けることができる。

この世はとても残酷であり、死ぬと分かっていても戦わねばならない時がある。そしてウクライナのお父さんたちは、侵略戦争に対して祖国防衛のために立ち上がっている。専守防衛を謳う日本は、防衛戦を戦うウクライナ軍に対し、防衛装備品さえさまざまな理由をつけて送らない。ウクライナに送れたとしてもマリウポリには届けられない。

マリウポリでの戦いは日本軍が硫黄島で戦った対米戦を想起させる。１９４５年2月、本土からの補給も絶たれた状態で、約2万の日本軍は5倍の兵力を持つアメリカ軍に対し、1ヵ月以上戦った。2月から始まったこの戦いは、当初5日で終わると言われていたにもかかわらず……。この戦いで日本側の指揮をとったのはアメリカにも留学経験のある栗林《くりばやし》忠道《ただみち》（１８９１－１９４５。最終階級は陸軍大将。現在の長野市松代出身）。栗林の目的は勝つためでも、生きるためでもなかった。硫黄島でできるだけ長く抵抗することで、島を本土爆撃への拠点とされる日を1秒でも遅らせることであった。１秒でも長く戦えばそれだけ本土爆撃が遅れ、それだけ本土に残っている家族の命が救われる。戦争こそ、そして時代こそ違えど、アゾフスターリ製鉄所の兵士たちは栗林と同じような意志を持って抵抗を続けた。ロシア軍には到底理解できないであろう、守るための犠牲がそこにはある。

ロシアとウクライナの狭間で

4月14日、ウクライナ人も多く通う地元の小学校で「平和」をテーマにした絵画イベントを開催した。私たち大人は紙と絵の具を用意するだけで、あとは子どもたちに思い思いの絵を描いてもらう。描きあがった作品を子どもたちに持たせて記念写真を撮っていく。続けてカメラの前に立ったのはウクライナ中部のクリビーリフから避難してきている少女、ミラちゃん（9）だった。彼女の絵を見た時、瞬きも呼吸も忘れて立ち尽くしてしまった。しばらくカメラのシャッターを切ることもできない。彼女の絵の中央には地球が描かれ、下にウクライナ語で「平和」と書かれている。その周りにポーランドの旗、ウクライナの旗、日の丸。そしてもう1つ、なんとあのロシア国旗が描かれていたのだ。まさかと思い何度も目をこすって見返すが、確かにそこにはあの旗が描かれている。

もともと反ロ感情が強かったポーランドで、今や日本では想像できないようなロシア憎悪が広がっている。旗に罪はないと分かってはいても、感情が強く激しくその旗に近づくことさえ拒否している。しかし彼女は、ロシアによって家族を引き裂かれ、祖国を追われたにもかかわらず、〝それ〟を描いた。ポーランドやウクライナの国旗、そして日の丸と同じ温かさで。この絵を前に私は感情の整理がつかなくなってしまった。写真を撮った後もミラちゃんにかける言葉が見つからない。もしかしたら彼女にはロシアに親せきがいるのかもしれないし、純粋にロシアにも平和に向けて協力してほしいと思っているのかもしれない。確信できたことは、ミラちゃんのような子どもを支え続けていかなければならないということ。そして大人は、子どもから平和について多くを学べるということだ。

ポーランドでは、ロシア語学校で一気に学生が辞めたり、ロシア関係の仕事をしていた人々の中には路頭に迷うケースが出たりしている。ポーランド人で、ロシア語の国家翻訳士をしている友人のことが心配になり、ずっと電話をしようと思っていた。なかなかできなかったのは彼女の夫がロシア人で、ロシアのニュースを信じているため家庭内不和が問題になっていたためだ。それでも気になって仕方なく、ついに電話を手に取った。

「仕事、大丈夫？　減って苦労してない？」

「大変だよ。すごく増えて、忙しすぎるぐらい」

「えっ？　増えた？　ウクライナ人が増えたからってこと？」

「違う違う！　ウクライナ人からじゃなくて、ロシア人からの依頼が増えてるの。ロシアを脱出してポーランドに来ている人たちから、いろんな証明書を訳す依頼が来てるの」

私が知らない翻訳の世界でも変化が起き始めていた。ロシアで部分動員が発令され、国外への大脱出が始まる半年も前のことである。

ウクライナの父との会話

4月15日、物資を購入しにワルシャワへ向かう。日本円にして400万円を超える医療物資などが私を待っている。店にはウクライナ人女性が2人いた。医療パックの中身を確認しながらも彼女たちの会話は否応なしに私の耳に入ってくる。どうやらウクライナにいる父親とビデオ通話をしながら、店内にある物資を実際に見せていることが分かった。父親が見て、選んだものを購入しウクライナに送る予定だそうだ。最終的に約1万円のウエストポーチを購入することで話がまとまっていった。

一段落したところで彼女たちのうしろから、お父さんと少し話させてほしいと会話に割り込んだ。話を盗み聞きするだけでも失礼なのに、さらに割り込むとはなんて悪趣味なのかと自分にあきれながらも、行動を起こさなければ後悔するだろうことは目に見えている。突然ぬっと出現したアジア人に2人とも驚いた様子だったが、日本人として伝えたいことがあると言うと、表情を変えずに無言でスマホを私に手渡す。そこに映るのは男性。ウクライナ人の中には男性もいるのか……。それがまず頭に浮かんだ率直な感想だった。ここ1ヵ月、女性と子どもたちにしか会っておらず、ウクライナ人に男性がいることを忘れていた自分に気づき、はっとする。

「私は、常にポーランドからウクライナを応援しています。日本もウクライナを応援していま
す。この娘さんたちに再会できるまで、絶対に生きのびてください」

必死にそれだけを伝えると、スマホの中に閉じ込められているお父さんは思い詰めている私をなだめるかのようににっこりと笑った。

「大丈夫。私たちは強いから。みんなが支援してくれればウクライナは絶対に負けないよ」

それを聞いて、やっと私も笑顔を取り戻すことができた。彼女たちの名前も、お父さんの名前も聞いていない。同じポーランドにあっても、支援疲れが話題になるポーランドと違って、ウクライナ人はまだまだ息切れなどしていない。そう確信し、店を後にした。支援疲れが叫ばれるほど先が見えない状態で、心配してくれる日本からの声がある一方、申し訳ない気持ちになるほど私は疲れを感じていない。ウクライナの人々と直接話し、常につながっているという感覚が、その絆が、ウクライナ人が持っているような感覚に私を変えているのかもしれない。

戦争が始まってから50日が過ぎ、ポーランドに入国したウクライナ人の数は270万人を超えた。これはポーランド国内にいる14人に1人がウクライナ人という計算になる。ウクライナ国外に出た人の数は500万人以上で、2015年の欧州難民危機でも難民・移民数は100万人を超える程度であったことを考えると、この50日間がいかにすさまじかったのかが分かる。

一方で、ウクライナには約87万人が帰国し、国内避難民は710万となっている。ポーランド

では4月25日の発表で約100万人がPESELを取得しており、その中で女性と子どもが9割以上を占める。仕事を始めたウクライナ人は9万人以上。これらの数字を見たうえで考えさせられるのが、日本が受け入れたウクライナ避難民、4月17日時点で661人という数字だ。

戦時下のイースター

4月17日、多くのウクライナ人が家族と引き裂かれてから初めてのイースターを迎えることとなった。全く祝日気分にはなれないが、戦争にウクライナ人から文化まで奪わせてはならない。その思いで、キリスト教ではない我が家でも近所に避難しているウクライナ家族を呼んでイースターエッグの飾りつけをした。

開戦当初、ポーランド人とウクライナ人は、はっきりと助ける側と助けられる側に分けられていた。しかしここ最近、生活の基盤ができつつあるウクライナ人も増えてきたため、その構図に変化が生まれている。それどころか、一定数のウクライナ人は助けられる側から助ける側に回っている。店でウクライナに残る父と話していた娘たちのように、助けられるべき弱者が、少しずつともにウクライナをともに助ける仲間へと変化しているのだ。

イースターに我が家に来たウクライナ家族とは、立場の違いを超えて完全に友人としての関係が確立されている。私にとっては彼らとほぼ毎日のように会うことが〝日常〟となっているが、彼らにとっては、この状況も戦争が生み出した〝非日常〟であり続けるだろう。

4月19日、イースター休暇を利用して在リトアニア日本国大使館から尾崎哲日本国全権大使がポーランドを訪問。両国の状況について意見交換をした。以前オンラインで対話したことはあるが、実際にお会いするのは初めてだ。リトアニアと言えば杉原千畝が大戦期に約6000人のユダヤ人難民を救ったことで知られている。1939年にポーランドに侵攻したドイツ。そのドイツと同盟を結んでいた日本。それでも日本とポーランドは水面下で密接な協力関係にあった。その1つの例が、杉原と元ポーランド軍情報将校とのつながりである。パンデミック前にはカウナスで開かれていたスギハラウィークのため和太鼓コンサートに行ったりもしていたが、もう3年以上行けていない。今年こそはと思っていたところにこの戦争である。

今回のウクライナ支援では、ユダヤ人を救った樋口季一郎、日露戦争でバルチック艦隊を破った東郷平八郎など、日本史の中に出てくる偉人たちについて無意識にも考えてしまう。そんな中でも杉原千畝の存在はとても大きい。ヨーロッパにいる日本人として、先人たちの活躍に恥じぬ戦いを続けていかなければならない。東郷の活躍がポーランドの親日化に、杉原の活躍がリトアニアの親日化につながり、何もしていない私はその恩恵をただで受けているにすぎない。恩恵にあやかるだけでは無責任ではないか。軍人でも、外交官でもない一民間人が、どこまでできるかは分からないが、今この危機に際してウクライナを助けることで、100年後のウクライナの親日化に少しでも寄与できれば、と期待してしまう。いや、先達から期待されているると言ったほうが正しい感覚かもしれない。

4月20日、3月に避難所で会ったアドリアンナ（27）から連絡あり。彼女はキーウからお母さん、そして3歳の息子と1歳にも満たない娘と4人で避難してきていた。聞けばお母さんはすでに1人で帰国し、彼女は幼い子どもたちと避難生活を続けていると言う。今住んでいる場所は近々出なければならず、引き続き避難生活を送るためのアパートをワルシャワで探してほしいとのことだった。彼女とは1日だけ、それも数分会話した程度である。そんなアドリアンナから連絡があるということ、それはすなわち事態は相当逼迫《ひっぱく》しているということを意味する。周りにいるポーランド人でもなく、今いる避難所のスタッフでもなく、いつか会った日本人に連絡をしなければならない。それ以外あてがなく、これが最後の手段だということだ。早速アパートを探し、今はワルシャワ市内で見つけたアパートで避難生活を送っている。

4月23日、別のウクライナのお母さんから娘とともにノロウイルスにかかったとの連絡が入る。娘だけなら看病できるが、母も病気となれば娘の世話はおろか買い物もできず、かといって娘を預けられるような親せきもこの国にはいない。電話を切ってからすぐにスーパーに行き、数日分の食料を買い、その足で薬局に立ち寄って薬を購入した。全くこの事態に驚いていない自分がいる。それは日々接する中で、いつか誰かが病気になるだろうと思っていたからだ。戦争のストレスは体を蝕み、そこに言語だけではなく、金銭的な問題もそのストレスに拍車をかける。車がなければ病院にだって行けない。すでに100万人を超えるウクライナ人が帰国しているが、正直帰国したくなる気持ちも避難民と接していて痛いほどよく理解できてしまう。それでも、命の危険がないポーランドにいてほしいと彼らに伝え続けてはいるが、それが正しいのかは自分自身でも答えが出せずにいる。ウクライナのお母さんはパジャマ姿のまま髪も整えず、弱々しく私を迎える。

「何人分買ってきたの？　こんなに食べられるわけないじゃない」

ベッドから立ち上がることなくそう言いながら、絞り出した笑顔で私を見上げる。普段は娘しか話し相手がいない彼女にとって、薬より、睡眠より、誰かと話すことが一番の力になる。多めに食料を買ってきたのは、呆れた顔で私のことを笑ってほしかったからだ。そして、そこから会話が始まる。もちろん、私が感染するリスクもある。それでも今は、病床にあるこの2人に寄り添うことが正解だと信じている。

ハリキウからの家族

ワルシャワでウクライナ支援をしている青木春奈から連絡が入ったのは4月24日のことであった。10年近くともに日本とポーランドの関係づくりに奔走してきた彼女は、妹のような存在だ。戦争が始まってからは忙しく、しばらく連絡していなかった。それでも彼女がウクライナを放っておけないだろうことは話さなくても分かり、勝手に連帯感を抱いていた。

当時、日本から来る各メディアのコーディネーターとして活躍していた青木は、ある日ウクライナとの国境で取材中にマーク（24）という青年に出会った。日本好きだというマークは相手が日本のメディアであると分かると、快く取材に応じてくれたと言う。彼はノルウェーの大学に留学していたが、戦争が始まると祖国に戻ることを決意した。もちろん、祖国防衛戦に参加するためだ。彼とはウクライナに帰国した後も連絡を取り続けていたそうで、今回彼女の勧めで日本に避難することになった。しかし、ここに来るまでにはこんな紆余曲折があった。

マークはポーランドに留学していた妹のリマ（19）とともに帰国し、両親に軍に入隊する意志を伝える。母は猛反対したがマークの意志は揺るがない。生まれ育ったハリキウがロシア軍の爆撃を受け破壊されればされるほど、その決意は固くなっていく。マークの熱意に押された父は最終的に彼に対して入隊の条件を出す。

「私と2人で軍に入り、戦場では常に行動をともにすること」

その後、マークは父とともにリヴィウにて軍への入隊を志願した。しかし、若すぎることと軍役がないということを理由に断られてしまう。それでも祖国を守りたいという揺るがない気持ちに突き動かされた青年は、故郷ハリキウに向かう。最前線に行けば入隊を許可されるだろうと考えての行動だった。しかし、当時ハリキウでは27歳以上で軍役がある者のみ入隊が許可されており、結局防衛戦参加は叶わなかった。日本では、ウクライナ男性は逃げたくても逃げられないなどと一部知識人がウクライナ非難を展開していた頃だ。

「気持ちは分かるが、今必要なのは軍人であり、君のような経験のない若者ではない。戦争が終われば私たち軍人は役目を終えるが、そこから始まる復興では君たちの力が必要になる。それまで耐えることが君の祖国に対する役割だ」

そう言われ、リヴィウに戻り、しばらく図書館や学校で避難生活を送っていたが、母や妹の安全を考え、熟考の末に日本行きを決めた。

そして、在ポーランド日本国大使館でビザを取得するために祖国を後にした。取得するまで1、2週間の宿の確保を任せたい、それが青木から私への依頼だった。2週間ほど前から主人を失っていたウクライナ人受け入れ部屋は、再びその役割を果たす時が来たようだ。

ワルシャワ中央駅着は朝4時過ぎ。

「国境でも数時間、そしてポーランドに入ってからワルシャワまで電車に10時間以上乗っているので、中央駅で数時間待つぐらい問題ありません」

そんなメッセージを事前にもらっていたが、彼らを待たせて家でぬくぬくと朝まで寝ていられるほど私は精神的に強くない。どうせ寝られないのであればと朝3時に家を出た。中央駅では多くのウクライナ人が隣に設置された仮設テントでスープを飲んだり、スマホの充電をしたりしている。以前に比べだいぶ落ち着いた様子だ。そして、ホームにはマークたちが乗っているであろう電車が滑り込んでくる。電車から降りてくるのは大半がウクライナ人だ。

「ホームにいるアジア人を見つけてくれ」

電話も通じない中、行きかう人々の間から私を見つけてもらうにはこれしかない。当時、ポーランドでは病院と薬局を除きマスク着用義務が撤廃されており、彼らが日本人の顔を見つけるのはそれほど難しいことではなかった。

家に向かう車内でマークは「大丈夫、疲れていない」と言いながら、目は半分閉じている。家に着くなりシャワーも浴びず崩れるように横たわる彼ら。これだけ上手に建前が使えれば、日本に行ってもうまくやっていけるだろう。そのままマークたちは昼過ぎまで寝ていた。本当にそこにいるのか分からぬほど、生きているのか心配になるほど、午前中の受け入れ部屋からは物音ひとつしなかった。玄関にある靴を見て、また「私の家」が「私たちの家」になったという不思議な安心感が私を包む。

彼らの家はすでに破壊されている。ウクライナ軍によってハリキウ市がある程度解放された後に撮った写真や動画（3月28日付）を見せてもらったが、壁には戦車による砲撃の穴があいており、住めるような状態ではない。家具はアンティークを揃え、暖炉《だんろ》や大きな窓が自慢の自宅だった。マークは言う。家よりも、置いてきてしまった家族のアルバムが心残りだ、と。

ハリキウはポーランドから遠い戦争の前線で、ウクライナ西部に比べ食糧も足りていない。仕事もなく、支援に頼らざるを得ない人ばかりであるが、破壊された部屋には住めなくても家賃は払い続けなければならない。人々は配給のために郵便局に並ぶが、以前公表されていた具体的な配給拠点の住所も今ではそこにいる住民にしか分からない。先日、配給の列にミサイルが撃ち込まれ、6名が犠牲となったことがきっかけだ。恐らく、配給元の情報をロシア軍が手に入れていたからであろうと言われる。

庭仕事が大好きだったお母さんは、野菜だけではなくたくさんの花や果物を育てていた。定年後、庭のある家での暮らしが何よりの生き甲斐だったという両親。母オクサナ（53）は息子と娘の頭をなでながら、今の生き甲斐はこの子たちだけと笑顔を見せる。今まで何度こんな笑顔を見てきたことか。自分ではどうしようもない現実に直面しているウクライナ人が見せる笑顔だ。彼らの地区にはもう野良犬しかいないのに、それでもロシア軍は民家を破壊するためだけにミサイルを撃ち込み続けている。

初日にもかかわらず、オクサナと4時間近く話した。彼女の味わった悲劇をとても理解することはできないが、話すことで彼女の心が徐々に軽くなっていくのが表情から分かる。話を聞く私の心はつぶされそうになり、彼女の痛みを分けてもらっているようにも思う。

「ハリキウを離れたのはいつ?」

「4月の13日」

その答えに耳を疑い、3月13日の間違いじゃないのか、と聞き返す。しかし、オクサナは首を横に振り、夫とともに戦争が始まってから2ヵ月近く最前線で息をひそめていたと言った。今、私の目の前にいる彼女は、そんな過酷な経験をしてきたようには見えず毅然としている。聞けば、彼女は警官だったそうで、夫には軍役もあり、ミサイルが飛び交う故郷から離れる気はもともとなかったと言う。そういえば駅から家までの車内で、制限速度やポーランドでの罰金額などをオクサナに聞かれ、不思議な質問をするな、と思っていたが、今になってようやく理解できた。早朝で車が少なく、早く家で休ませたいとの一心でスピード超過していたことに今さらながら赤面する。そんな私に構わず、マークが横から会話を引き継ぐ。

「その後、僕とお父さんが4月20日にハリキウに行って、撮った写真がこれ」

そう言って写真を見せる彼もまた、命知らずな男だ。しかし母が母なだけに、それを聞いてもすでに驚けない自分にも笑えてくる。彼らの話をポーランドという安全な場所にいて直接聞いているからまだいいものの、それは悲劇の上に悲劇を重ねたようなものばかりだ。

夕方、そういえばとオクサナが部屋からイースターケーキを持ってきた。ウクライナからのお土産だと言う。家を破壊され、故郷を追われ、夫と引き裂かれ、リヴィウの図書館で何日も寝泊まりし、その後祖国を離れた女性がお土産を？　ケーキを手に笑顔を見せるオクサナに女神を見てしまったショックで受け取る手が震える。これからいつ終わるとも分からぬ日本での避難生活で必要な荷物は多いだろうに、イースターケーキはバレーボールぐらいのサイズがある。ここでケーキを渡してあいたスペースには日本へのお土産をポーランドで買う、と言うのだからひっくり返ってしまう。それでもウクライナのお土産のほうがいいと思い、私が今までウクライナから受け取ってきたお土産をいくつか持たせた。

「実はもう1つあるんだけど、これは青木春奈の分だから食べないでね」

スーツケースに余裕ができたと喜ぶ彼女に開いた口がふさがらない。

彼女たちは、私たちとつながったことで、すでにポーランドにいる。さらに日本行きも決まって、しばらくは安全が確保されている。ウクライナ国内にはとても多くの人々が避難もできずに戦地に留まらざるを得ない。そう考えると、オクサナたちは恵まれた少数派に分類されることになる。ポーランドも日本もウクライナに比べればとても恵まれている。なおさらウクライナ支援の手を緩めるわけにはいかない。

とにかく、できるだけ多くの命を救いたい。その思いから医療物資を大量に届けてきたが、それは必ずしも、今この瞬間の命だけを対象にはしていない。1人の命が救えればそれだけウクライナの復興を担う人材が増えることになり、将来仕事ができればウクライナの経済のためになり、将来家族ができれば次の命につなげていける。そして何より、インフラと違って命は破壊されたら元に戻すことはできず、インフラを復旧するにも命が必要だ。

マークや妹のリマ、そして母オクサナが日本に行くと聞けば、ポーランドにいるうちに日本語を教えないわけにはいかない。家に山積みにされている教科書や漢字のフラッシュカードも、使ってくれと言わんばかりに無言の圧力をかけてくる。彼らが来てから2日後、毎日30分程度日本語を学ぶ機会をつくることにした。文字学習は後回しにし、とにかくあいさつ、自己紹介、数字などを叩き込む。彼らも日本行きが決まっているだけあって瞳の輝きが違う。

「あの……、お礼にウクライナ語を教えてあげようか？」

リマがそう言ったのは日本語の勉強を始めて3日目のことだった。どうやら彼らは、初日からこの提案をしようと思っていたらしい。しかし、ウクライナ人でさえウクライナ語は世界的に見てマイナー言語であり、外国人が学ぶことを想定していない節がある。そもそも共有言語としてロシア語に加えポーランド語と英語もあるわけで、何も私がウクライナ語を学ばなくてもやっていけることは彼らも十分承知している。しかし、ポーランドに来た彼らは時たま私の支援に同行し、周りにはロシア語が話せないウクライナ人もたくさんいることを知った。ウクライナ語ができなくても、知っているロシア語とポーランド語を交ぜて使うことで、ウクライナ語しか話せない子どもたちともコミュニケーションがとれる状態にまではなっていた。

とはいえリマたちから見て、不自然なのは確かである。また、当初ロシア語を話していたウクライナ人も、最近は敵国言語であるロシア語を忌み嫌い、私のロシア語での質問にウクライナ語で答えるようなケースも増えてきた。戦後、ウクライナに戻ったらロシア語はもう使わないと決めている人たちも多い。結果として、私としてもロシア語が話しづらい環境になってきたことは認めねばならない。

リマは私と行動をともにすることでそれを感じ取ったのだろう。ウクライナ語を学ばないか、という提案はもっともなことだった。しかし私は、初めは断った。ウクライナ語は学びたいが、それは戦後でいい。私が彼らに日本語を教えるのは支援のうちだが、多くのウクライナ人が困窮している状況で私は支援に注力したい。この2ヵ月ずっとそうやって生きてきた。そう伝えるとマークは苦虫を噛みつぶしたような表情で私を見る。

「でも、ウクライナ語を勉強してくれたら僕たちが嬉しいよ。それも支援だと考えられない？」

私の完敗だった。その日から、学習時間は1時間となり、30分日本語を教えた後に、30分ウクライナ語を学んだ。学びながら、ウクライナ語で話すことがいかにウクライナ支援になるのかということを知ることになる。少しずつ、支援言語はウクライナ語に切り替わっていったが、ことのほかみなが喜んでくれる。彼らの言語を話すことで、自ずと寄り添いたいという気持ちが伝わるのだろう。ウクライナ語を学ぶことは、彼らへの尊敬でもあるのだ。ウクライナ支援が1ヵ月で終わっていたら、このことに気づかぬまま支援に幕を下ろしていたことだろう。

その後、彼らと在ポーランド日本国大使館にビザの申請手続きに行ったり、空港にPCR検査に行ったりと短い期間であるからこそ濃密な時間を過ごした。オクサナは私が起きている時間のほとんどを彼らのために使っていることに心理的な抵抗を感じ、単刀直入に気持ちを伝えてくる。今まで警察官として人を助けることばかり考えてきたから、助けられるのが苦手なだけでしょ、と言えば、彼女はそれ以上何も言い返せなくなる。

一緒に大使館に行った際、ひしめくウクライナ人たちにも通訳や書類記入代行などをして回っていた。翻訳するよりも、私がパスポートなどを預かって自分で書類に記入したほうがずっと楽だ。もちろんパスポートがない人たちもいる。日本に行ってからも問題があれば連絡するように、と一民間人の分を超えて持ち合わせていた名刺を渡していると、背後に受領証明を待つオクサナの視線を感じた。振り返ると何かに納得したような顔で私を見ながら、意味深《いみしん》にも口が半分だけ笑い、合点がいったようにうなずいている。笑顔というより私に向けられているのは呆れ顔だ。この表情は妻が昔から私によく向けているので間違いない。

「何?」

「あなたは困っている人をほっとけない、私と同じ人間ね。私は警察官として、早期退職するまで人助けで給料をもらっていたっていう違いはあるけど」

「自分のことを棚に上げて、人の心配ばかりする欠点も似てますね」

オクサナは恥ずかしそうに視線を逸らし、私は構わず自分の居場所である支援の世界に戻る。

ウクライナ人で溢れる大使館の中であっても、オクサナと私の間にだけは周りとは違う空気が流れている。毎日のように私に休まなくて大丈夫か、大変じゃないかと心配してきた彼女。戦場で2ヵ月も生きのびてきたくせに、これから全く新しい世界に飛び込もうというのに、ポーランドで安全な生活をしている私を心配するなんて……。周りの人のことばかり考えているオクサナの性分は日本に行っても変わらないだろうが、それはむしろ日本ではプラスに作用するかもしれない。彼女の気持ちはよく分かる。オクサナだって、本当は私の隣で、私以上に困っている人々を助けたいに違いない。にもかかわらず助けられてばかりいる環境は、彼女にとって決して居心地のいいものではないだろう。

大使館から戻る車内でハンドルを握る私の隣に座り、オクサナはとても嬉しそうだ。

「何？」

彼女はいつも、私のこの質問を待っている。

「ビザをもらえばあとは日本に行くだけで、これ以上あなたに負担をかけなくてもよくなるから」

「忘れたの？　まだＰＣＲ検査が残ってるよ」

オクサナは申し訳なさそうな顔に戻り、さらに迷惑をかけてしまうことを詫びる。

「負担にならないように、できるだけ早く日本に行くからね」

また、私への心配が始まった。

「こっちにいても日本に行っても、どうせ日本人に迷惑かけてることには変わりないんだから」

「言われてみればそうよね……。心配して損したわ。どうせ私たちがいなくなったところでウクライナ支援は頼まれてもやめられない男だってこと、毎回忘れちゃう」

彼らも私に負けじと、しょっちゅう冗談を言ってくる。

今までばらばらだったウクライナ国内やEUをまとめてくれたのはプーチンだとか、ヒトラーにユダヤ人の血が入っていたと発言し、イスラエルの反発を招いたことでロシアの敵国を増やしてくれたのはラブロフだとか。挙げ句の果てにはロシア軍を表彰すべきだとも言い始めた。

「ウクライナに一番軍事支援してくれているのは西欧ではなくロシアだよ。彼らはウクライナのために、戦車を置いて逃げてくれるの。ウクライナが鹵獲《ろかく》した戦車の数はすごいんだから」

冗談を言い合える関係になると、安心するのは私だけではないだろう。

PCR検査も問題なく終え、日本に旅立つ彼ら。正直、陽性が出ればもっと一緒にいられたのにと舌を打つ私。多くのウクライナ人がこうして外国に避難していく。留学でもなく旅行でもなく、期間も分からず祖国を追われている。多くが現地の家庭に入り、強制的にそこの文化や風習を学ばされることになる。悲劇ではあるが、この経験が将来、ウクライナの復興の力になることを願ってやまない。

「将来、お父さんが来日できることになれば、必ず経由地としてポーランドを選ぶようにね。泊まれる場所と、そこにいる日本人についてはマークから伝えておいて」

別れの握手をしていた、大きいがやさしいマークの手に一段と力が入る。

彼らを日本に送り出し、ほっとするはずだった。しかし、実際は寂しさと心配に襲われている。また会えると信じているが、それは恐らく戦後だ。日本に行ってしまったら今までみたいに隣にいて彼らを支えることはできない。オクサナは日本ですぐに親しい話し相手を見つけられるだろうか。父親をハリキウに残したまま、日本でうまくやっていけるだろうか。考えても仕方がないことはよく分かっている。彼が日本に行くことでできない分、私がポーランドからウクライナを支えよう。これは駅伝だ。ウクライナから私がポーランドで預かった3人の命を、私が一番頼りにしている国、日本に託す。スイスに送りだした時のように、国際的にタスキを渡し、私は次に来る人に手を差し伸べればいい。

別れ、それはいつどこで、だれとであってもつらいもので、ここ数ヵ月は何度もこの気持ちを味わってきた。日本に行ってほしいという気持ちより、正直ずっとポーランドにいて、一緒に話し、お茶を飲んでいたいという欲求に駆られてしまう。正直怖い。ウクライナで戦争が終わったら、今、私が家族のように付き合っている周りのウクライナ人たちも帰国し、私だけ残されることになるだろう。今は彼らの話を聞いて、つらくて流す涙も、いつか別れの涙に変わってしまうのか。戦争は終わってほしいし、彼らから「もう支援はいらない」と言われたい。日本のみなさんにも「これ以上支援金は必要ありません。今までありがとうございました」と伝えたい。そして、私自身も平穏な生活に戻りたい。もう少しの辛抱だと、誰もが自分自身に言い聞かせてきた。そのもう少しはあと何年続くのだろうか。

第五章
先細りする支援と帰国の波

2022年5月20日、さまざまな形で協力してくれた盟友ウォージャ（左から2番目）とその妹オルガ

深夜の病院

5月5日に50名の避難民が来るため、ゴールデンウィークは避難所の準備に追われた。今回はルハンスクやハリキウ、マリウポリなどからの人々で、彼らは2ヵ月以上戦地にいたことになる。その分、今まで来た人々に比べ、より悲劇的な過去を背負ってくることになる。戦争で両親を亡くした孤児たちや、マリウポリで40日間も地下生活をしたあと、ロシア軍により拉致され、その後8日間ロシア領内を彷徨った揚げ句、ロシア国内にあるウクライナ人地下組織の助けでなんとか逃げてきた人々。到着した彼らは、戦地ではないポーランドにあっても、大きな音には体を強ばらせている。どう彼らと目を合わせたらいいのか……。この悲劇をまるごと、彼らの経験をそのまま、声にできない子どもたちの現実を全て見届けなければいけないというのに、なかなか視線を合わせられない自分がいる。

彼らは避難所で一晩過ごし、翌朝10時にスイスへと旅立った。お別れ会の軽食費用1000PLN（約3万円）に日本からの支援金を使わせていただく。この3万円でお腹いっぱいの50名をバスに乗せられたことを日本に報告したくてたまらない。今回で私たちがスイスのルガーノに送った避難民の数は100名を超え、これが最後となる。ポーランド同様、ルガーノもこれ以上避難民を受け入れる余裕がなくなってしまったためだ。

涙ながらの別れも、スイス側と培ってきた信頼がその痛みを多少和らげてくれる。うまく笑えているだろうか。赤い目で笑おうなんて、不自然にすぎるのかもしれないが、笑顔で彼らを送り出したい気持ちに偽りはない。

避難所はまた1つの大きな役目を終え静まり返っている。しかしウクライナ支援が終わったわけではなく、これは一時的な平穏にすぎない。支援と支援の合間を縫うように電話が鳴ったのは帰宅したばかりの午後5時を過ぎた頃だった。あるお母さんから娘が腹痛を訴えているので助けてほしいとのこと。切ったばかりの支援スイッチを無理やりオンにし、まだ温かい車のハンドルを握る。彼女らを連れて、知り合いの小児科の自宅に駆け込んだ。しかし、腹部のレントゲンを撮らないことには原因は分からないと言われ、お腹が痛いと泣く娘を再び車に乗せて最寄りの総合病院へ。しかし、そこでも入院患者にしかレントゲン検査をする余裕はないと突き放された。

結局、ワルシャワまで車を飛ばし、小児科専門病院に着いたのは夜9時半のことだった。待つこと約5時間、その間に娘の腹痛は少しずつ和らいでいき、結局レントゲンを撮っても原因は分からずじまいだった。避難生活からくるストレスが原因だろう、と私たちが想像していた通りの診察結果を受け帰宅したのは朝3時半のことだ。

病院では多くのウクライナの子どもたちが深夜にもかかわらず診察を待っていた。泣いていたのが子どもたちだけではなかったことに、そして連れてきたウクライナの娘に手一杯で、周りのお母さんたちの力になれなかった弱い自分に対し虚脱し、私自身が病気になりそうだ。

その日は、朝から日本でのオンライン講演会に出席した。日本の午後のイベントは、時差があるためポーランドでは朝になる。そのため帰宅してから30分だけ横になり、回らない頭に鞭《むち》打ってパソコンを開く。支援に関する45分の講演会とはいえ、この2日間の経験だけでもまとめられる自信がない。

ウクライナ支援の主体

5月10日、スイスからもらった物資、そしてそれ以前から避難所に集まっていた毛布やマットレスなどを受け取りに、ウクライナにある支援団体「Fund of Free and Caring」がやってきた。そこの代表イロナ（38）を紹介され、両国の状況について意見交換する。ちょうどよかった。前日の9日はロシアの戦勝記念日であり、その日にかけて攻撃が激化するとの予想から医療物資を大量に搬入してきた。9日を乗り越え、次の支援の方向性を誰かと話し合いたかったところだ。

彼女と話しながら、今さら気づいたことがある。日本をはじめ、世界ではウクライナ支援に最も力を入れている国としてポーランドがよくニュースで取り上げられる。実際に最も多くの避難民を受け入れ、民間レベルでもどの国にも勝る支援をしているだろう。しかし、イロナと話していると、その考えは完全なる誤りであることを思い知らされた。

ウクライナの状況を説明されるにつけ、一番ウクライナ人を支援しているのは他でもないウクライナであると気づかされたからだ。ポーランドよりもずっと多くの避難民を国内に抱えている。私が今まで送ってきた支援物資も、結局ウクライナ側が必要な物資リストをまとめてくれているからこそできることであり、ウクライナ国内の輸送はその土地に詳しいウクライナ人に頼りきりである。そう、イロナは〝避難民〟としてではなく、〝支援民〟として私の前に立っている。そして彼女たちウクライナ人によって私は支援を〝している〟のではなく〝させてもらっている〟のだ。イロナほど透き通るエメラルドグリーンの目を持った人に会ったことはない。まるで彼女のうしろにいる多くの避難民の姿が、目の奥に透けて見えてしまいそうだ。その目は強く、そして確固たる決意の輝きを放っている。今まで私の前にいたウクライナ人はみな弱者であり、守られるべきであり、ある意味かわいそうな存在だった。しかし、イロナはそのどの要素も持ち合わせていない。また、同じ支援側であろうとも私たちとの間には決定的な違いがある。それは世界の自由を守るため、私はお金と時間と労力で戦っているにすぎないが、ウクライナ人はそれに加えて血で戦っているという紛れもない事実だ。最も過酷な支援をしているウクライナではなく、西欧での支援疲れが叫ばれるのも何かおかしい。

日本では防弾チョッキをウクライナに送ることに対しても反対の声が上がった。イロナの話を聞けば、防弾チョッキがなぜ必要なのか腑に落ちることだろう。ウクライナの耕地面積は農業国として名高いフランスの1・8倍もあり、2020年の小麦の輸出量は世界5位。これは世界全体の9%にものぼる。戦争があるなしにかかわらず、作付けの時期は否応なしにやってくる。しかし、場所によっては不発弾や地雷があり安全な農作業さえできない。そのため農家にも防弾チョッキが必要なぐらいである。それ以外にも、私たちにウクライナの情報を届けてくれるジャーナリストも防弾チョッキの着用が求められている。防弾チョッキを送ることで戦争に加担しているという考えから反対する方もいるだろう。しかし、送らないことは侵略者を利することになり、同時にウクライナで流れる血の量が増えるだけだ。

ウクライナにお金を送ると武器になるかもしれないという心配も聞くが、その可能性は十分に考えられる。多くの方が、「坂本なら武器は買わないから安心してお金を預けられる」と支援金を送ってくれるが、大前提として民間人である私は武器を〝買わない〟のではなく、〝買えない〟のだ。そもそも武器などの支援はNATOや国などに任せ、民間は武器以外の支援物資を送ることに集中すればいい。一方で、各国政府が武器支援に力を入れることができるのは、主に民間が人道支援を担っているためという側面があることも否めない。私たち民間が人道支援を進めれば進めるほど、政府には武器を送る余裕が生まれることになる。結果として私たちの民間支援がウクライナ軍を間接的に支えていることには変わりない。

日本の軍に対するアレルギーはとても強いものがある。戦車200台を送ってもさらに軍事支援すべきだというポーランド世論と、防弾チョッキを送っても反発が出る日本。必要最小限の防衛力を追求する日本と、他国からの援助も得てそれまで保有していた以上の防衛力で祖国を守ろうとしているウクライナ。両手を日本と西欧の間で左右に引っ張られながらの支援は常に考えさせられる。

そんな事情もあり、ウクライナ支援において2つのことを守り続けてきた。1つはウクライナに物資は送ってもお金は送らないこと。2つ目に組織を使わないこと。これらは私1人で決めたわけではなく、周りのウクライナ人からのアドバイスに基づいている。

ウクライナでは私たちが想像する以上に汚職が深刻で、お金を送ってもそれが正しく使われない可能性がある。そしてその腐敗は主に組織の中で起きるため、個人を通じてウクライナ支援をする以外では、確実に前線に物資を届けることなどできないと言われてきた。支援組織と言っても人件費や組織維持費になってしまうのであれば、善意の多くが吸い取られてしまうことになる。個人に比べて組織では責任の所在が明確ではないため、10を送っても途中で8が消え、前線には残りの2しか物資が届かないかもしれない。そのため、今回もイロナの組織に対する支援ではなく、あくまでイロナ個人と協力していくことを話し合った。この短い時間で蒔かれた種は、その後大きな花となり、ウクライナの子どもたちの顔に咲き誇ることとなる。

相手が組織の中の人間であっても、個人としてのつながりで支援を行えば、担当者が変わって全てゼロからになるという心配もない。ウクライナを支える志を同じくする者同士、これはあくまで〝協力〟であって〝支援〟ではない。イロナたちは2時間で物資を積み込むと、休むことなく帰国してしまった。今回、支援物資としてイロナにはパソコンを5台提供したが、翌日すでに貧しくてスマホもなく、教育を受けられない子どもたちの施設に寄付されたという報告が動画とともに送られてきた。

パソコンの需要はとても高まっている。ポーランドの学校に通うウクライナの子どもたちが授業の資料などをパソコンで開き、すぐに翻訳することで授業の理解度を高めることができる。ウクライナに送るパソコンは、戦争で学校に通えない子どもたちが、オンライン授業にアクセスできるようにするためである。

人は何事においても疲れたと感じる時、それはあくまで身近な環境の中でそう判断しているにすぎない。自分の家や自分の避難所、そしてポーランド国内という限定的な範囲で、自分はたくさんやって、もう疲れたから十分だと感じてしまう。視野を広げ、ウクライナの環境を判断材料に取り入れたらどうなるか。自分よりもっと大変で、もっと過酷で、もっと必死に支援している人たちがいることを知れば、支援疲れを口にすることに対してすら恥ずかしくなる。

欧米は日本に比べ個人主義の傾向が強いと言われるが、危機において人は想像以上に周りの環境に左右される。周りがお金を引き出し始めると、自分も現金で持たなければと不安になる。周りが疲れたと言い始めると、思いのほか自分も疲れたと感じてしまう。ただ、裏を返せばいい影響も受けやすいということだ。周りの受験生が必死で勉強している姿を見て、自分も頑張ろうと思えるように、部活で頑張っている友人を見て自分も励まされるように、支援をし続ける人が周りにいれば自分ももう少し頑張ろうと思えるだろう。それが外国人であればなおさらではないだろうか。

発信することの弊害

ウクライナから届く生の声を日本に届け続けたい。ウクライナの現状を、真実を多くの人に知ってほしい。そのため支援の詳細を日本語で発信しているが、それは日本に知ってほしいと思っているからである。しかし、ネットの世界では発信先を簡単には限定できない。言語は自動翻訳され、共有され、世界中に拡散される。結果として、ウクライナ支援をしているなら、自分にも支援を送ってほしいという依頼が見ず知らずの個人から来ることがよくある。

例えば、ウクライナの子どもたちに教育のためのパソコンを買っている様子が知れ渡れば、ウクライナの大人から仕事のためだとか、ポーランド人からも自分の娘にパソコンが必要だといった依頼が来る。ウクライナ人を日本に避難させるための手伝いをしていることが知れ渡れば、日本から労働力不足を解消するためにウクライナ人を送ってその地域を助けてほしい、ウクライナ人の若い女性を結婚相手として紹介してほしいといった依頼もある。支援が大きくなれば大きくなるほど、長くなれば長くなるほど、こういった本来の支援とは関係のないことへの対応も必然的に増えてしまう。

しかし、こういった要請に一つひとつ対応していく時間的な余裕はない。ウクライナからの依頼ならいいかというと、そう簡単な話でもなく、パソコンがほしいという連絡があったとしても、よくよく調べるとパソコンを送っても親が高く売りさばいてウォッカに化けるからやめろと周りから言われることもある。1つの学校に物資を送れば、なぜうちの学校には送らないのか、こっちのほうが子どもの数も多いのにと不満が出る。ウクライナの見ず知らずの個人から、お金を送ってほしいという依頼も少なくない。人道支援とは要請されたものを買い、ただ送り届けるということではない。本当に必要な人に必要なものを届けるには急ぎながらも吟味しながら進めていく必要がある。

チェルニヒウから避難している4人（7歳、8歳、10歳、16歳）の子どもたちを世話しているというポーランド人から連絡が入った時も、まず必要なことは裏取りだ。彼らはポーランド北部に避難しており、もちろん面識はない。聞けば、子どもたちはポーランドに避難しているだけではなく、治療に来ているそうだ。ロシア軍によるクラスター爆弾で体中が傷ついているうえに、4人のお母さんは残念ながら彼らをかばって犠牲になってしまった。子どもたちはこの1ヵ月半ポーランドの病院に入院しており、そろそろ通院に切り替わるそうだ。やりとりをする中で生々しい写真なども送られてきた。最終的に彼らには確かに支援が必要だと判断し、まずは子どもたちが避難生活を送ることになる部屋に置く冷蔵庫や2段ベッドを購入した。

子どもたちが経験してきた悲劇を考えると慰め程度にしかならないが、一番届けたかったのは冷蔵庫でもベッドでもなく、見えなくても、会えなくても彼らを気にしている人がいるという事実だ。後日送られてきた物資を囲む子どもたちの笑顔を見ると、裏取りなどの作業も決して無駄ではなかったと確信できる。彼ら以外にもアパート暮らしを始めたウクライナ人に洗濯機など家電の購入支援をしてきた。それなりにしっかりした家電を購入するということは、それだけ「避難」が「定住」に変化していくことを意味する。避難支援ではなく、定住化支援を帰国を望む人たちにすること……。求められているとはいえ、毎回複雑な気持ちがあることも告白しなければならない。

戦友ウォージャ

見える、会える、そして話せる子どもたちは直接支援することができる。地元の小学校に通っているウクライナの子どもたちは、そのいい例だ。今まで小学校と協力して物資を集め、それをウクライナに搬入するバンに詰め込む作業を、あえて子どもたちに手伝わせたことがある。正直、物資を自分の家で保管し、そこで私が搬入前日に車両に積み込めば、時間も手間も最小限に抑えられる。あえて物資を小学校に運び込み、子どもたちに搬入を手伝わせる意味とは。それは、子どもたちに物資の重さを感じさせ、その物資がどう役立つのかを考えさせ、平和への戦いは簡単ではないと伝えることにある。この支援は年単位で続くだろう。ならば、子どもたちもいずれ支援の戦力として育てていく必要がある。

この教育を私とともにやっているのがポーランド在住のウクライナ人オルガ（32）である。戦争が始まってすぐ、オルガは兄ウォージャ（36）にお金を集めて赤外線カメラを送ったそうだ。しかし、今はそれももうない。そのカメラを持っていた友人が、カメラもろとも吹き飛んでしまったためだ。

今まで何度も私に前線の状況を伝えてくれたのはこのウォージャだ。ある時は水道インフラが破壊され、そこにいる人々に飲み水がないと聞き大量の浄水剤を、ある時は戦争犯罪の証言を取るための機器がないと聞き、何台ものスマホを、ある時は地下で避難している人たちに充電器が必要だというので手動の小型充電器を送り届けた。その他にもガスコンロ、医療品、洗剤、菓子、防寒具など届けた物資は多岐にわたる。どこかの組織にお金を送って終わるのではなく、実際に前線から必要な物資リストを聞き取り、それを何人もの信頼できる個人を経由して届けることでのみ、適切な支援が進められる。このやり方だと10を送れば、10が届くのだ。

日本では軍に対するアレルギーが強いが、実際一番情報を持っているのは軍である。人々を避難させるのも、物資を安全に運ぶのも、傷ついた人々に対する治療のための医療物資や知識を持っているのも主に軍である。そして何より、軍は命の盾となり人々を守っている。軍との協力がなければ、ウクライナ支援は必要な分のほんの一部しかできないか、必要とされてもいないものをこっちの都合で送りつけるような支援で終わりかねない。

そして何より、ウォージャは軍人である以前に父親である。ウクライナ西部の町で生まれ育った彼には17年間人生をともにしてきた妻ガリーナ（36）との間に2人の子どもがいる。戦争が始まると祖国と家族を守るため、子どもたち2人をポーランドへ避難させ、家に妻を残し戦場へと向かった。彼は私と同じように故郷を愛し、そして守りたいと思っている。

ウクライナを正しく支援できるのならば、ウクライナ人の命をより多く救えるのであれば、私は日本の軍アレルギーに対する反発を覚悟の上でウクライナ軍と協力する。もちろん民間人の私に軍事支援ができないことをウォージャもよく知っている。戦前は普通のお父さんだったウォージャ。彼がロシアによって軍人にならざるを得なかったことで、協力をやめるなどという非人道的なことはとても考えられない。

前線では電波が拾われ攻撃対象になりかねないため、携帯電話を使った通信はできない。そのためウォージャからは時々後方に下がった際にまとめて状況報告が入る。前線にいるスマホもない人々の声を私に伝えてくれる。安全を考慮し2週間以上音沙汰がないなどということは日常茶飯事で、兄が生きているのか死んでいるのかも分からぬ時間は妹オルガにとってどれだけつらいことだろうか。

ウォージャは写真に加え、時々動画を送ってくる。明らかに車を運転しながら撮影していると思われるある日の動画。そこに映るのは不発弾、破壊された戦車、跡形もない家屋、壁に残る無数の弾痕……。映像だけでどれだけ激しい戦闘がそこであったのかが想像できる。その先に映り込んだのは丸焦げになった車だった。いつか、彼が運転する車もこうなってしまうのではないかと息を飲む。それだけ危険な環境に今、彼はいる。

ある日の会話でウォージャに伝えたことは2つ。まずは日本人である私を支援の輪に入れてくれたことへの感謝。そして彼が明日の命も分からぬ中で戦っているにもかかわらず、私は安全なポーランドに陣取り、ぬくぬくと支援を続けているだけであることへの謝罪だ。

「僕がしているのは仕事だけど、龍太朗がしているのはボランティアの人道支援でしょ」

私を慰めようとしているのだろうか。今までウォージャの部隊は何度も死にかけてきた。ある日のミサイル攻撃では、ともにいた10人のうち彼を含む3人しか立ち上がることができなかったと言う。腹部を負傷し入院していた彼からも連絡が入るが、その後また前線へと復帰する。当初ルハンスクにいた彼はその後、ドネック州で物資輸送、遺体収容、そして民間人の強制避難に従事するようになる。聞かなかったが、怪我が原因で戦闘行為から外されたのかもしれない。そこで活躍している「NISSAN」は、私が支援物資として最初に購入した車両だ。それはナバラという小型商用車で、ポーランドからウクライナに供与するにあたり保険の切り替えや関税免除など複雑な手続きがあったが、これも支援のうちである。ナバラは普通の乗用車と異なりタイヤが大きめであることに加え、四輪駆動はウクライナ東部の舗装されていない道での走行にも耐えられる。

そんな走る相棒も今まで何度か銃撃されている。毎回、車に銃撃による穴があいたとしても、運転していたウォージャと同乗していた避難民が無事だったことに安堵する。いや、ウォージャのことだから、たとえ犠牲が出ていたとしても、恐らく私に伝えていないだけかもしれない。ある時は近くでミサイルが爆発し、車のエンジンを交換する必要もあった。痛々しい車の様子を見て、もう今まで数えきれないほどの人の命を救ってきたのだから、そろそろ休んでいいよと言いたくなってしまう。

いばらの道が続く避難生活

昼夜を問わず土日もないことは、支援においても、そしてロシア軍からの攻撃においても変わりない。私たち支援者は、目の前にある問題の山を乗り越えようともがきながら、その山のうしろに幾重にも連なる問題の山脈があることが分かっていても、目の前の一歩一歩に精一杯で登山計画さえ立てられない。この道はどこまで続くのか。私たちをどこに連れていこうとしているのか。しかし、山をいくつも越えていくと、時たま出会う小川に癒やされ、時には言葉にならない絶景にも出会う。これらはいずれも、そこまでたどり着く空間と時間を共有し、苦労と悲しみを知っている者でなければ味わうことは許されない。

人の命が助かったというニュースにも、そこに医療物資を届けるまでの努力と過程が付随していなければ、それはただの美談で終わる。ウクライナの子どもたちがパソコンを得て学校教育に復帰できたという話も、どこにどんな子どもたちがいて、どう困っているのか、子どもたちの苦しみにどれだけ耳を傾けてきたかで感動は全く異なる。支援で見えてくる絶景をより多くの人に見てほしい。子どもたちにも伝えたい。これがポーランドの、そしてウクライナの子どもたちも一緒に支援に巻き込みたい理由である。

日本から支援金が集まっているので、支援をやめたくてもやめられない状況にあるのではないか、と心配もされる。しかし、この支援がお金に縛られることは決してない。なぜなら支援の中で、お金を介したものはほんの一部にすぎないからだ。時間を使った支援、電話、メール、通訳、車出しから購入する発電機の充電まで……。そして話を聞き、ともに流す涙だって大きな支援の1つだ。

もちろん、お金がなければ解決できない課題が多いのもまた事実だ。自立するためにアパートを借りようとしているウクライナ人も多いが、契約などはもちろんポーランド語で、言葉の問題が最初に越えなければならない山となる。その山を越えてもアパートを借りるためには保証人に加え、最低1年の契約が求められる。戦争が終われば、すぐにでも帰国したいと考えている人たちはとりあえず2~3ヵ月借りたいと思っており、1年分の家賃を払う余裕もない。医療も教育もお金さえあれば、と思うことが珍しくない。金銭的に困窮し、残された選択肢は戦地への帰国か、プライバシーのない避難所での生活か、第三国への避難となる。第三国に入れる場所があったとしても、ポーランドで難民申請をしている以上受け入れてもらえるかどうかは別問題だ。

5月24日。侵攻が始まって3ヵ月の節目である。デパートなどに設置されていたウクライナ人のための寄付箱はサイズも半分になり、場所も中心から片隅へと追いやられている。以前いっぱいだった箱は、小さくなったにもかかわらずほぼ空で、ポスターも半分破れている。その光景はまさにポーランドの支援疲れを象徴しているように思えて仕方がない。

戦争の長期化に伴い、日本では「即時停戦」が以前にも増して叫ばれるようになった。逆にウクライナでは戦況が悪化しても即時停戦などありえない、徹底抗戦だという声が強くなっている。なぜ、即時停戦が平和にはつながらないのか。ウクライナ人たちは大きく分けて次のような理由を口にする。

第一に、即時停戦が実現したところで、ロシア軍は体制を整えてまたウクライナを侵略するに違いないということ。その時は、もっと大きな悲劇が生まれるだろう。今の犠牲と将来の犠牲を考えた時、将来の犠牲のほうが大きいと想定できるので即時停戦はありえない。2014年のクリミア併合の際、ロシアを止められなかったことで今の悲劇が起きている。ロシアが侵略しないという保証がない中、停戦はロシアを利するだけだ。

第二に、ロシアに東部や南部を占領されたまま即時停戦したところで、占領地域から避難してきた人たちはどこに帰ればいいのか、という問題だ。マリウポリなどでロシア軍によって拉致された子どもたちはやっとの思いでポーランドに逃げてきた。即時停戦で平和になったと言われても、ロシアが統治している故郷に帰れるわけがない。即時停戦はロシア軍の撤退後でなければ意味がない。

即時停戦。それはロシアを利する一方、ウクライナにとっては武力で領土を奪われたまま、奪還をあきらめるということを意味する。悪党が自宅に押し入り、玄関に居座ったとする。そこで出て行ってもらうように交渉している時に、近所の人々が来て「即時交渉中止！」と言われたらどうだろうか。あなたの家の玄関は悪党に奪われたまま、家庭の平和は壊され続けるだろうし、玄関を使って外に出ることも、そこにあった靴にさえ手を伸ばすことも許されない。ウクライナに寄り添うのであれば、簡単に彼らの前で即時停戦などとは言えない理由がここにある。

日本は平和ボケしすぎたのかもしれない。50年以上も前から多くの同胞を北朝鮮に拉致されてきたが、即時救出に向けて多くの人が立ち上がっただろうか。約80年前に千島列島などをロシアに奪われたが、即時奪還という運動が盛り上がっただろうか。これは私自身にも言えることで、この戦争が終わったら猛烈に自省しなければならないと思っている。

5月末、オルガから1つの小さな包みを渡された。開けてみると中にはウクライナの国旗が入っている。

「国旗？　もう持ってることは知ってるでしょ？」

「いいから、広げてみてよ」

掲げた瞬間に言葉を失った。なんとそこにはウクライナからの感謝のメッセージが書かれていたのだ。右上には日章旗とともに日本に対する感謝の言葉、真ん中に描かれたウクライナの地図にはしっかりとクリミア半島も入っている。当時、ウォージャが戦っていたルハンスクも明示されている。

人によって、大切なものは異なる。子どもたちにとってのお父さんとの思い出。オクサナやマークたちにとっての自宅に置いてきた家族アルバム。ロシア軍によって爆撃された学校も、そこの先生や子どもたちにとっては大切な大切な宝物だった。私にとって、この旗は3ヵ月の支援の中で、一番の宝物になった。人によってはただの布だろう。ロシア軍にとっては引き裂かれるべき対象だろう。しかし、誰がなんと言おうと私にとってこれは宝物だ。

戦争から教育を取り戻せ

6月はウクライナ西部の小学校からの支援依頼に始まった。パンデミックではなく、戦争のために子どもたちは学校に通えていない。当時、比較的落ち着いているとされていたウクライナ西部であっても、激しい市街戦が繰り広げられている東部に比べたらまだましだというだけで、決して安全ではない。ロシア軍が入ってこなくても、ミサイルは撃ち込まれ、これまでも多くの学校が被害を受けてきた。直接学校に着弾せずウクライナ軍によって迎撃されたとしても、爆風だけで学校の窓が粉々になることがある。それだけではなく、降り注ぐミサイルの破片による犠牲者も出ており、西部であっても子どもたちは学校に通えない。

彼らから教育を奪うということは、将来課題となるウクライナ復興の足かせをより重くすることにつながる。逆に言えば、子どもたちを支援できれば、いずれくる復興の力を今から育てることができるわけだ。そこで始まった日本からの支援。私にとっては人生初のクラウドファンディングだ。

クラウドファンディングは実質的な立ち上げから運営までを相模原市在住の渡邊浩二《わたなべこうじ》さんが担ってくれた。実は渡邊さんには会ったこともなく、クラウドファンディングが始まるまで話したことさえなかった。開戦当初、ウクライナ支援に関心を寄せてくれる人は多かった。しかし、その関心を持続できる人は少ない。開戦当初に打ち寄せた関心の波も、2ヵ月もすれば引き潮となり、3ヵ月後には波の音さえほとんど聞こえなくなっている。当初は多くの人が支援金を送ってくれた。しかし、継続して支援してくれる人は一握りだ。開戦直後に日本からあった多くの問い合わせ、激励、協力要請……。渡邊さんからのメールもその一通にすぎなかった。

告白が許されるのであれば、当時の私は、多くの問い合わせに対して返信するよりも、支援に時間を使いたいとさえ思っていた節がある。当時は、そんな問い合わせも時間が経つとともに少なくなっていくことを想像する余裕もなかった。関心が薄れていく中、途絶えることなく続く渡邊さんからの連絡は相対的にその重要性が増していき、この人は何かが違うと思わせるのに十分だった。そして6月、あれよあれよという間にクラウドファンディングにこぎつける。

そこに行き着くまでにも、渡邊さんのおかげで実現したことは多い。有名ユーチューバーとのコラボレーションを計画し、日本の世論に訴える。時間がない私に代わり、ウクライナ関係のサイトに支援依頼情報を載せる。日本からできることは限られる。しかし、それは私が勝手に限られたものとして認識していたにすぎなかったようだ。渡邊さんはそんな私の思い込みを熱意のハンマーで何度も打ち砕いてくれた。

6月いっぱいの期限付きで始まったクラウドファンディングの目的は、戦争によって教育機会を奪われた子どもたちにパソコンを届け、授業に復帰させること。目標金額は100万円だ。クラウドファンディングに対しては賛否がある。否定的な意見としてゲーム感覚であること、直接振り込むのに比べると高い手数料を取られること、など。一方肯定的な面として、支援の見える化が挙げられる。個人口座や、その他、赤十字やユニセフなどの組織に送られた支援金の合計額はそれぞれが独自に公表しない限り分からないうえ、使途も分かりづらい。一方、クラウドファンディングは目標額と使用目的、目標に向けてどれだけ支援が集まっているのかがリアルタイムで把握できる。支援者からの応援メッセージは世界中誰でも読むことができ、多くのウクライナ人がクラウドファンディングで支援金が集まる様子を日々確認し、遠い日本から心の支えを得ていたという事実は金額以上に大きな価値がある。

クラウドファンディング開始3日後、あるウクライナ人から奇跡が起きたと連絡が入る。ウクライナで何か進展があったのかと思い電話をすると、涙に包まれた第一声は「日本、ありがとう」。聞けばクラウドファンディングですでに目標額の53%が達成されているそうだ。半信半疑でパソコンを開くと、「日本、ありがとう」という言葉が私の口からも自然とこぼれ出た。ポーランドでは支援疲れが騒がれ始めた頃であり、なおのこと多くのウクライナ人を励ます進展を見せることができた。

クラウドファンディングはその後も期待をいい意味で裏切り続ける。初めての試み。ウクライナ関係のニュースが減り、日本の関心は参院選へと移っていく中、設定期間の1ヵ月で本当に達成できるのか。失敗したら支援に対して逆効果が生まれてしまうのではないか。しかし、そんな心配は渡邊さんによって杞憂として処理され、なんと開始7日で目標金額である100万円が集まるに至る。

その後、より多くのパソコンをウクライナに送るため、第二ゴールを300万円に設定し再スタートを切ることになるが、恥ずかしながらクラウドファンディングにそのような追加措置があることも今回初めて知った。ご支援いただいた日本中のみなさんに対して感謝の言葉も見つからない。渡邊さん1人の発案が、どれだけ多くのウクライナ人に感動の涙をもたらし、どれだけ多くの子どもたちに希望を届けることができただろうか。

クラウドファンディング前から、パソコンは何台もウクライナに搬入してきた。子どもたちからは「パソコンに日本語で『ウクライナに栄光あれ』と書いてほしい」といった嬉しい要望もあった。それに加え、パソコンの箱には日章旗ステッカーを貼り、「日本は君たちとともにある」「夢」「希望」といったメッセージも書き込んで送る。

子どもたちのお父さんの中には、前線で戦っているケースも少なくない。誕生日であってもお父さんからプレゼントをもらうどころか声さえ聞くことができない。そんなお父さんに代わって子どもたちを支援したいが、あまりにもその数が多く対応しきれない。それでも、このクラウドファンディングに他からいただいた支援金も合わせて合計119台のパソコンをウクライナに搬入することができた。日本からいただいた支援のバトンを物資に変え、これから走り出すのはウクライナ入りしたパソコンたちだ。子どもたちの夢を実現するため、長く長く走り続けてくれることを願う。

ポーランドに来る際の覚悟

日本からの支援、それはこのクラウドファンディングや支援金だけではない。今まで多くの方がポーランドにお越しになり、私に会ったその日に大量の支援金や物資を託してくださった。ポーランドに来て活動ができている人にはある共通点がある。それは、①強い信念、②助けるための具体的な方法、③ある程度言語の問題をクリアしていること、である。この3点どれか

1つでも欠けているとポーランドに来たところで何もできないということになりかねず、実際にそんなケースも起きている。気持ちだけ、言語力だけでは残念ながら空回りしてしまう。

日本にいてもウクライナを支援したい。そう思う人がほとんどだろう。しかし、それを実際に行動に移せる人は少なく、その行動を持続できる人はさらに限られてくる。逆に私は日本にいないため、直接支援依頼に行くことができず、直接感謝を伝えられないことは大変心苦しい。私の地元長野県の坂城町や千曲市、大学時代を過ごした静岡市は行政を挙げて支援活動を支えてくれている。私がベラルーシに留学するきっかけをつくってくれた菅谷《すげのや》昭《あきら》医師（元松本市長、現松本大学学長）が代表を務めるチェルノブイリ医療基金からも多大なる支援金をいただいた。日本に住んでいなくても、やはり私の基盤は日本にあるんだと、そしてその基盤は危機に際して力を発揮するのだと強く感じさせてくれる。

地元長野県からは実際にポーランドまで何度か来てくれた団体がある。けん引式車いす補助装置を開発したＪＩＮＲＩＫＩ（代表取締役社長　中村正善）のみなさんだ。ＪＩＮＲＩＫＩからご提供いただいた物資は車いす生活をしている人たちの移動を助けている。災害や戦災においては多くの避難困難者が出る。避難〝しない〟のではなく、病気や障がいなどの理由で避難〝できない〟人々のことだ。そんな人々を救いたい。そして戦争で負傷し、車いす生活となってしまった人々を支えたい。そういった強い思いがなければ遠方ポーランドまで来ることはないだろう。直接託していただいた物資は、直近で搬入する物資とともにウクライナに届けている。

三菱商事ワルシャワ支店からは9台のデスクトップパソコンをいただいた。日章旗ステッカーを貼り大きめのモニターを追加購入し、ウクライナに搬入する。このデスクトップは貧しい家庭の子どもたちではなく、リヴィウ州の避難所に送ったが、その理由は学校に行けていない子どもたちがモニターの前に集まって授業を受けられる環境をつくるためである。もちろん、幼い子どもたちがスマホではなくモニターでアニメなどを見ることもできるだろう。

三菱商事にはキーウ事務所からポーランドに避難してきている社員がおり、その中の1人であるカーチャさん（33）は日本語が堪能で、できることがあれば何でも手伝ってくれると言う。そこで日本から届いた大量の絵本をウクライナ語に翻訳していただいた。絵本とともに包まれていた日本から届いたたくさんの手紙を、涙ながらに訳してくれたそうだ。それを聞いた時、日本からのメッセージは子どもたちに届く前に、訳してくれたカーチャさんの心にも届いていたことを知る。

この絵本は滋賀大学（担当・客員教授 近兼敏）と京都信用金庫の共同プロジェクトとして国内で671冊集められたものだ。擬音語擬態語が多い日本語の絵本の翻訳は一筋縄ではいかない。カーチャさんの翻訳からは、しっかりと時間をかけてくれたことが分かり、誰が読んでも分かりやすいようにと追加の説明もちりばめられている。

カーチャさんはポーランドに避難してきているとはいえ、仕事も続けているため、通常業務に加えて翻訳作業を行ってくれた。大変な作業を引き受けてくれたことに感謝の言葉を伝えると、カーチャさんからは逆に私がウクライナ支援を行っていることに対して感謝された。人と人をつなぐ大切な要素。それこそ感謝の気持ちだろう。

思い返せば、5月末にはワルシャワに避難しているウクライナ人を主とする大規模なデモ行進が行われ、在ポーランド・ウクライナ大使も参加したことでニュースとなった。デモ行進とは言ってもロシアに対する抗議デモでも、ポーランド政府に対する支援要求デモでもない。このデモで訴えられていたこと、それは「ポーランドへの感謝」であり、横断幕には大きくポーランド語で「DZIĘKUJEMY（ありがとう）」と書かれていた。ウクライナ危機は確かに悲しみと憎しみ、そして怒りの連続だ。しかし同時に、平時では見られないような人類の美しさも表面化する。連帯、感謝、愛、絆……。今まで流してきた涙にはいろいろな意味がある。

長期化に伴う支援物資の変化

ウクライナから来る支援要請の中には、こちらが想定できなかったものもよく含まれている。ひとえに物資といっても医薬品など常に必要とされているものもあれば、戦争の長期化によって、地域または季節によって移り変わっていくものも多い。

6月中にウクライナに搬入したスマホについては前述したが、通信手段としてのみならず「戦争犯罪の記録」が主な目的である。そうなると質よりも量が、サイズや色より内蔵ストレージの容量が大きいことが条件となる。

携帯式発電機は、ロシア軍によってインフラが破壊され、電力供給が安定していない地域に送るもので、ソーラーパネルがついていることが条件だ。それに加え、地下で避難生活を送っている人たちには、手動で発電できる機能を持ったもの、そして蛍光灯がついていることも重要だ。スマホが充電できれば、たとえ離れていても家族や知人と連絡が取れる可能性が広がる。それは、どれだけ大きな心の支えになることだろうか。

ガスコンロや石油コンロも前線で暮らす人々にとっては命をつなぐために必要なものだ。ほぼ野外で生活しているような人も多い。地域によっては水を沸かすためだとしても焚き木を使って火を起こすことには危険が伴う。少ない煙であってもロシア軍のドローンに発見されてしまえば、攻撃を受ける可能性がある。料理も主に霧がある早朝に行わなければならないとウォージャが言っていた。

水道インフラが破壊されたり、化学施設などが攻撃され有害物質が地下水に混ざってしまったりするような被害も出ている。水がなければ人は生きてはいけず、飲み水がない地域では雨水を浄水して利用することになる。今までどれだけの浄水剤を送ってきたことだろう。とくに気温が上がる夏は衛生面での懸念があり、生きるための水をどう確保するのかは大きな課題だ。

ガソリンは戦争が始まってからウクライナとポーランドで価格が逆転した。ガソリンがなければ支援物資を搬入するための車両も動かせず、農機なども使えない。ポーランドからガソリンを届ける理由は価格だけではなく、そもそもウクライナ国内で足りていないからだ。

夏には虫よけスプレーや水虫薬も大量に求められた。野外で暮らしている人々、壁に穴があいたり、窓が割れたりしたままの自宅に住み続けている人々がいる。南東部のみならず、ベラルーシ方面からの再進軍を警戒し、夜でもウクライナ北部の森の中で監視にあたっている人々がいる。水が足りなければ数日間シャワーを浴びることもできず、水虫薬が必須となる。

さまざまな支援物資に加え、今まで日本のお守りを何体か入れている。身代わり守りは前線で戦うお父さんたちに向けたものだ。もちろん、お守りなんて空腹も満たせなければ武器にもならず、弾よけはおろか蚊よけにもならない。心の支えになることだけが目的だ。そもそもミサイル攻撃に対しては防弾チョッキも慰め程度にしかならないのが現実だが。

この世の中には考えたくなくても考えなければならない、選択したくなくても選択しなければならない、正解がなくても進まなければならないことがたくさんある。戦場では、自分が囮《おとり》になることで仲間たちの命が救えるかもしれないという究極の選択を迫られる時がある。

危険だと分かっていても、ロシアが設置した人道回廊を使うべきか、それとも物資も底をつきつつある地下に留まるべきか決めなければならない人々がいる。支援においてもこなしきれない要請の中から、優先順位を日々決めていかなければならない。お金の問題だけではなく、時間の問題との戦いも続く。今まで行ってきた支援の全てが正解だったのか、もっといい支援があったのかは分からない。しかし、振り返っている余裕はまだしばらく与えてもらえそうにない。

6月30日、久しぶりにワルシャワへ物資調達に向かう。ウクライナナンバーの車は開戦直後に比べるとずいぶん減っている。高速を走ればまだまだウクライナナンバーのトラックとすれ違うが、逆にこれだけ物資を入れているのに全く足りていないという状況の深刻さに愕然とする。ベラルーシナンバーの車も何度か見たが、全て車窓にウクライナの国旗が貼られ、ウクライナとの連帯を示している。そうでもしなければ、ロシア側についているベラルーシから来ている車ということで一般市民からの攻撃を受けかねないのだ。私自身、ベラルーシに住んでいたことがあるという事実を、よほど親しくなったウクライナ人以外には伝えられないでいる。ウクライナ侵略の拠点を貸しているベラルーシについて極力話さないほうがいいのではないか。いらぬ言葉が飛び出し、ウクライナの人々を期せずして傷つけたくない。

避難先を出ざるを得ない人々

3ヵ月前、避難所で少し会っただけの名前がAから始まる4人の娘たち、そして母ターニャについては第二章で述べた。支援全体を考えた時、ごった返していた避難所の中で、彼女たちと一緒に過ごした時間は砂時計で計れるほどだと言ってもいい。しかし、その後もターニャとはたまにやりとりがあり、子どもたちがポーランド南部のビェルスコビャワという街で地元の学校に通っていること、お母さんは仕事を探したが小さい街で全く見つからなかったことなどを聞いていた。

「あと1、2週間で帰国するつもり」

それがターニャの口癖で、

「子どもに戦場を見せたくないから思いとどまってほしい」

というのが、コントのように何度も何度も繰り返してきた私の決まり文句だ。4人の娘たちとは直接やりとりしていないが、ターニャから様子を聞き、できるだけ彼女たちの苦しみにも寄り添おうと心がけていた。3ヵ月前に予期せず私の支援所に連れてこられて出会ったこと、それは偶然道で他人の袖が振れた程度の関係かもしれない。赤の他人のような私が、顔もよく思い出せないターニャの話を聞いてこんなにも苦しい気持ちになるのなら、ウクライナに残っている家族の心境はいかばかりか。

6月15日、ターニャの子どもたちがおたふく風邪で学校に通えなくなったこともあり、日中にビデオ通話をすることになった。3日前に12歳の誕生日を迎えた3番目の娘アリビナに、母はプレゼントを贈るような余裕はなく、父も兄も、祖父母もここにはいない。私から何か贈りたい。そう思うのは至極当然のことだった。

「誕生日プレゼント、何がほしいの?」

「ウクライナの平和。戦争が終わること」

アリビナは迷うことなくそう答えた。戸惑う私を見透かすような瞳に偽りの色はない。菓子、玩具、文房具、私からのさまざまなプレゼントの提案に対し、ポーランドでは住む場所も、食べ物も、学校にも行けているからそれで十分幸せだときっぱり。ウクライナの状況は大人に任せて、自分自身の幸せを考えるようにと伝えるしかなかった。もちろん、彼女に、そしてウクライナの人々に一番プレゼントしたいものは寝袋でも、ガスコンロでも、菓子でもなく平和である。子どもたちが一番ほしいもの、そして大人が一番与えたいものは一致しているにもかかわらず、それをあげられないという現実に胸が締めつけられる。

「それより、ジャージャ(ウクライナ語で「おじさん」の意味)に私からプレゼントがある」

アリビナは突然そう切り出すと、とてもきれいなブレスレットを見せてくれた。

「どこで買ったの？」

「学校に行けないから、私が家で作ったの。サイズ、合うか分からないけど」

「ありがとう。合わなくても嬉しいよ」

「会った時に直接渡すから」

結局、ウクライナ支援で私は与えられてばかりだ。少女アリビナは私に最高のプレゼントを作ってくれたにもかかわらず、大人からは誕生日に何もいらないなんて、あまりにも理不尽ではないか。行っている支援に見合わない、1人では受け止めきれないほどの贈り物とそこに込められた気持ち。スマホの画面越しではあるが、3ヵ月前より少し成長したアリビナ。彼女たちの将来に対し、無責任にも責任を感じてしまう。

今回、この子どもたちとビデオ通話するきっかけは、6月初旬にターニャが口にした「ウクライナに帰る」というすでに耳にタコができるほど聞いた宣言だった。避難生活は精神的に限界に達しており、ウクライナにいて出国できない息子イヴァン（21）にも会いたい。子どもたちはポーランド語が分からず、学校でもずっとストレスを抱えている。すぐ帰国すると言われ続ければ、子どもたちにポーランド語を学ぶ意欲なんて湧かないだろうと思いながらも口には出さない。私を納得させるための分かり切った数々の帰国理由を聞きながら、頭の中にある質問をぶつけるタイミングを計る。

「ウクライナはまだ戦争をしている。本当に戦地に帰りたいの？」

「帰らなきゃいけない」

「それは分かった。それで、帰らなきゃじゃなくて、帰りたいのかって、ターニャの意志を聞いてるの」

しばらくの沈黙は私の質問から逃げる方法を探している証だ。その後、ターニャはあきらめたかのように心の中から本音を連れてくる。

「できれば安全なポーランドに子どもたちといたいけど、実は今住んでいる家は6月24日までしかいられないから……。帰りたくはない。でも帰らなきゃいけない。子どもたちにはもう言ってあるし……」

歯切れが悪い口調。私を納得させようとしていた時の勢いはもうない。娘たちにも言ってあると言ったって、この3ヵ月ずっとすぐに帰ると言い続けていれば、それはもうオオカミ少年ならぬ「オオカミお母さん」ではないか。私に対しても何度も繰り返される言葉は、まるで許可を求められているかのようだった。

今の受け入れ家庭に住めなくなる理由をあえて聞く必要はない。ポーランド政府が受け入れ家庭に対して支給してきた1日40PLN（約1200円）の助成金は120日までという期限付きで、多くの避難民にとってそれは6月末までを意味する。それに拍車をかけるようにポーランドの学校は6月末から夏休みに入る。今まで子どもたちが小学校や幼稚園に通っていたため仕事ができたというお母さんも、子どもが家にいれば仕事はできず、預ける先もなく、自立の道が閉ざされていく。

私の周りには6月末で帰国しなければならなくなったウクライナ人が多く、ターニャもその過酷な運命に身をゆだねようとしていた。周りにいる全ての人に引き続き入れる家を探すことはできない。時間もお金も限られている。距離的にも、そして私の力量の面でも全員は救えない。ならばせめて、ターニャたち5人の安全に対してだけでも責任を持ちたい。付き合いが長くなり、子どもたちの苦しみを知るにつけ、この子たちは自分の命に代えてでも守りたいという気持ちに嘘をつけなくなってきた。そんな自分勝手な責任を、子どもたちの今だけではなく、戦争が終わって帰国してからの将来に対しても感じ始めた。なぜなら、彼女たちにとって奪われた青春は、将来にわたって取り戻すことなどできないのだから。救いたい。気持ちだけでは何もできないことぐらい、この3ヵ月で痛いほど分かっているはずなのに。彼女たちの状況を、知れば知るほどつらくなることも分かっている。一体、これほどまでに寄り添いたくなる気持ちはどこからくるのだろう。

狭い一部屋でもあれば5人で残りたいというターニャの意志を確認してから約2週間、行政とも協力して必死で受け入れ先を探してきたが、なかなか見つからない。分かっていたことだが、5人というその人数が避難継続の道を糸のように細くしている。2、3ヵ月だけなら子どもも手当を使って家賃を払えるということで、多くの不動産会社にも問い合わせた。しかし、どこも契約は1年以上からという理由で相手にもしてもらえない。電話越しの口調からも、ウクライナ人と聞いただけで断る台詞を準備しているのが分かる。ネットにあるウクライナ人受け入れ家庭リストにも端から電話をしたが、どこからもそのオファーはすでに昔のことだと断られる。

避難先が見つからない状況を見るに見かねて悲観したターニャは、やはり帰らなきゃいけないと言いながらふさぎ込んでいく。赤の他人であり、自分より6つも若い外国人に負担をかけ続けているという負い目もあったのだろう。その都度、最後の1日まで荷物をまとめないように説得し続ける。泊まれる場所を見つけるという約束をした時、実現できる確信は全くなかった。気持ちだけで大丈夫だと伝えたにすぎない。ポーランドの状況がどのようなものであるのか、ウクライナ人の運命がどうなっているのか、それは支援生活の中で痛いほど分かっている。

できるかできないか分からぬまま約束をしたとしても、それを実現させたい。「武士に二言なし」という言葉を、武士ではないがこの約束を果たさなければ日本人として恥ずべきことだと自分に言い聞かせる。子どもたちを帰国させてしまい、戦争に彼女たちの命を左右されたくない。私に命を任せてほしいと天に祈る日々。日が迫るにつれ焦りながらも、日本行きのビザを取らせて送り出すという最終手段があるという事実が、私を絶望の穴から何度も引っ張り出してくれた。

地理的にはロシアを挟んで隣の隣の国とはいえ、遠く離れた日本に預けることを決める前に、ポーランド国内で一縷《いちる》の望みとして地元にある高圧物理学研究所の教授に直談判した。期日が迫っており、日曜日であるにもかかわらず研究所で面会する時間をいただいた。教授とは今まで日本・ポーランド関係で長年協力してきており、すぐに私が準備した資料に目を通してくれる。私と資料、交互に視線を向ける教授。私のことは信用してくれているが、なぜ3月に少し会っただけのウクライナ家族に対し、そんなに必死になっているのかが理解できないらしい。問題があれば全て私が責任を取り、世話もする。だから研究室をあけてほしい。子どもたちを戦地に帰したくない。しばらく話し合ったあと、教授はついに首を縦に振ってくれた。その時、私は心の中でオリンピック選手となり、金メダルを獲得した瞬間のような気持ちを味わった。6月19日、彼女たちが住む場所を失う5日前の逆転劇であった。

とはいえ、研究所はそもそも人が住む前提で設計されてはいない。電気コンロなど住むのに必要最小限の物資は全てを彼女たちが来るまでに準備しなければならない。しかし、避難場所が見つかったという安心感で、その後の準備は苦労と呼ぶに値するものではなかった。

引き続きポーランドにいられるという報告、それがターニャだけではなく4人姉妹とビデオ通話をするきっかけになった。3ヵ月以上、全くやりとりがなかったこの子どもたちのために、なぜ必死になっていたのだろう。恐らくその問いは、彼女たちも私に対し、より強く持っているに違いない。今まで彼女たちが住んでいた街はここから車で4時間半ほど離れている。一方の研究所は私の家から車で約10分の距離にある。メールや電話でのやりとりではなかなか解決できない問題も、直接向き合って話し合えば思いのほか容易に活路を見いだせるものだ。だからこそ、近くに住めることは私にとっても都合がいい。

アリビナの「ブレスレットを会った時に渡す」という言葉が実現される日も近い。ここに来たら、今まで離れていた3ヵ月を取り戻せるぐらい、いっぱい遊んであげたい。3ヵ月前は全く理解できなかった彼女たちが話すウクライナ語も、ポーランド語やロシア語となまじ似ていることが仇となって勉強してこなかったが、マークやリマとの出会いがきっかけで、今ではだいぶ理解できるようになっている。家族からは仕事をサボってウクライナ語の勉強をしているんじゃないかと疑われているが、3ヵ月間毎日ウクライナ語を聞いていれば理解できるようになってしまうのも無理はない。

そして、3ヵ月半ぶりにターニャと4人の娘たちと再会する。最初に会った時は冬だったが、その後、春服、夏服と増えていき、荷物もずいぶん多くなっている。この3ヵ月半でつくった思い出の量は荷物よりずっと多いはずだ。たとえ、そのほとんどがつらい思い出であったとしても、これからはそれを忘れられるぐらい直接向き合い続けよう。4人姉妹のうち上の3人はポーランドで誕生日を迎えた。一番下のアンナも見違えるように成長している。私も、彼女たちに負けないぐらい心の面で成長しているといいのだが、大人にとっての3ヵ月と、子どもの、それも戦争から逃れ異国の地で過ごしたそれとでは比べることさえはばかられる。

ターニャ家族には電気コンロや簡易洗濯機の他、掃除用具や物干し、食器、マットレスなども準備した。彼女たちに黙って到着前に搬入したものも多いが、そもそも人が泊まるための施設ではなく、住み始めてからようやく分かることも多いはずだ。必要なものがあれば一緒に買い物に行くが、何に不便しているのかなかなか口にしてくれないのも問題だ。また、彼女たちはずっとここに住むわけではないので、できれば中古か、そうでなくとも最安値のものを選んでいる。

彼女たちは屋根があって、寝る場所があって、ミサイルが飛んで来なければそれで十分幸せだと言う。しかし、程度の差はあれ人間らしい生活ができなければ、戦地へ帰国してしまうのではないかと心配になる。必要最小限のものを準備し、生活ができるよう、そしてその支援を実際に見せることで、あえて言うならば彼女たちが帰国しないためのしがらみをつくっているのかもしれない。ある程度生活を整えてもらったのなら、申し訳ないからもう少しポーランドにいよう。正直そんな理由であってもここにいてほしいと考えるのは私のわがままなのだろうか。たとえわがままだとしても、安全な生活が1日でも長くなるならば、将来恨まれてもかまわない。

先日は、ベラルーシなどから約50発のミサイルがウクライナ各地に撃ち込まれ、ショッピングモールなどでも民間人の犠牲者が出た。この子たちにミサイル警報を聞かせたくない。そして日々繰り返される葬式を見せたくない。彼女たちを守る義務も責任もないが、彼女たちの命を守る許可を天に求めてしまう。

避難しないという選択

6月17日、ウクライナから支援物資を取りに週末だけ来ている友人のレシャ（52）を自宅に招き、ウクライナの状況を聞く。この時間は何事にも代え難い。とはいえ、会話は上空を飛ぶ民間機に遮られる。頭ではここが戦場でないと分かってはいても、体が音に反応してしまうようだ。ロシア語ができるが、決して口にしないレシャ。私との意思疎通においてロシア語のほうが確実だとしても、敵国言語にやりとりを依存するぐらいなら、誤解するほうがましだ。ウクライナ西部では、東部出身でロシア語を日常言語としてきた人々のためにウクライナ語講座も開かれているらしい。それだけ、戦争は国内言語の環境までも一変させた。

レシャはリヴィウ州のザスタブネ小学校で30年以上教師をしている。侵攻初日は泣くことしかできず、周りはみなパニックに陥った。男たちは街の主要道路に土嚢を積み、戦車の侵入に備え、交代制で24時間主要道路を見張る。翌日からは女性が中心となり、戦車などを隠す迷彩柄の布を縫い合わせるなどの作業が始まった。

「なんでポーランドに避難しようと思わなかったの？」

「何を言ってるの？　そんな選択肢は初めからなかったわよ」

「でもウクライナに残ったら危険でしょ？」

「逆に聞くけど、みんなが避難したら前線の男たちを誰が支えるの？」

質問に対し多少不機嫌そうな顔をしつつも、前線に送るための保存食を作ったりしていることを説明してくれる。教師としての仕事はあるものの、ウクライナ国内では失業率の上昇が大きな問題になっている。仕事があったとしても物価の高騰や避難民の増加により、ウクライナ西部であっても環境は決して安定しているとは言えない。ガソリンを入れるにも長蛇の列に並ばなければならず、最近は前線から帰らぬ人となって戻ってくる男性たちのお葬式も増えている。

「今、一番ウクライナで必要な物は何？　次回の搬入までに準備したいから」

「それは龍太朗には買えないよ」

今までレシャを通してウクライナ国内に何度も支援物資を入れてきた。ウクライナで必要とされている物資の情報もレシャは日々調べてくれている。彼女の学校も戦争が始まってからオンライン授業となり、パソコンを送って全ての子どもたちが授業に参加できる環境をともに整えてきた。築35年の小学校には300人収容できる地下室もあり、そこに常備するためのマットレスや寝袋なども今日までに全て搬入が完了している。私に買えないものとは何なのか。避難民のために学校の一部を避難所にするそうだが、その分教室が追加で必要だとでも言いたいのだろうか。

「ダメもとでも言ってみてよ」

「子どものためのカウンセラー」

「いないの？」

「カウンセラーはいる。でも戦争で心に傷を負った子どもたちには、戦時カウンセラーが必要なの。でもそんなカウンセラーはいないから」

そんな穴を埋めるため、前線から負傷し帰還した地元の兵士らが子どもたちの心のケアに当たっているケースもあると言う。今までに見せてもらった写真の中で、子どもたちは笑顔を見せていたが、その奥にある心の傷までそこからは読み取れていなかったことを恥じる。

彼女が勤めている学校には今のところ被害はないが、学校はロシア軍の攻撃対象になりうるために通うことができない。今まで、学校の上空を飛んでいくミサイルを何度も目にしたそうだ。ミサイルはそれまで深夜に撃ち込まれることが多く、実際に見ているよりずっと多くのミサイルが撃ち込まれてきたことになる。最近は、州内の学校で迎撃されたミサイルの破片、そして爆風により窓という窓が割れる被害が出たそうだ。

レシャに今までずっと聞いてみたかったことがある。それはどこまでウクライナが領土を奪還すべきか、ということ。

「もちろんクリミア半島を含めた全域よ」

答えが予想通りであったにもかかわらず、それに対するコメントが準備できていない。私の反応を待たず、ウクライナにはその意志があり、西側諸国からのサポートがあればそれは確実に成し遂げられるとレシャは断言した。

彼女と初めて会ったのは4月9日のことだった。ウクライナ人としてポーランドに来ているとはいえ、避難民としての補助は何も受けていない。なぜなら開戦後にこちらに来たとしても、その後1ヵ月以上ポーランドを離れると、避難民としてのステータスを失うためだ。とはいえ7月からは国鉄も有料になり、受け入れ家庭への支援も終わる。

私は今まで1ヵ月以上ウクライナ避難民を自宅で受け入れたが、1円も助成金は受け取っていない。忙しくて申請する余裕がなかったばかりではなく、申請してもすぐにもらえないことが分かっていたためだ。ウクライナ人向けの子ども手当でさえ、実際の支給が始まったのは5

月中旬からだと聞いている。

レシャがポーランドに来ている週末に、別ルートでウクライナに搬入していた靴やガスコンロがドンバス地方に届いたという報告が写真とともに送られてきた。購入したもの全てが前線に届くという現状に、周りにいる多くのウクライナ人は驚きを隠せない。ポーランドから善意で物資を送っても前線に届くまでにいろいろな組織を経由し、その過程で中抜きされたり売り飛ばされたりするケースが後を絶たないからだ。

私が調べた限り、赤十字やユニセフなどに集まった支援金は額こそ公表されているものの、どこの誰にいつどのような形で使ったのかまではよく分からない。そこに支援金を送っても、人件費や出張費に消えてしまうのではないか。内部が見えづらい組織のやり方に嫌気がさした日本のみなさんが私個人に支援金を送ってくれるのも自然な流れなのかもしれない。今まで数えきれない医療物資を搬入してきたが、億単位でお金を集めた赤十字から支援があったという声は聞こえてこない。今まで大量のパソコンやプリンター、プロジェクターなどを送りウクライナの子どもたちに対する教育支援をしてきたが、ユニセフはどこでどんな活動をしているのだろう。そもそも国連が紛争解決のためほとんど機能していない状況下で、国連組織に期待しても仕方ないのかもしれない。国連の食糧農業機関（FAO＝Food and Agriculture Organization）の活動が十分ではないため、これまで多くの個人が食糧を買い、ウクライナに入れてきたのだから。

6月22日、1ヵ月半ぶりに在ポーランド日本国大使館を訪問する。宮島昭夫大使のお膳立てを賜り、ポーランドを訪問している外務省の植野篤志国際協力局長、在ウクライナ日本国大使館の松田邦紀大使、在ジュネーブ国際機関日本政府代表部の石田敏史一等書記官、外務省国際協力局緊急・人道支援課の松田友紀子課長と面会した。ウクライナやポーランドの現状、日本が今できること、将来すべきことなどについて率直に意見を申し上げた。日本の令和4年度の政府開発援助（ＯＤＡ＝Official Development Assistance）の予算は５６１２億円。この中からも将来ウクライナに投入されるのだろうか。お金だけではなく日の丸が見える支援をしてほしい。どこかの国際組織にお金だけを拠出し、結局その組織の手柄になってしまうことだけは避けたい。

支援疲れについても話が及ぶ。ウクライナ戦争は長期化していると言われるが、歴史上よく知られている戦争と比較しながら支援を続けなければならない。長いと思うのか、まだ始まりだと思うのかで熱の入り方が変わる。常にまだまだ支援は序の口だと考え、年単位で続けていく覚悟が日本にも必要だ。

6月23日、クラウドファンディングも残すところあと1週間となった。第二ゴールとして設定した３００万円まであと約27万円というところまで来ている。ここからは支援金集めよりも、目標を達成することでウクライナに日本からの連帯の気持ちを伝えるという意味合いが大きくなる。

ここまで来るのに何度か支援金を入れてくださった方もいるが、その中の1人が静岡県沼津市大塚にある長興寺《ちょうこうじ》の松下宗柏《まつしたそうはく》住職だ。今まで積極的にNPO法人NVNの石川學副理事長兼事務局長はじめ、多くの方と協力し、ウクライナ支援を続けてくださっている。そんな松下住職とは日本でもポーランドでもお会いしたことはない。1度だけ、リトアニアで行われた日本文化イベントに私が和太鼓演奏家として参加した際に知り合っただけであり、それは長い人生を考えると一瞬ともいえるような短い時間だった。その一瞬がウクライナ危機においてとても大きな支えにつながっていることは、人間関係はともに過ごした時間ではなく、距離でもなく、ともに夢見た方向性がものを言うということを分からせてくれる。

クラウドファンディングで集めた浄財は、必ずそれ以上の価値がある支援に変え、ウクライナに届けたい。教育機会を得た子どもたちは、その教育を糧に夢を叶え、祖国ウクライナを復興する力となる。これは、今の子どもたちを支援するだけではなく、将来にわたって、それこそ我々が亡き後もウクライナの力となることを信じてやまない。

6月27日、第2ゴールの300万円を達成した。6月末までにはなんと379万9000円ものお金が集まった。達成とは言っても、これはまだスタート地点に立つための権利を得たにすぎない。7月にはこのお金を使ってパソコンを大量に購入し、ウクライナの貧しい子どもたちや学校、避難所に送ることになる。彼らが教育に復帰し、学び、夢を叶え、ウクライナの復興につながった時、初めてこのプロジェクトは達成されたと言えよう。

今回の戦争に対し、世界中で多くのウクライナ支援クラウドファンディングが立ち上がった。特記すべきは10月にチェコの国防省と在チェコ・ウクライナ大使館が協力した企画で、約1億9000万円を調達することが実現したが、その目的は戦車の購入であった。

第六章
支援疲れを支援慣れに

2022年10月19日、ウクライナの子どもたちが描いた絵の展覧会を長野県で開催。のちに全国を巡回

大人の尻拭いをするのは子ども

多くの人の共感を生む支援。支援金を集めるためなら絵になるような支援報告をすることが望まれる。困っている子どもたちの写真、避難所にいるウクライナの人々、破壊された学校に不発弾、地下壕……。しかし、そんな絵になる支援は全体のほんの一部であり、支援中には通常写真を撮る余裕もなく、そんな涙を誘うような報告はほとんどできていない。

もちろん、絵になる支援を探して行い、より多くの支援金を集めるのが賢いやり方なのかもしれない。しかし、日本に向けた支援を行っているわけではなく、あくまでこれはウクライナのためである。残念ながらポーランドに来たり、ウクライナに入ったりしている個人や団体の中には写真や動画だけ撮って終わるというケースも多いと聞いている。リヴィウに入ってテントを張り、写真を撮ったらテントをたたんで帰ってしまう団体などの話は冗談のような実話だ。ウクライナの人々は〝写真〟の対象ではなく、あくまで〝支援〟の対象である。その方向性を見誤らぬことが、ウクライナに心から寄り添うことにつながる。

苦しんでいる子どもたちの様子を見ると、こんな世界にしてしまった大人として大変申し訳なく感じてしまう。大人が起こした戦争で、子どもには全く罪がない。しかし理不尽な世の中で最も苦しんでいるのは子どものような弱者だ。彼らは大人が引っ掻き回した世界の後始末を、その後何年にもわたって行わなければならない。

日本に目を向ければ、バブルで沸いていた世代が私たちの世代に残した就職氷河期とデフレがそうだ。若かりし頃、私もそんな社会を作ってきた大人を責めたい気持ちに溢れた厄介な子どもだった。しかし、そんな憎たらしい大人に自分がなった今、子どもたちに満足な世界を残せているだろうか。いや、周りにいるウクライナの子どもたちを見ていると、私が若かった頃はそれでも天国だったのだろうとさえ思う。祖国から追い出され、家を破壊され、家族を引き裂かれ、親族を殺され、教育を奪われ、ただ平和を待つことしかできない。

ウクライナが平和になった時、彼らの目の前に広がっているのは瓦礫《がれき》の山だろう。世界が終戦に沸いたとしても、悲しみの中で後始末を始めなければならないのは彼らなのだ。この子どもたちは、私たち大人を心から恨むことだろう。戦争がなければやらなくてもよかった復興にお金と人生をかけなければならない。戦争がなければ必要なかった不発弾の処理や地雷撤去を進めなければ安全な土地にさえ住めない。

そんな子どもたちに、大人として今できることは何だろうか。少なくとも理不尽な世界を変えようと必死でもがいている姿を、格好悪くてもあきらめない背中を、見せ続けるしかない。今までに多くのウクライナのお父さんたちが、命をなげうってまで子どもたちに故郷ウクライナを残そうと戦ってきた。彼らの死を無駄にしないためにも、生きている大人が子どものために何ができるのかを日々本気で考え続けることが大切だ。一生かかっても子どもたちが失ったものは返ってこないが、少なくとも大人は彼らを見捨てていないということを伝え続けなければならない。たとえ、家族を失ったとしても、愛は失われていないということを示し続けなければならない。

ウクライナのために踏ん張り続けている日本のお父さんのことを思って、とアリビナが2つ目のブレスレットを作った。今回は私のためではなく、彼女自身が身につけるためである。アルファベットが彫られたビーズで「SAKAMOTO」と私の苗字が並べられている。どうやら「RYOTARO」はビーズが足りず、今回はできなかったそうだ。作りたいなら100個ブレスレットが作れるほどのビーズをプレゼントしたいとも思ったが、さすがに私の名前を入れたものを作るために買ってあげるのも気が引ける。なぜこのようなブレスレットを作ったのか。「時間があったから」「趣味だから」、そんな答えを期待しながらも念のために聞いてみる。

「いずれ、ウクライナに帰っても日本のお父さんのことを記憶に留めておきたいから」

この娘は、躊躇うことなく心をそのまま口にする。戦争が彼女をそうしているのか、ウクライナにいた頃からそうだったのか、私には知る由もない。まだ12年しか生きていないくせに、いつも隠れる場所を探す暇を与えず大人を泣かせてばかりいる。いつも、私に会うことを楽しみにしてくれているアリビナはもう4ヵ月以上ここにいる。それでも、やはり近いうちに戦争が終わり、ウクライナに帰国でき、私とは簡単に会えないような場所に行くことを願い続けていることに変わりはない。母ターニャは3月から、あと1、2週間で帰るだろうと私に言い続けてきたが、結局、時はすでに夏休み。今ではもう帰りたいと言われても、いつしか夏休みが終わり、秋になっても一緒にいられるような気がしている。

この家族が避難している研究所に、追加で電子レンジやまな板、5人分の中古自転車を購入した。避難生活が長期化するなら、いや、しなくても人並みの生活は送ってほしい。一方、彼女たちは明日にでも戦争が終われば帰国したいという意志にゆるぎはなく、ならば今は不便でもいいとも考えている。そんな彼女たちの生活を改善するために新品のレンジを買うこともできるが、いずれ帰るのに一般家庭にあるようなものを支給されても、という心理的な負担が彼女たちの中に芽生えてしまうことも容易に想像できる。中古で安く買うことで、金銭的な負い目を感じさせない。これも大事な支援のポイントなのかもしれない。

支援を終え研究所を後にしようと車に向かう。と、ドアを開ける前に一瞬足が止まってしまった。洗う時間もなく泥だらけの車にたくさんのハートや感謝のメッセージが書かれている。私が物資を運んでいる間に、子どもが指で描いたのだろう。落書きの高さから、一番下の娘アンナに違いない。普段、あまり感情を表に出さない7歳の少女。その見えざる小さな心も私を優しく抱擁する方法を知っている。

7月12日、ターニャや娘たちを連れて買い物へ。チーズや肉、魚などはショーウインドウの中に入っており、店員に直接どれが何グラムほしいのか、スライスするのかなどを伝える必要がある。ターニャから一番安いチーズの塊を半分、サンドイッチ用に薄くスライスしてほしいと言われ、ポーランド語に訳して店員に伝える。しかし私の指示を待たず、頭の中を先取りするかのように、その店員は手を動かし始めたではないか。そして、私に片言のポーランド語で対応してくれた。バカみたいな話だ。ウクライナ人同士の間に通訳で日本人が入っていたなんて……。

今後、より多くのウクライナ人が職に就けば、私が通訳する機会も減っていくことだろう。ウクライナ人とポーランド人は見た目だけでは判断できない。街頭の募金活動で、よくウクライナ避難民がウクライナのための募金を求められている様子からもそれがよく分かる。ふと、日本人である自分が唯一の少数派であるように感じて寂しくもなる。同時に、ウクライナの人々はポーランドに来たにもかかわらず、ポーランド人ではなくそこにたまたまいた日本人から支援を受ける羽目になり拍子抜けしてはいないかという不安にも襲われる。

友人の入院

7月17日、ともに活動してきたウクライナ人のオルガが倒れた。ルハンスクで戦いながら支援を続けているウォージャの妹である。4ヵ月間、積もり続けてきたストレスを軽視し、支援だけを考えてきた反動がここにきて抑えきれなくなってしまったようだ。病院で点滴を受けながらも祖国を想い、針が刺さっていないほうの右手で私に物資依頼のメッセージを送ってくる。倒れた原因がストレスである以上、処方できる薬などはなく、ただ休むしかない。しかし、ウクライナで兄が戦っている最中に休めるような妹でないことは、今までの付き合いから十分分かっている。

また、戦争が終わらない限りこのストレスの矢は決して彼女の心から抜けることはないだろう。彼女の自宅には、4人の子どもたちに加えウクライナから親せきの娘が避難してきており、その子のお父さんも今は戦場だ。オルガが支えなければならないものはとてつもなく多く、支援は今この瞬間にも必要とされている。銃弾を受けたわけでもないのに、支援する側が倒れるなんてありえない、と彼女自身も葛藤しているが、心の傷は時に外傷よりも治りが遅い。

そんなオルガに、休むことこそが今すべき戦いだ、ということをどう伝えればいいのだろうか。言葉では理解してもらえないだろうと家で大量のパソコンに日章旗ステッカーを貼りながら思いついたことが1つある。彼女が安心できるほど私が支援に従事するしかない。そして、積みあがった物資の写真を撮って送る。そう考えながらも私まで倒れるわけにはいかず、オルガが入院したことが私のストレスになっている面も否めない。こんな時は自分を強く保つため、日の丸を見つめて祖国の支えを身にまとうしかない。

オルガの入院中にも戦場にいるウォージャから撮った写真が送られてくる。ウォージャが全てを語らないように、恐らくオルガも兄を心配させまいと、入院した事実は伝えていないのだろう。まったく、世話の焼ける兄妹だ。ウォージャからの写真に写っていたのは森の中で物資を積み込んでいる車両だった。平坦な土地が広がる東部前線では日々多くの車両がロシア軍の攻撃によって失われている。運転手や避難民、そして支援物資とともに……。しかし、失われても必要な支援が減ることはなく、その分動ける人と車があいた支援の穴を埋めることになる。不発弾や地雷、そして粗悪な道路事情……。そんな前線でどうやって安全に物資を届けるのか。ウォージャの写真からはその過酷さがうかがえる。ロシア軍の偵察ドローンから見えやすいところに車があっては攻撃対象になりうるため、極力森の中を走らざるを得ないのだ。思い出せば、車を購入するにあたり、深緑の車体が第1候補に挙がった時から、安全性が考慮されていたのだろう。この色が、今の今まで車が走り続けていられる理由の1つなのかもしれない。

この車両のように、支援の車輪は徐々に私の手を離れて回り始めている。私が寝ていようとこの車はウクライナで活躍し続けるであろうし、送ったパソコンは私が別の支援をしている間にもウクライナの子どもたちと世界をつなぎ続ける。以前は四六時中支援が必要だった人たちも、自立の道を模索し始めている。支援物資は入れれば入れただけ、早ければ早いだけより多くの人を救えるということだ。この支援の車輪をより大きく、より速くしていくことが私なりの戦い方である。

7月24日、1週間の休暇をもらい、前線から一時帰省できることになったウォージャに会うため、最低1ヵ月の絶対安静を命じられていたオルガが国境を越える決意をする。今、ウクライナに行くべきかと相談されたが、私の答えが何であれ、彼女の心は決まっているに違いない。ポーランドで療養生活を送るより、次いつ会えるか、明日の命があるのかも分からない兄に今会っておくことこそ一番の薬になるだろう、とだけ伝えた。突然のことだったので大急ぎで発電機や医療パック、パソコンなどウクライナに搬入する物資をかき集めた。

数日後、オルガから兄を再び戦場に送り出しポーランドに戻ってくるとの連絡があった。また生きて会えるのかは分からない。今月の初めには、ウォージャが避難民を乗せて運転していた車がロシア軍の銃撃に遭い九死に一生を得ている。穴があいた車はもちろん、戦前エンジニアとして活躍していたウォージャが戦場で自ら修理している。

銃撃の知らせを聞いても驚けなくなっている自分に対して驚いてしまう。これまで多くの車両がロシア軍の攻撃を受け、乗っていた人々が全員殺害されるといったケースはあとを絶たない。最近もウォージャの仲間が運転する避難民を乗せた車両が誤ってロシアの支配地域に入ってしまい、車ごと消息を絶った。これがきっかけで安全確保のためにトランシーバーを依頼されて搬入した。

それでも、避難させることでより多くの命が救えるとの判断から、ウクライナ政府は秋までにドネツクから20万人の強制避難を決めた。ウォージャは避難を希望しない人々にポーランドから送った携帯式発電機や、必要があればスマホなどを手渡し、万が一の際の連絡手段を残していく。ウォージャが危険な任務をこなしている以上、またいつか銃撃に遭うだろうことは十分想定している。私が支援をやめれば、彼も前線に物資を運び危険な目に遭うこともなくなるのかもしれない、と思うと心がつぶされそうになる。もちろん、彼の配置は私ではなく、ウクライナ軍が決めることではあるが、物資搬入や車両があることはもちろん考慮に入れられている。

その後、ウォージャとビデオ通話をした際に、人命第一で活動してほしいこと、そしてたとえ車が完全に破壊されたとしても、君は死ぬなと強く伝えた。感謝する彼に対し、むしろ防弾車両が買えなかったことを申し訳なく思ってしまう。

「生き残れ」

何度その言葉を繰り返してきたことだろう。

「そう願う」

いつも彼はそっけなく、目線を斜め上に逸らしながらそう言う。「約束する」、そんな言葉がほしいのに、彼は決して私の期待する答えを返してはくれず、「ありがとう」と繰り返す。

「そんなに感謝したけりゃ、生きて、戦後ポーランドに来て、直接会ってからにしてくれ」

感情に任せてそう言うと、彼はようやく首を縦に振った。電話を切り、彼の前ではかろうじて隠していた涙が一気に溢れ出る。

父親代わり

私の住む街で開かれた日本ポーランド交流絵画展の開会式でスピーチをすることになり、周りのウクライナ人たちを連れていった。日本とポーランドがテーマであるにもかかわらずウクライナ関係のスピーチをしたあと、ある女性が私に近づいてきた。

「ここ数ヵ月で何人子どもが増えたの？」

多くのウクライナの子どもたちに囲まれていることは幸せだが、正直なところ今からクリスマスが怖くなる。

ウクライナの子どもたちにとってのパソコン、それは日本人である私たちには想像できないほどの価値がある。都市部を除き、小さい頃からスマホやタブレット、パソコンがあることが当然という環境になかった彼ら。パソコンを前に目を輝かせる子どもたちは、まるで地上に降り立った天使たちのようだ。ある日、子どもたちの前で届いたパソコンを段ボールから出していた時のこと、パソコンに向かっていた喜ぶ少女の目が突然私をとらえる。

「これ、どうやってつけるの？」

ベラルーシにいた頃、私のデジカメやパソコンを見た周りの大学生が、まずそのスイッチの入れ方を聞いてきたことを思い出した。私にとってはただのパソコンでも、子どもたちにとっては運転の仕方も分からないスポーツカーをもらったような気持ちなのかもしれない。

ウクライナの小学校からもこんな報告があった。一般家庭にはパソコンの初期設定方法が分かる人がいないため、送ったパソコンはまず全て専門家に頼んでセットアップをしてもらう。その後、子どもたちにパソコンの使い方などを覚えてもらうため、大学生がアシスタントとして小学校に赴いているという。パソコンがあるのが当たり前、それは日本人である私たちにとって、などの条件付きで語られるべきであろう。

支援を続け、避難している人々に希望を持ってほしい。避難生活が、そして戦争が長期化したとしても自分の故郷や将来幸せになる権利を決して手放してほしくない。外国人である私がウクライナをあきらめないこと、それは周りのウクライナ人からあきらめるという選択肢を奪うことにもつながる。戦禍に苦しむ子どもたちへ。私たちは決して君たちを見捨てない。生まれた国によって運命が異なる事実は不平等だと感じているだろう。しかし、君たちにはウクライナで生まれたことに誇りを持ってほしい。しっかり勉強できる環境があれば、君たちの将来は決して戦争に邪魔されない。将来、君たちがウクライナだけではなく、世界を背負っていける大人になれるよう見守り続けるから、決して今持っている夢をあきらめるな。

歴史上、多くのポーランド人が戦争等で祖国を出ざるを得なかった。第二次世界大戦以降はソ連の影響下に入り、祖国をあきらめて海外に移住したポーランド人も多い。それでも故郷の自由のために戦い続けた人々がいたからこそ、今のポーランドがあるということもポーランドの歴史を知る者としてウクライナに伝え続けたい。

災害支援と戦時支援

8月1日はポーランドにとって大切な日である。毎年午後5時にサイレンが鳴り響き、1944年のこの日に起きたワルシャワ蜂起に想いを馳せる。道行く人は立ち止まり、車は路上で停車し、黙とうをささげる。

しかし、今年はこのサイレンを取りやめる決定をする地域が出てきた。ウクライナ避難民を多く抱えるここポーランドで、たとえロシア軍がいないことが分かっていても、ウクライナの人々にとってサイレンは心理的な負担となる。ワルシャワ蜂起のことをそこまで知らない人は、ロシアがポーランドにまで攻撃をしてきたのではないかと考え、パニックに陥ってしまうかもしれない。ワルシャワ蜂起について知っていても、毎年サイレンが鳴り響くことまで把握しているウクライナ人は少ない。ポーランドにとって忘れることができないワルシャワ蜂起を記念するこの特別な日に、ポーランドはウクライナに寄り添うことを決めたのだ。

ポーランドでは戦争のニュースを見ないようにしているという人も増えてきた。あまりに残酷な映像に心がえぐられ、精神的なダメージを受けてしまうからだ。しかし、ウクライナの人々は違う。祖国で起きていることから決して目をそらさず、四六時中情報を集め、残してきた家族を気遣う。体はポーランドにあっても、心はここまで連れてきてはいない。結局ニュースを見なくなる、関心が薄まる、支援に疲れるといった事象はそれが他国で起きているからであり、同じ屋根の下に住んでいたとしても当事者は全く異なる立場にある。ウクライナの人々を見ていると、東日本大震災の際にポーランドからニュースを見続け、日常生活から孤立し、1人泣いて過ごした時期を思い出す。ウクライナの人々は、たとえポーランドにいても心は常に戦場なのだ。

私もポーランドにいながら、行ったこともない戦場に心だけ引き込まれることがよくある。8月上旬、ワルシャワで日本に行くためのビザ取得を目指していたエウゲニア（45）がいた。彼女の約3週間のワルシャワ滞在費を日本からの支援金で賄っている。ある日、彼女に会いに行った際、同じホステルに別のウクライナ人女性がいた。

「出身はどちらですか？」

「ないです」

「すいません。どういう意味ですか？」

「すでに破壊されました。セベロドネックです」

コーヒーを口に運ぼうとしていた手が止まり、危うくこぼしそうになる。波立つコーヒーを眺めることしかできない。何か言わなければと思いながらも、心の底から湧き上がってくる怒りとも悲しみとも呼べぬ感情が、のどに詰まって声が出せない。彼女はそのような反応に慣れているのか、今から日本に避難するから心配しないように、と言葉を続ける。

「今、私たちがいるワルシャワも75年前、今のセベロドネックのようでした。必ず故郷を取り戻し、復興させせましょう」

そう言うのがやっとだった。彼女の力で占領地が取り戻せるわけでもないと気づき、逆にその言葉で傷つけてしまったのではないかと心配になる。

支援にはいくつもの区切りがある。5月9日のロシア戦勝記念日まではウクライナへの攻撃が激化すると予想されたため医療物資を、夏は9月1日から始まる新学期に向けてパソコンを、強制避難が始まってからは民間人避難支援や避難所設置支援へと重点は移っていく。その時々の支援は規模も大きく、数週間単位での準備を要する。一段落したからと言っても休めるわけではなく、すぐに次の山を登り始めなければならない。

これがまさに、災害支援と戦時支援の違いである。豪雨、地震、台風などの災害ではそれぞれ山となる日があり、支援と言っても初めから復興支援に近いものとなる。一方の戦時支援はどこに山があるのかのみならず、山の数も高さも全く分からない中で進めなければならない。復興支援のために余力を残し、今救えるはずの命を見捨てることもできない。

ハリキウを例に取ると、ロシア軍からウクライナが奪還したことにより1つの山を越えたかのように思われた。しかし、その後もハリキウへのミサイル攻撃は度重なり、国外に避難していた人がハリキウに戻り、そこで犠牲になってしまったという話も聞く。これまで何度、ハリキウはこれから復興支援に移行できるのではないか、と楽観視してしまったことか。ウクライナ軍が奪還したからと言って、そこが安全であるわけはなく、戦争が終わらない限り、いつまた悲劇が起きるか分からない。だからこそ、常に最悪の状況を想定して支援を続け、結局その支援が必要なければ、ほっとして終わればいい。

逆に楽観視して支援の方向性を誤ると、想定外のことが起きた時に対応できなくなってしまう。使える支援金には限りが見えるが、必要とされている支援には限りがないという現実がある。もちろん、ロシア軍にも使える人員、砲弾などに限りはあり、どちらが先に音《ね》をあげるのかを試されているような気持ちになる。しかし、この戦いには決して負けることは許されない。正当性のない暴力が勝つ世の中を、武力での現状変更を許してしまう世界を次世代に残してはならない。それはもちろん祖国日本の将来にも影響がある。そういった意味でウクライナ支援は第三者としてではなく、当事者として続けていかなければならない。

子どもから医療を奪った戦争

「今から寝る」

突然、アリビナからそんなメッセージが届いたのは8月も始まったばかりの午後のことだった。夏休みであるため、いつもなら深夜まで起きていて、朝は9時頃まで寝ている少女。一体どうしたのかと聞くと、どうやら昨晩は歯が痛くて一睡もできなかったそうだ。さらに問い詰めると食事もつらく、きゅうりさえ食べられないと言う。今まで歯が痛いなんて一度も口にしていなかったので、歯が折れてしまったのだろうか、とも思いながら避難先の研究所に車を走らせた。

少女の口を開けさせた私の口がふさがらない。真っ黒な歯が3本……。一番ひどい歯は原形をとどめておらず、半分も残っていないばかりか、底なしの穴があいている。彼女は最後の最後までやせ我慢をして言い出さない癖があるが、これは度がすぎるにも程がある。一緒に生活していないから、今まで気づいてあげられなかった。寝られなくなるまで、食べられなくなるまで私に何も言わなかったことに対し、アリビナと母ターニャを叱るべきかと悩んだが、その気持ちも飲み込まざるを得ない。怒って気が済むのは私だけだ。

そもそも歯医者の予約には言葉の壁があるうえ、治療費もない現実を変えるすべを彼女たちは持ち合わせていない。ポーランドはウクライナより医療費が高く、予約でき歯医者に行けたとしてもポーランド語で受け答えできる自信がないのだろう。国立の歯科に行けば無料だが、予約できても1ヵ月以上待つことになり、戦争が終われば来週にでも帰国したいと考えている彼女たちに、そんな選択肢はそもそも思いつかない。恐らく、忙しい私に心配をかけたくないとの配慮もあったのだろう。誕生日にほしいものさえ遠慮して言わない少女のことだ。聞けばポーランドに来てからずっと、痛み止めを飲んで耐えてきたという。

食べられない、寝られない状態で、さらに薬に頼らなければならない状態が続けば弱る一方だ。よく見ると虫歯がひどい左顎が腫れている。すぐに歯医者を予約し、怖がる少女を引っ張っていった。分かっている。歯医者が怖いのではなく、ここまで悪化した歯を見られて歯医者に叱責されるのが怖いのだろう。行きたくない。そんな彼女の気持ちと、行かなければならない。そんな私との相反する気持ちがぶつかる。大丈夫。治療中もずっと隣にいるから。

その日は応急処置として麻酔を打ったあと、最も悪化していた歯の神経を抜き詰めてもらった。1本200PLM（約6000円）。その後、レントゲンを撮り、抜かなくてはならない歯と治療できる歯を選別する。翌週、根元までやられて治療不可能な歯を数本抜くことになった。

ベッドの上で横になり、石のように固まっている少女を見守るだけで、代わってもやれず、かといって抱きしめてもやれない。こんなに小さいくせに無理して……。ウクライナの平和とか、戦争終結とか、そういうことを言う前にまず自分の健康を心配してほしいのに。

アリビナは12年の人生で2度だけ歯医者に診てもらったことがあるそうだ。それはアメリカにあるウクライナ歯科医の団体が移動診断で彼女の街に来た時だという。つまり、無料の移動診療のようなものがなければ普段診察をしてもらうことはないわけだ。移動診察が2度来て、今まで2度歯を見てもらったことがあるということ。それは、診察で虫歯が見つかったところで、歯医者に行かなかったということを意味する。キッチンの床で一番下のアンナを横にし、子どもたちを集めて歯の磨き方を教えた。みな、正しいやり方があったなんて、という顔でのぞき込んでいる。ウクライナ人は世界中に放り出されているが、それぞれの地域で将来祖国に持ち帰って復興の力となるであろうことを学んでいる。健康管理もその1つになるかもしれない。

私の周りには歯の問題で苦しんでいるウクライナの子どもたちが何人もいる。ということは、世界中に5ヵ月以上虫歯で寝られないようなウクライナの子どもが数えきれないほどいることに疑いの余地もない。彼らは周りに助けを求められているだろうか。全員は救えない。それでもせめて、私の周りにいる人たちの健康ぐらい守れる人間でありたい。絶望感と使命感と覚悟のようなものを同時に感じ、そのプレッシャーから逃げたくなる自分を引き留めるのは、目の前で横たわっているこの少女だ。

結局、アリビナはその後何度か通院し、治療できずに抜いた歯は計6本にも及んだ。ようやく痛みに堪えながら寝る日々から解放され、きゅうりなども食べられるようになった。一番心が洗われたのは彼女が真っ白な歯を見せて笑った時だ。その日、アリビナは「RYOTARO」という文字が入ったブレスレットを彼女自身のために作ったが、「O」が足りずに「U」の上をマジックで塗り「O」にしている。作ってくれたこと以上に、その発想に感動する。

「歯医者、怖かったけど行ってよかった。お父さんに感謝してる。ジェンクィエ（ポーランド語で「ありがとう」の意味）」

研究所に彼女らを送り届け帰宅する私。最後のお礼だけポーランド語で言って見送るアリビナ。きっと、ポーランド語で言えばもっと私に気持ちが伝わると思っているのだろう。その言葉はまるで、暖かなコートのように私の心を包み込む。さて、この姉妹にはあと3人残っている。年内に全員の歯の治療が終わればいいのだが。

ウクライナの子どもたちはこの5ヵ月、戦争がなければ今まで通りの学校生活を送り、友だちと遊び、習い事をし、夏休みには家族そろって旅行をしていたに違いない。とくに思春期にある子どもたちからは、顔が赤くなるような恋愛を含めた青春時代も奪われている。いくらお金や時間があったとしても、彼らの失われた時間は取り戻すことができない。落ち込んでいる子どもたちに、つらい経験を乗り越えれば強い人間になり、将来しっかり夢を叶えることができるはずだと全く説得力を持たない言葉をかける。もちろん、小さい頃にいくつかの壁にぶち当たり、それを乗り越える経験を持つことは大切だ。しかし、今ここにいる子どもたちが突き落とされた環境は、経験としてはあまりにも過酷すぎる。

最近、子どもたちを含めた周りのウクライナ人たちに支援物資の準備を手伝ってもらうようにしている。日の丸ステッカーを描くだけでも100枚単位となると重労働だ。夏休み、旅行をするわけでも、友だちと遊ぶわけでもない子どもたちはずっと家におり、彼らに日の丸に加えてウクライナ国旗を描かせ、励ましのメッセージをつけて物資に貼りつけてもらう。祖国のために弱い自分は何もできない、と思っていた子どもたちの目は輝きを取り戻した。支援を手伝ってもらうこと、これもまたウクライナ支援なのかもしれない。

避難も5ヵ月を過ぎ、周りの子どもたちは開戦当初に比べみな一回り大きくなっている。この5ヵ月は子どもたちにとってもいばらの道で、究極の選択を迫られる中でもがき続けてきた。その選択とは、家族と祖国を取って帰国するか、安全と社会保障を選んでポーランドに残るかの2択である。天国か地獄か、といった簡単な選択肢ではない。ポーランドに残るにしても言語や医療の問題は付きまとう。あえていうなら、どちらも暗闇であることには変わりないが、より精神的に楽な地獄を選べということだ。

私にとっても苦しい半年だった。ウクライナに帰りたいという人々に帰るべきだとも言えず、かといって無責任にポーランドに残れとも言いづらい。結局はウクライナの人々が自分たちで判断し、その決断に沿った支援をしていくしかない。子どもたちを支援に巻き込む理由は、少しでもポーランドで自分たちの居場所を見つけてほしいと願っているからに他ならない。

4人娘が通っていたテルノピリ州クレメネチの小学校にも娘たちの協力を得て支援を行っている。最初の支援としてオンライン授業に対応するためのパソコンを40台を届けた。ステッカー作りだけでも子どもたち4人で2時間かかる。第2弾の支援はプリンターとプロジェクターそれぞれ21台ずつ。物資の積み込みも子どもたちに手伝ってもらう。8歳のアンナがパソコンなどを運んでいる時は落として壊さないかと気が気ではないが、物資の重みをこの少女は一生忘れることはないだろう。それは戦地に残された友人や先生たちに届くことになる。つい5ヵ月前は、一緒に平和な学校生活を送っていた彼らに。

一番大切なことは物資を送ることではなく、日本がウクライナを見捨てていないと子どもたちに伝え続けることだ。物資には限界があったとしても、気持ちは際限なく与えることができる。その後も小学校の英語の先生とやりとりを続け、絶えず必要な物資を把握するようにしている。常日頃からウクライナの子どもたちに、将来を考えて最低限英語は習得しろと口うるさく言ってきた。言うだけでは不十分なので、あえて子どもたちの前で小学校の先生と英語で電話してみせたこともある。たとえ日本人とウクライナ人の間でも、英語という共通言語があればやりとりができるんだということ、英語が役に立つんだということを見せたかったからだ。勉強しろと言うよりも、そんな大人の背中を見せることが一番の教育になる。

8月7日、ウクライナに対して実施した支援の総額が3000万円を超えた。3分の1は医療支援で、その他にも大きな支援としてパソコン191台、車両2台などがある。ウクライナ支援において、車は完全に消耗品だ。3000万円と聞けば大きいように見えるが、ロシア軍は1発のミサイルで3000万円を超える被害をウクライナに日々もたらし続けている。失われた命は、いくらお金を積んだとしても戻ってこない。現在の規模で支援を続けていくと、支援金が増えない限り10月には枯渇する計算だ。かといって長期支援に備え、今の支援を緩めるわけにはいかない。今、困っている人たちを見捨てることができず、医療物資も入れれば入れただけ、早ければ早いだけより多くの命を救えるからだ。

ある日、子どもたちの故郷クレメネチからお礼として街のパンフレットが届いた。行ったことがないにもかかわらずその景色に和まされるのは、クレメネチが山に囲まれた街であるからだろう。ポーランドは平原の国と言われるように山が少なく、戦争が始まり旅行ができなくなってから、山を一度も見ていない。子どもたちの故郷と私自身の故郷、長野を重ね合わせ、「帰国したい」という彼らの言葉を今まで以上に重く感じてしまう。

謙虚さを排除すべき時

世界から、日本人は比較的謙虚な国民性を持っていると言われる。日本人以上に空気を読む力、周りの環境に合わせて自分の行動を律する力を持った国民を私は知らない。しかし、それは日本国内では通用しても、海外では謙虚さがかえって仇になることがある。

支援物資に日の丸をつけて搬入するということ。そこからは日本が支援をしてやっているんだという、ある意味自慢や見せびらかし、自己顕示欲が強いという印象を受け取るかもしれない。しかし目に見える支援には別の意味がある。1990年の湾岸戦争において、日本は多国籍軍に約1兆7500億円もの財政支援を行ったが、結局お金だけ出して日の丸が見えない支援に世界から落胆された。ウクライナ支援ではお金だけではなく、しっかり日本が目に見える支援をしていくことが、同じ過ちを繰り返さないために大切なことだ。日本の国際的地位を高めたいという気持ちはもちろんあるが、日の丸を出すことで、ウクライナ人に心の支えを提供したいと常に意識している。

ポーランドで缶詰を買って届ければ、戦地にいるウクライナ人はその缶詰に書いてあるポーランド語を見て、ポーランドが支援していることを知る。ドイツやフランス、イギリスなどからの支援物資も同様だ。しかし、同じ物資を入れるにしても日本からの支援は一味も二味も違う。物資を陸路ですぐに入れることができるヨーロッパからの支えではなく、遠く離れた日本がウクライナに寄り添っているということに、同じ物資であったとしても受け取った人の感じ方は違うだろう。だからこそ日本人の私が、日本の支えの上で支援を続けていくことに意味がある。

自宅は常にウクライナに搬入するための物資で溢れている。積み上げられた段ボールの山は次に届く新たな物資を待ちながら、ウクライナに早く行って活躍したいと語り掛けてくるようだ。日の丸をつけられ、ウクライナの子どもたちも手伝っているとなると、物資たちも戸惑っているのではないか。家族から座る場所がないと文句を言われながらも、集まった物資は搬入日を迎えると、突然私の家に見慣れない巨大な空間を残す。8月も後半になろうとしているが、すでに冬に向けた支援もスタートしており、搬入した物資の中にはガスコンロや発電機、電動のこぎりから斧まである。物資以外にもウクライナに帰国を希望する人々を乗せ、人道車両は私の家を離れ、ウクライナへと颪を切って走る。

時代によって決められた国籍

8月末、姉妹都市のグリニャニ郡から訪問団あり。今まで避難所開設や郡内の小学校への教育支援など額にして200万円近くの支援を実施してきた。訪問団の1人がウクライナナンバーの車のトランクからあるものを取り出した。見ただけではそれが何なのかよく分からない。

「これは、私たちの郡から前線に送られている兵士が、お礼として持ち帰ったものです。ウクライナに撃ち込まれ、私たちの部隊が迎撃したロシア軍のミサイルの破片です」

手渡された鉄の塊はずっしりと重い。迎撃したとしてもこんなものが降ってきたら、防弾ヘルメットをしていても無傷ではいられないだろう。ミサイルは全長約12メートルの艦対地ミサイルだったと言う。

前線にはさまざまな物資が送られており、グリニャニでは教会などに女性たちが集まり、日々保存食などを作っているそうだ。そんな物資を前線の兵は受け取る一方で、そのお礼に渡せる物がない。そのため、破壊したロシア軍の戦車やミサイルの破片などを返礼品とするのだ。前線で戦っている兵士の装備や物資は決して十分ではなく、多くがこのように兵士を送り出している地元から届けられている。武器は支給されても、ヘルメットや防弾チョッキがないまま前線に赴くというケースも決して珍しいことではない。

グリニャニの副郡長は、私がロシア語を話すことをどこからか聞いていて、「どこで学んだのか」とロシア語で話しかけてきた。ベラルーシに留学したことを伝えながらも、その国名を出すことで無神経な返答になっていないかと胸がざわつき、彼の目を直視できない。正直、ベラルーシの話題には触れたくない。しばらくロシア語で会話したあと、気まずくなる前にお互い阿吽《あうん》の呼吸でウクライナ語に切り替える。気づいてみれば、最近の支援ではロシア語を使う機会がほとんどなくなった。

1泊だけしてウクライナに戻る訪問団に支援物資を託す。出発したその日のうちに届いたという報告があるのは、隣国ポーランドから支援ができているからに他ならないが、裏を返せばすぐ近くで戦争が起きているということでもある。

彼らが住んでいるグリニャニは、第二次世界大戦前まではポーランド領だった。

「今でもポーランドだったら、私たちの街はNATOに守られていて、こんなに状況にならなかったのに……」

通訳で来ていた女性ミロスラヴァ（39）は、つぶやくようにポーランド語でそうこぼした。反論に相応しい言葉を探したが見つからず、かといって肯定もできない。ウクライナ人であることに強い誇りを持ち、ウクライナ国内で支援活動にも従事している彼女から、そんな言葉が出るなんて……。しかし、それは本心でありウクライナ人としての誇りとは矛盾しない。一方で、私がポーランド人ではないために、つい漏れてしまった本音のようにも思えて仕方がなく、それが彼女の口から出たことが切なくもあった。

目線を落とすミロスラヴァも第二次世界大戦前に生まれていれば、または現代でも100㎞西で生まれていればポーランド人だった。かの有名なコペルニクスだって、ポーランド王領トルンで生まれたが、その約300年後にそこはドイツ領となり、ドイツ人とされた時もある。君が代に和声をつけたフランツ・エッケルトの生誕地ノヴァ・ルダも、今でこそポーランド領であるが当時はプロイセン（現在のポーランド北西部からロシア・カリーニングラード州、リトアニアやドイツにかけての地域）だった。国籍なんて結局時代によって変わるものだということだ。ヨーロッパではそれが長らく当たり前のことだったということを思い出した。

子どもたちの平和に向けた戦い

夏休みもじきに終わる。周りに友だちがいるわけでも、親せきがいるわけでもない。旅行ができるわけでも、自宅でゆっくり過ごせるわけでもない子どもたち。夏休みに入った6月中旬から研究所に住み始めたターニャの娘たち4人。この子たちの青春を、こんな日本のおっさんと走り回った思い出だけで終わらせていいわけがない。少しでも充実した夏休みを過ごしてほしいとの思いで、絵の具とキャンバスをプレゼントした。新たな避難先にまだ慣れない中、筆を握りキャンバスに向かう少女たち。絵が好きなのか、それ以外やることがないのか、私に押し付けられたと思っているのかは分からない。しかし、数日後に訪問すると10枚を超える絵が私の前に並べられた。時を同じくして長野県坂城町より、ウクライナの子どもの絵画展ができないかという依頼が入った。人生で自分が生まれた街から足を踏み出したことがなかったこの子どもたちに、ポーランドで芽生えた「日本に行きたい」という夢。絵画は彼女たちに代わり、一足先に日本に向けて飛び立った。日本での絵画展構想を聞いた子どもたちは目を輝かせ、もっとキャンバスがほしいとせがむ。

「君たちが1枚描けば、それだけ祖国の平和に貢献していることになるよ。これは僕にはできない。君たちだからこそできる故郷、ウクライナへの支援だよ」

弱者は何もできないのかと半年間悲観し続けてきた。ずっと支援される一方で平和になる日を待つことしかできなかった子どもたち。彼女たちにとって、日本での絵画展は闇の中で見つけた希望の光となったようだ。次の日、絵の具はまさか間違えて食べたのではないかと思われるほど減っていた。

少しでも多くの命を

一言で「ウクライナ支援」と言っても時期や戦況、季節や対象によって支援の柱は移り変わる。夏休み期間中、最も力を注ぎ込んだ支援はウクライナ国内に残された子どもたちの絶望を希望に変えるための教育環境整備であった。新学期が始まる9月までに2300校がロシア軍による攻撃を受け、286校が完全に破壊されている。支援をしたある小学校からお礼としていただいたウクライナのアルバムを見ながらも、そこにある平和な風景と現実はあまりにも乖離しており、この景色は今でも見られるのか、という視点に縛られ続けている。

この半年でウクライナは地上の地獄と化した。ポーランドにもそんな時代があった。歴史上何度もロシアに攻め込まれ、その度に多くの人命が失われ、悲劇の歴史を積み重ねてきた。1944年のワルシャワ蜂起鎮圧後は、ドイツによって首都ワルシャワは計画的に破壊された。しかし、ドイツもロシアも、ポーランド人の誇りだけは消し去ることができず、今まさに私たちは生まれ変わったポーランドに生きることを許されている。これは、あくまで平和なポーランドにいて、過去を振り返る余裕がある者だけができる見方なのかもしれないが……。

悲劇の真っただ中にあるウクライナの人々にどこまで伝えられるか分からない。それでも、街や家、人やインフラが破壊されても、決して戦争に夢や希望、誇りを破壊させてはならないと声を大にして伝え続けたい。そんな私にも破壊したくてたまらないものがある。それはロシアの、ウクライナを侵略するという野望に他ならない。

教育支援が一段落し、支援の柱は医療物資搬入に移った。2001年9月11日にアメリカで起きた同時多発テロをきっかけに現在のファッションECサイト「haco!」が主体となって立ち上がった「LOVE AND PEACE PROJECT」、そこから生まれた「フェリシモこども基金」がウクライナ支援のための資金拠出を決めてくれた。サイトでお買い物をしてくれた一人ひとりのお客様からの気持ちが積みあがったこの基金は、世界中の子どもたちの支援を続けている。拠出手続きでは「haco!」を運営する株式会社cd．代表取締役の葛西龍也氏から惜しみないご支援をいただき、210万円分もの医療物資を9月中にウクライナに搬入できることになった。

ウクライナに対する世界の関心も、そして支援金も減る中での大規模支援はまさに渇ききった喉に流し込まれた湧き水のようだった。ただ、医療物資はポーランドでも常に品薄状態で、確保はそう簡単ではなく、複数の販売元からかき集める必要があった。ある会社とのやりとりでウクライナのために至急医療物資が必要だと伝えると、追加でガーゼなどを入れるので、搬入ルートがない彼らに代わりまとめて届けてほしいと言われた。

浄水剤やガスコンロなどとは違い、医療物資はスピードが命だ。搬入が早ければ早いほど、数が多ければ多いほど救える命が増えることになる。そんなきれいごとを言いながらも、本当は周りにいる子どもたちに直接会って心のケアなどに時間をあてたい。そう思うたび、私がやりたい支援と、今すべき支援が何なのかを頭の中で整理する。本当は家族と過ごしたいと思っている多くのお父さん、お母さんたちが、今すべきは戦うことだと判断し戦地に身を投じている。医療物資を入れずにそれだけ人が亡くなれば、その分子どもだけではなく周りの大人も心に一生癒やすことができない傷を負う。1つの命を救うことはその命の周りにある家族や他の親族をも救うことにつながるのだ。私がつながっている多くの人々を将来的に〝遺族〟と呼ばせないためにも、心のケアが必要であれば、その程度を少しでも軽微なものに抑えるためにも、今すべき支援は医療物資支援で間違いない。いつ、どこでロシアから攻撃されるか予想がつかない中、全土の避難所や小学校に1つでも医療セットがあれば、そこで預かっている子どもたちの命の保険にもつながる。

基金の支援をいただく前から、とくに4月には多くの医療物資を入れてきたが、それらの医療物資はウクライナ人に対してだけではなく、負傷したロシア兵にも使われているはずだ。それも必要なことだと考えているが、決してロシアに対して同情を感じているわけではない。ロシア兵の命が救われれば、その命で、ロシア軍の捕虜となっているウクライナの人々と交換できるという、あくまでウクライナに主眼をおいてのことだ。

フェリシモこども基金誕生のきっかけとなったアメリカ同時多発テロ、あれから21年が経っても基金を必要としている人々が世界に溢れているという事実。そして、今年も9月11日には医療物資の搬入作業をしている。フェリシモこども基金が主な支援対象としている子どもたちとともに。

ウクライナの子どもたちに物資搬入を手伝わせている限り、彼らは帰国せずにポーランドにいてくれるのではないか、と期待している自分に嘘はつけない。〝期待〟などという言葉は、ウクライナで子どもたちとの再会を日々願っている家族に失礼であると承知しつつも、ウクライナに向かう車両を物資でいっぱいにし続ければ、子どもたちの席がなくなり、その分安全なポーランドにいられる時間が長くなるのではないかと願ってしまう。

いつかは別れが来る。だからこそ、そんな子どもたちとウクライナ支援をしているこの一分一秒があまりにも重く、心が押しつぶされそうになる。いつかはみなこのバスに乗って、私だけが残されることになるだろう。いつか来るその時に、彼らを戦地ではなく平和になった祖国に送り出せなければ、1人の大人として無責任だと無力ながら強く強く思ってしまう。子どもたちと過ごす時間が長くなれば長くなるほど、別れで流れる涙の量が増えると分かっているにもかかわらず。

フェリシモこども基金の支援で購入できた医療物資は11の異なる販売元から計266セットにも及んだ。搬入が終わり越冬支援に移ろうとしている時期に、ウクライナから医療物資の不足状態は、全土である程度解消されたという報告が入る。もちろん、私だけではなくウクライナ支援を行っている人々は絶えずウクライナのニーズに合わせた支援を心がけているはずで、そんな多くの力が合わさっての結果だ。しかし、ここに到達するまで半年以上もかかったこともまた事実であり、もっと早く解消されていれば助けられた命も多かっただろうと思うとやるせないが、前を向いて生きていくしかない。

トレーナーの季節

リヴィウ市議会副議長のヴィクトリア（42）からお礼として「ми з України（ウクライナ語で「ウクライナとともに」の意味）と大きく書かれたトレーナーをいただいた。9月に入ってから、日中は気温が20度前後まで上昇するが、朝晩はそれなりに冷え込む。Tシャツの季節もそろそろ終わりを迎えるというこのタイミングでの暖かいトレーナーはありがたかった。早速、腕を袖に通してはっとする。この感覚は体がはっきりと覚えている。

ウクライナ支援が始まった2月末、私は毎日ジャンパーの下にトレーナーを着て避難所に向かっていた。これからまた、あの季節が来るのか。とはいえ、当時とは違いしっかりと地に両足がつき、ウクライナのほうを向いている。がむしゃらに手探り支援をしていた頃に比べれば、仲間もでき、支援の風を読みながらのかじ取りも覚えた。また、あの頃に暖房器具などを多少ウクライナに入れてあり、いくつかの避難所開設にも関わってきた。越冬支援といっても決して0からではない。変わったことは1つ。当時は上昇気流に乗っていた支援金が、今では下降気流にあるということ。

6ヵ月間支援をしてきて、ポーランドでもウクライナに関心を持つ人が減っていることを肌身で感じている。長期化、支援疲れ、戦争慣れ、社会はこの流れをそういった表現で簡単に片づけてしまう。私ももちろん、ウクライナ支援から手を引き、戦前の生活に戻ることもできる。しかし、戻るにはこの6ヵ月で築いてきたつながり、絆、友情はあまりにも太く、広く、強すぎる。ウクライナとの関係が深くなれば深くなるほど、支援をやめるという選択肢は、ウクライナ国歌の歌詞にある「日差しに散る霧の如く」消え去っていくのだ。

よくポーランド人や日本人から、さらにはウクライナ人からも「なぜこんなにウクライナを支援し続けるのか」と聞かれる。その質問の奥には「お金になるわけじゃないのに」「なんで日本人がウクライナを」「もう十分やったじゃないか」そして「普通の生活に戻って自分のために時間を使えばいいのに」といった気持ちが込められている。

しかし、そんな考えの裏側にこそ支援を続ける理由が潜んでいることまではなかなか伝わっていない。お金にならないからこそ、私利私欲に囚われずに続けられる。日本人だからこそポーランドに比べ、まだ支援疲れが問題となっていない日本からの支援が継続されているという事実。そして、支援は〝もう〟半年ではなく〝たったの〟半年しか実施してきていない。自分の時間を犠牲にして支援をしているのではなく、ウクライナに時間を使うことで自分を落ち着けているという実情もなかなか理解されないようだ。

当初行った冬季支援の土台があるとはいえ、戦争の長期化により避難民の数は当時とは比べものにならないばかりか、ロシア軍によるインフラの破壊が状況をさらに深刻化させている。9月の初めにウクライナに送った物資の中には斧やハンマー、電動のこぎりなどがある。これらはウクライナの山岳地帯にあり、戦前は閉鎖されていたキャンプ施設で避難生活を行っている人々のためのものだ。彼らは夏場に観光客を受け入れていたバンガローなどで暮らしており、今から冬をどう乗り切るか、暖房なしでどう生き残るのかに大きな不安を抱えている。

ガスや電気も不足しており、石炭は価格が高いだけでなく、輸送の問題も深刻だ。冬を乗り切るためには最重要課題の国防に注力しなければならない中央政府などからの支援を待たず、彼ら自身で考えて準備しなければならない。そのため今から焚き木を作りたいが、道具が全くなければどうしようもない。せっかく南東部から避難してきたにもかかわらず、冬に避難先で凍死してしまっては元も子もない。人手はある。男性もいる。医者に医療物資を届け、負傷者の命を救うように、避難者に斧やのこぎりを渡し、凍死しない冬を迎えてもらう。正直、このような物資が必要とされるとは、ウクライナ側から要請があるまで想定さえできていなかった。

そういった物資は主にウクライナ人がポーランドから運んでいるが、私の周りにはロシア人であるにもかかわらずリヴィウまで物資を運んだナターシャ（45）がいる。彼女はマリウポリから100㎞ほど東に行ったロシアの街タガンログ出身だ。物資と言っても彼女が運んだのはウクライナ軍から要請があった軍用物資であり、軍からの書類があるため国境でも列に並ばず入国することができたという。もちろん、ロシアに両親や親せきもいるが、ウクライナ支援をしている以上、身の安全が保証されないために帰国はできない。それでもウクライナを支援しようと動いたことに敬意を表したい。ナターシャはすでにポーランド国籍も取得しており、普段は翻訳家として活躍している。彼女によると、ポーランドに住むロシア人はポーランド国籍を取得したくても、たとえ言語能力などの要件を満たしていたとしても、開戦後はほとんどその申請が却下されているそうだ。

9月の半ば、姉妹都市グリニャニより新たな支援要請が入る。ウクライナ西部で増え続ける避難民問題に対応するため、新たな避難所を設置するそうで、そこに入れる家具を確保してほしいとのこと。具体的な支援内容は椅子40脚、机20台、プリンター、スクリーン、パソコン、ベビーベッドなど。我が郡にはそれを準備できるだけの予算がない。私に直接依頼が来たのはグリニャニもその現実を十分理解しているからだ。とはいえ、ウクライナ側の姉妹都市から私個人に直接依頼が来ることは、ツェレスティヌフに住む一村人としての立場を超えてしまっているようにも思う。であるならばせめて、この支援を将来の両自治体の関係発展につなげていきたい。そのためにも、手間が増えるとはいえポーランド側の役場にも物資確保の状況を逐次伝えていく。

要請された物資を全て購入するという選択肢もあったが、パンデミックのため2年半前から私が経営するワルシャワ日本語学校でも対面授業が行われておらず、今年度も引き続きオンライン授業となったため、学内の備品を放出することを決定した。もちろん、学校にベビーベッドなどはなく、自宅にあったものを提供する。学校から保管する避難所までの輸送には役場が車を出してくれたので、私は首都との間を2往復するだけで済んだ。

その後、役場に支援物資輸送のための書類を作成してもらい、グリニャニから副郡長が数回にわたって物資を引き取りに来た。副郡長のアンドリー（39）は男性であるため、特別な許可を得てウクライナを出国してきている。

9月16日、公明党国会議員調査団がポーランドを訪問。驚くことに国レベルでのポーランド訪問は4月2日の林芳正《はやしよしまさ》外務大臣以来である。ここまで日本を取り巻く国際環境は緊迫の度合いを増し、参院選でも安全保障が重要なテーマとなっていたにもかかわらず、参議院だけではなく選挙がなかった衆議院にも日本・ポーランド友好議員連盟があるにもかかわらず、２０２３年は日本がG7の議長国であるにもかかわらず、ウクライナを最前線で支えているポーランドにそれ以外の国会議員団の訪問はなかった。見捨てられたような状態であったところに公明党から調査団の来訪。こちらの状況に耳を傾けてくれたことへの感謝よりも、国会議員の中にもまだ関心があり、実際に来てくれる人がいるという安心感は、帰路寒い風の中でも私の心を温めた。

始まった新学期

「今日は何時に授業が終わるの？」

ウクライナでもポーランドでも、9月に新学期が始まる。避難先となっている研究所を訪問するにも授業の邪魔にならないようにと気を使う。子どもたちはウクライナからのオンライン授業を受けており、常に研究所にいる。できるだけ授業の妨げにはなりたくないので、訪問前にはよく授業の予定を聞くようにしている。

「12時」

授業中であるはずが間髪を入れずに届いた子どもからの返事。随分早く終わるものだと思いつつも、12時過ぎに訪問する。午後授業がないのなら、買い出しに同行させるか、または宿題を手伝ってあげるか、英語やポーランド語を教えるか。いずれにせよ少し父を演じさせてほしい。

「今日は授業午前中だけだったの？」

「なんで？」

「だって、最後の授業は12時までだって言ってたじゃん」

「あ、あれ嘘～」

眉をしかめた私に対し、口の端を片方だけ上げてにっこりする子どもたち。

「早く来てほしかったから、嘘ついたの」

「こいつ……」

心の中でつぶやいたつもりが声に出てしまった。日本語なのでどうせ分かりはしない。私の反応を気にせず、悪戯《いたずら》っぽく笑う子どもたちの目に罪悪感はない。嘘の裏には期待があったのか。嘘もこうつかれると怒る気にもなれない。

訪問時は音楽の授業が行われていたが、学校に通えている一部の子どもたちに対し、先生が歌の指導をしている様子がパソコン越しに映っている。学校の地下避難施設に収容可能な人数を超える子どもたち、そして外国に避難している子どもたちはみなオンライン授業だが、音楽の授業をオンラインで行うには相当無理がある。先生は通ってきている子どもたちへの対応に手一杯で、つながってはいるもののオンラインで入っている子どもたちはカメラなしで全員音声をミュートにしている。授業に参加しているというより、参観日に来た親のような立場でしか授業を〝見られていない〟。その後の授業は体育だそうで、子どもたちが午前中で授業が終わると言うのもまんざら嘘ではなかったのかもしれない。

後日、授業が中断された際にも訪問した。授業ができない理由を聞くと、学校のインターネットが落ちてしまい、Ｚｏｏｍにはオンラインで参加している子どもたちだけが残されているという。ウクライナ語の授業であったが、先生が不在で子どもたちはただネットの復旧を待っている。放っておけずに私が入り、ウクライナ語の代わりに日本語のあいさつなどを教えた。10分ほど教えると、今度は子どもたちが私にウクライナ語を教えてくれる。冗談を言いながらの授業で、子どもたちも初めて会話する日本人にたくさんの質問を投げかけてくる。子どもたちの笑顔に癒やされながら、この笑顔を守り抜くことこそが大人の責務であると確信できた。

別の日には授業中であるはずなのに子どもからメッセージが送られてくる。聞けば、今週は授業が全くないとのこと。学校のインターネット改修工事が理由だが、パンデミックの際には普通にスマホを交代で使ってオンライン授業を受けていたそうで、戦争によって不安定化しているインフラ設備の問題だそうだ。

9月中旬、その学校には地下避難施設に常備するための菓子を大量に搬入した。1回のミサイル警報で数時間地下に避難しなければならない時もあり、そんな時に1人1つでもクッキーがあれば、恐怖の中の光になるのではないかと先生と話し合って決めた支援だ。

ウクライナの学校ばかりを支援しているが、残念ながらポーランドの公立学校でもオンライン授業に移行せざるを得ないところが出てきた。学校の施設維持が燃料費の高騰で賄えないためだ。ウクライナとは比べられないが、今年はポーランドも寒い冬になるだろう。

いいニュースもあった。ウクライナ軍は9月6日以降、東部ハリキウ州で大きな反転攻勢に成功し、春以降ロシア軍が重要拠点として占拠していたイジューム市にまでウクライナ国旗を掲げたのだ。約８０００㎢にも及ぶ領土奪還であり、日本でいえば兵庫県ほどの広さである。故郷が占領地から祖国に戻った人々の気持ちはいかばかりか。この奪還劇にロシアはもちろんであろうが、世界も度肝を抜かれることとなる。それだけこの電撃的な反転攻勢を予想できた人がいなかったということであり、秘密裏に作戦が進められていたわけだ。

しかし、ハリキウに人を集めるということは、それだけそこに物資が必要になるということでもある。私の友人の中には主な戦闘地域が東部と南部に移ってからも、不思議なほどハリキウに物資を届け続けてきた人がいる。なぜ、ある程度落ち着いているはずのハリキウに？　多くの市民がウクライナ西部や外国に避難し、人口も減っているはずでは？　そんな疑問を抱きながら、発電機や浄水剤等、彼から頼まれた支援物資を何度も車に積み込んできた。写真とともに報告も問題なくあがってくる。反転攻勢があってからようやく合点がいった。ハリキウにそれだけ人が集められていたのであれば何ら不思議はない。

失われた羅針盤

9月30日、突然オルガから電話が入った。普段は事前にメッセージが届き、時間があいたら電話してほしいと伝えてくるので聞き慣れない着信音に胸騒ぎがする。気になりながらも支援が一段落するのを待つ。研究所に避難しているクリシャ、そして娘のソフィアとともにスーパーに行き、彼女らが買い物をしている間に時間ができたので折り返しの電話をかける。電話を耳まで持ち上げるか上げないかのタイミングで、オルガの声が耳に突き刺さる。

「お兄ちゃんが死んじゃった……」

オルガは声を振り絞って私にそれだけ伝えると、あとは涙で会話にもならない。スーパーの駐車場で唇を噛みしめ、彼女に何かを伝えなければと思いながらも「えっ」と反応したきり言葉が出てこない。戦争が終わったらポーランドで会う約束をしていたのに。一緒に寿司を食べようと話していたのに。私の心はウォージャの死を信じることを強く拒否しているが、なぜか涙が止まらない。車のボンネットに振りおろされるこぶしも私の意志とは関係ない。嘘だ。嘘だ。嘘に決まっている。買い物から戻ってきたクリシャは駐車場で泣いている男の姿に困惑を隠せない様子だったが、電話を片手にしている私を見て何かを悟ったのだろう。何も聞かずに車に乗り込んだ。

「悪いけど、帰る前にオルガの家に寄らせてほしい」

もう外は暗くなっている。2歳半のソフィアのことを考えると彼女らを早く研究所に送り届けたい気持ちはあった。クリシャは「いくらでも待てるから、気にしないでオルガに会ってくるように」と言ったが、それが彼女の言える精一杯の台詞だったのだろう。あとはオルガの家に着くまで、彼女の数えきれないほどのため息と私が鼻をすする音だけが車内に響く。

駐車場での電話はあまりにも突然で、オルガには訪問することとさえ伝えられていない。それでも、行かなければオルガが兄の後を追ってしまうのではないかと気が気でならない。家のドアをノックすると、すぐに開かれた扉は、私を中に吸い込んだ。オルガはキッチンの椅子に座り、幼児のように丸くなって泣いていたが、私に気づくと立ち上がり、何も言わずに抱きしめた。そこで初めて、声に出して泣くことを許される。それでも、いくら泣いても気持ちが楽になるわけではない。

「来てくれてありがとう」

どれぐらいの時が流れただろう。彼女は虫の鳴き声のようなか細い声で、そうつぶやくと、私を座らせスマホを見せた。そこにあるのは兄が発見された時に撮られた写真で、場所はミコライウの草原だったそうだ。写真を見て初めて、ウォージャが戦死したという事実と向き合う。戦死してから発見されるまで3日間、どれだけ寒かっただろうか、どれだけ苦しかっただろうか、私やオルガ、そして家族の名前を呼んでいたのかと思うと、逆に即死だったことを願ってしまう。

彼はその日、若い兵士たちとある場所の地下室に隠れていたが、そこにロシア兵が近づいてきていることを察知したそうだ。そこで若い兵士たちを地下に残し、囮になるかのように1人で外に出た。そこで銃撃戦となり命を落としたという。若い兵士たちはその後も地下室に身を潜め、九死に一生を得たそうだ。ウォージャは、若い兵士のために九死全てを自分で抱え込んだことになる。

彼は数ヵ月前、私に軍服の腕章を託していた。そこには「Рабів до раю не пускають（ウクライナ語で「隷属的な者は天国に導かれず」の意味）」と書かれている。軍人にとって腕章は武器や医療品の次に大切なもので、常に身に付けているべきものだ。そのようなものを受け取った私は、彼が戦後に取りに来るまで預かっている気持ちでいた。しかし、9月27日を最後にそれは遺品となり私の手の中に残ってしまった。

その日は眠れず、以前リヴィウからいただいたトレーナーに腕章を縫い付けた。今後は、この腕章とともに私はウクライナのために戦い続ける。決してウォージャは戻ってこない。彼の子どもたちや家族の悲しみは決して癒えない。それでも、彼の戦死を無駄にしないためにも、この犠牲を未来につなげるためにも、私たちはウクライナのために戦い続けなければならない。それをウォージャも天国から願っているに違いない。彼が命をなげうってまで成し遂げたかったウクライナの平和を、その夢を、生きている者が引き継いでいかなければならない。いつか、彼の墓前でウクライナの平和が実現できたという報告ができるその日まで。

彼の分も動かなければ……。そう考えながらも数日間は放心状態となり、全く何も手につかなかった。今後も支援を続けていけば、こんな苦しみにまた襲われるだろうと思うと怖くてたまらなくなる。それでもウォージャの分もウクライナを支えていくという意志、そして憎しみや恨みは決して私を戦前の状態に戻すことはないだろう。息ができなくなるほど苦しく、この7ヵ月で最も激しく泣いたが、遺体が発見されたことへの安堵も同時に感じていた。少なくともウォージャは行方不明にはならず、捕虜にもならず、やっと彼の愛した家族のいる故郷へ帰ることを許された。

そして私は、彼の安否を気遣う日々からも解放されてしまった。胸に強く深く突き刺さっている矢は今までに感じたことのない激痛をもたらすが、それは彼が残した家族に対する心配が重なっているためだ。痛みを感じられるだけましなのだろう。ウォージャは今後、そんな痛みさえも感じることはできないのだから。痛い。苦しい。それは私がまだ生きているということ。まだ動けるということだ。

ウォージャ、君が求めた自由な祖国を、平和な故郷を、そして戦後ともに過ごせる家族を。そのどれも見ずして君は旅立った。平和ではなく、私たちの苦しみだけを残して。近い将来、君の墓前で、君が守りたかった平和は達成されたという報告ができるまで、決してあきらめないことを誓おう。いつかそっちで若い君に再会した時、私は君よりずっと年を取っているだろう。その時、君の戦いを引き継ぎ、そして完結させられたことを、恥じぬ戦いができたことを伝えたい。分かっている。君は僕が悲しむより、冥福を祈るより、妹や残した家族を励ますことを願っている、と。涙を流す暇があれば、次の支援を考えろ、と。それでももう少し、もう少しだけ、君のことを考えさせてほしい。

第七章
越冬支援の開始

2022年10月27日、ウクライナ・テルノピリ州のクレメネチ小学校の地下室。やはり、「光と暖」が必要だ

「自由のためには魂も体も捧げ」

戦友を失った苦しみが癒えぬまま迎えた10月。時間が経てば癒えていくはずの心の痛みも、ウォージャがいない初めての月を迎えてしまったことで虚しさは激痛に変わる。前日は失意の中にありながらも、まだ彼の魂とともにいる感覚を持っていたが、10月にはその魂を連れてこられなかった気がしてならない。

寝ても覚めても頭の中で繰り返されるのはウクライナの国歌にある「自由のためには魂も体も捧げ」という歌詞だ。普段から口ずさんでいた国歌も、今では彼の顔が頭に浮かび、涙声になり歌い続けることとさえ許されない。何事もなかったかのように時を刻み続ける時計、空を自由に流れる雲、いたずらに瞬《またた》きをする夜空の星にさえ苛立ちを感じてしまう。

彼がいなくても世界は回り、時は過ぎ、戦争は続く。世界の大多数の人にとっては、彼がいてもいなくても何も変わらない。その事実はまた受け入れがたい痛みとなり私の胸を締め付ける。まるで、これ以上絞れない雑巾に力が加わり、糸がぷちぷちと切れるかのように……。人生は生きた時間より、限られた時間で何を残したのかが大切だという。その通りだ。だが、それでも生きてほしかった。この戦争でたくさんのものを奪い続けるロシアによって、私が与えられたものは頬を濡らし続ける涙と、自分でも驚くほどの怒りだけだ。

多くの人が消え、生活も破壊されれば、私たちの心は挫かれ停戦を求めてくるのではないか。恐らくロシアはそう考え、多くの命を殺《あや》め続けている。しかし友を殺され、私のロシア軍に対する憎しみは増す一方だ。挫けるどころか、心はウクライナへのより濃い連帯感に染まっていく。

今まで命を奪われた人々は、ニュースで数としては扱われるが、その裏で数字では表しきれない悲しみと憎しみが生み出されている。自分の友が殺されたことでここまで憤《いきどお》りを感じているが、まさかウクライナはこの7ヵ月、毎日こんな悲しみの津波に襲われ続けてきたのか。そして、今後も血は流され続ける。それがウクライナの反発と強さにつながっていることを、まだロシアは理解できていない。

逆に、同じような悲しみがロシアでも広がれば広がるほど、戦争が早く終わるだろうと期待さえしてしまう。ロシア軍が自国軍の遺体を回収せずに放置し、行方不明扱いにしている理由、多くの戦死したロシア兵が、導入されている移動式火葬車で消されてきたであろう理由、それは行方不明扱いとし、遺族年金を支払いたくないからだけではないだろう。家族を失った人の憎しみがロシア政府に向くことを恐れているからに他ならない。

同じ死でも家族や祖国を守るための死と、侵略戦争での死とでは残された当事国に湧き起こる感情の力量と方向性が大きく異なる。守るものがあるウクライナは、いくら兵が倒れたとしても戦い続けるだろう。戦争における憎しみはさらなる憎しみしか生まない。その憎しみが次の殺戮につながる。しかし、そんな理屈も遺族にとってはただのきれいごとにすぎない。私もただひたすら友を奪ったロシアが憎く、理屈だけでこの感情が薄れることはないだろう。

今まで、直接知らない人が戦死したという話は慣れてしまうほど聞いてきた。悲しみは感じたが、ウォージャを奪われたほどの痛みではなかった。戦争であれば初めから人が死ぬことは分かりきっている。友が殺され初めてこんな気持ちになるなんて……。今後はもっと一人ひとりの命に正面から向き合わなければ人間として恥ずかしい。

今まで送ってきた医療物資も、それを使って助かったという話ばかりに集中し、その裏にある数えきれないほどの犠牲を見ないようにしてきた。結局、ウクライナに寄り添うと口にしながらも、どこかで他人事だったわけだ。友が死ぬまで気づけなかったことに対し、今からでも全ての犠牲者とその遺族に謝罪したい。

戦争に行くということは、死と常に隣り合わせであるということ。それが分かっていながらウォージャは戦場に向かい、送り出した私たちも常に彼を失うことについて意識はしてきた。にもかかわらず、ここまで彼の死を受け入れられないのはなぜなのか。やはり覚悟ができていなかったからなのか。今まで、どれだけの人が殺されても、どこかでウォージャは大丈夫だという自分勝手な確信のうえに生きてきたからなのか。戦後、ポーランドで一緒に寿司を食べられると信じていたのは〝私たち〟ではなく、〝私だけ〟だったのかもしれない。

周りで多くの戦友の、そしてロシア兵の死を見届けてきた彼も、どこかで自らの死を意識してきたはずだ。それでも家族を守るため、祖国を守るために戦い続ける覚悟は揺るがなかった。このようなウクライナのお父さんたちが多い中、ロシアがいくら核でウクライナを脅したとしても士気に影響は出ない。核で死んでも、銃弾に倒れても、ミサイルで殺されても、死は死。生を投げ出す覚悟をした彼らの強さは計り知れない。

ウォージャの本名は大統領と同じウォロディミル。本書を書き始めた頃、私は前線にいる個人が特定され、友に危害が及ぶことを避けるため、彼の正式なコードネーム「トゥリスト」という名で書き進めた。その後、全て本名に書き換えた理由は彼の安全について考える必要がなくなってしまったからだ。できることなら、コードネームで書き終えたかった……。

これからは同い年の彼を残し、私だけが年を取っていくことになる。彼は私の机の上にある写真から年を取ることはない。今後、彼の子どもたちにはとくに気をかけながら、私に与えられた残りの人生を歩みたい。お葬式のためにウクライナに向かう妹オルガ。ウォージャの子どもたちには長い手紙を、17年間人生をともにした妻ガリーナには靖国神社の桜の置物を、そしてウォージャには国旗と同じ黄色と青の花で飾られた巨大な献花を彼女に託した。彼の亡骸《なきがら》を乗せた車両はリヴィウを出発し、約50㎞離れた家族がいる町ズビフ・ミストへ。歩道では誰もが膝を突き、英雄を見送る。

お葬式が終わっても気持ちになんら変化は現れない。ただ、そんな中でも1つだけ言えることがある。私はウォージャと組み、多くの人を救えたことを心の底から誇りに思う。彼だけでも、または私だけでもこんなに多くの命は救えなかった。葬式で彼の人生でともにあった人々の名前が読み上げられた際、最後に私の名前が出たことにオルガ自身が驚いていた。誰が私の名前を入れることを提案したのか分からないが、それは彼が人生最後の協力相手として私を選んだということを意味する。だからこそ、彼から預かった命のバトンは今も、そしてこれからも私が預かるべきなのだ。友よ、安らかに眠り、天から今後の私のあがきを見守ってくれ。これからも、君が愛したウクライナの人々を助け続けるから。

薄まる関心との戦い

10月には長野県を中心に、ウクライナの現状を知ってもらうためのビデオ講演会が始まった。この講演会を推進しているのは「千曲市ウクライナ避難民を支える会（代表 竹下雅道。稲荷山養護学校教諭）」で、クラウドファンディングで資金を募り、長野県下の小中学校の教員向けに2万5000枚ものチラシを配布。約10万人の子どもたちにウクライナ支援の現状を伝えることを目標にしている。長野県教育委員会の後援もついたこの企画で、私が行ったことは、

15分と30分のビデオ講演を録画しただけだ。あとは竹下氏をはじめとする支える会のみなさんの手で、多くの日本の子どもたちに届いていく。動画にはウクライナの子どもたちとのインタビューもあり、同じような年代の日本の子どもたちにとっては、戦況などのニュースとは違った感覚でウクライナについて考えてもらえる。そこから、ウクライナの平和のために自分たちは何ができるのかということだけではなく、将来の日本、そして世界の平和についても考えてほしい。それを担っていくのはまさに今の子どもたちだからだ。

その後も支える会の活動は疲れを知らない。ウクライナの子どもたちが描いた絵画を長野県坂城町に送り、展示会が開かれた話は前章で述べた。支える会はそれを発展させ、日本全国で巡回展を展開したのだ。「今、平和への願いを伝えたい」と銘打った絵画展は10月末から年明けにかけ、長野県内だけで8ヵ所を巡る。子どもたちの平和への想い、日本への感謝を投影した絵画を、ぜひ多くの人に見てほしい。

メディアや社会の関心が薄れる中、ウクライナの戦況は好転するどころか、全土が電力インフラなどへの無差別攻撃にさらされている。精密攻撃をしていると言い張るロシアのミサイルは首都キーウの遊び場に巨大な穴を開ける。悪魔の仕業《しわざ》としか思えない非道な攻撃に対し、ウクライナの心は折れるどころか、より団結の度合いを強め、ヘルソンでの反転攻勢も止まらない。悲劇は怒りを生むが、その怒りは時として人々をまとめる力にもなる。いくらウクライナを物理的に破壊できたとしても、決してウクライナの人々の心までは破壊できないということをこれからも示し続けなければならない。ロシアに対してだけではなく、支援をしている欧米各国に対しても、である。

絵を描いてくれた4人姉妹の学校から写真が送られてくる。そこに写っているのは小学校の地下室でジャンパーを着た子どもたちが所狭しと座っている様子だ。

「ここ数日は毎日何時間もこんな感じで、授業どころじゃないの……」

そんな先生の苦しい胸中が写真に添えられている。写真にある地下室は電気が通っているからまだいいものの、ウクライナ国内には電気も水もない地下室に避難しなければならない人々がいる。支援物資としてろうそくを買いながら、怒りと悲しみと絶望感にさいなまれてしまう。それでも子どもたちの様子を思い出すと、動かずにはいられず、不退転の決意を胸にする。現在ロシアに占領されているウクライナ最南端のクリミア半島は、北海道最北端の稚内《わっかない》と緯度を同じくする。ウクライナの冬は、私たち日本人が想像するよりもずっと寒い。

電力インフラの破壊により、ウクライナでは交通事故死も増加している。今まで街を照らしていた街灯に電気が通らなくなってしまったためだ。それでなくとも、前線に物資を届ける車はロシア軍に位置を特定されることを避けるため、地域によっては夜の無灯火運転しかできない。そんな車の運転手に必要な支援物資が、暗視ゴーグルである。頭からかぶるようにゴーグルを装着し、それを通して前方を見ることで、暗い道でも視界が開ける。

運びたくても車がない。救いたくても物資がない。学びたくても電気がない。そんなウクライナに車を入れ、医療物資を届け、発電機を運ぶ。支援はまるでウクライナ全土に張り巡らされたネットワークのほころびを一つひとつ繕っていくようだ。このネットは人と人とが手を強くつなぎあうことで成り立っている。ネットが強ければ強いほど、より多くの命をその下に落とすことなく、包み込み、救うことができる。私は右手をウクライナと、そして左手は日本とつないでいる。

日本を離れて12年、それでも私の基盤は日本にあり、故郷の長野にある。だからこそ支える会は日本全国で絵画展を開催し、私の支援を後押ししてくれている。ネットワークとなるこの手の力をもっと強く、そして決して離さないよう日本からもより多くの人に握りしめてもらいたい。

「Зовсім не обовʼязково мати крила, щоб літати, треба мати в житті людей, які впасти не дадуть」（飛ぶための翼を持つ必要はない。人生で必要なのはあなたが落ちないように手を差し伸べてくれる人たちだ）という言葉がウクライナの諺にある。

物と人と音楽と

10月の第1週に入れたものはほぼ全て越冬支援物資だ。上着、ズボン、靴下、手袋、レギンス、靴などの防寒具、420本のガスボンベ、発電機、薪ストーブ……。それに加えてウクライナに入った1人の日本人がいる。彼の名は中村天平《なかむらてんぺい》という。ピアニストであり作曲家である彼といつ知り合ったのかは覚えていないが、最後に会ったのは約4年前だ。何度か会っているとはいえ、戦争が始まってからウクライナを支援する同志として再度〝出会った〟というのがより正しい表現だろう。ウクライナ支援で現地まで来てくれる日本人は多いが、音楽を〝搬入〟する人は初めてだ。天平さんにはウクライナツアーの中に、今まで私がしてきた支援においてとくに関係が深いウクライナ西部の街リヴィウ、グリニャニ、そしてクレメネチにコンサートに行ってもらった。全土への無差別インフラ攻撃が始まった10月10日には、キーウの地下避難所で人々に音楽を届けた。

音楽。物資と違って使えるわけでも、食べられるわけでもない。聴いてお金になるわけでもなければ、ロシア軍を撤退させることもできない。しかし言葉も必要ない芸術は時として、どんな支援よりも人々に希望を与えることがある。それが遠く離れた日本からであればなおさらだ。コンサートホールにウクライナ国旗と並んで掲げられた日章旗。その前で日本人の伴奏に合わせて会場を震わせるウクライナ国歌は、私に久々に悲しみではない涙を届けてくれる。

ポーランドでもいくつかのウクライナ支援コンサートをしてもらう。そのうち1つは地元の小学校で行われ、そこにはウクライナから来た125名の子どもたちが通っている。対するポーランドの子どもは46名しかいない。戦前は児童の減少で統廃合の対象になっていたものの、ポーランドに多くの避難民が押し寄せたため地域全体のウクライナ児童受入校となり、ある意味復活したと言える。ここでは多くのウクライナのお母さんたちも働き始め、その1人が第三章で登場し、避難所滞在中にウクライナ人を集めてポーランド語講座を始めたクリビーリフ出身のオクサナである。その後も彼女の家族を支援し続けており、もちろん、そのつながりから今回のコンサートが実現したことは言うまでもない。

コンサートには通訳として入ったつもりが、オクサナをはじめ私がウクライナ国歌を歌えることを知っている人が何人かいたのは誤算だった。彼らにかつぎ上げられ、期せずしてウクライナ国歌をウクライナの子どもたちの前で独唱することになってしまった。日本人の伴奏で日本人が歌うウクライナ国歌。聴きながら途中で泣き出してしまう男の子。もしかしたら、彼の父は戦場にいるのではないかと思いながらも、あえて聞くことはしない。中にはピアノを初めて見たという子どももいる。彼らはウクライナ全土から来ており、主要都市として戦前からそれなりに名の通った街からだけではなく、ジトミル、イルピン、ヘルソン、ブチャ、ザポリージャ、ミコライウ、チェルニヒウなど、戦争が始まってからよく耳にするようになった地名も多い。

音楽、それは支援金の減少とは全く関係なく届けられる支援の1つだ。今はまだ越冬支援に全力をあげるべき時期だが、近い将来復興支援に移れるのであれば、音楽に1つの力点を置いた活動も行っていきたい。

中村天平。彼が10代の頃、阪神・淡路大震災で被災した経験は、今ウクライナの人々に寄り添う力となった。この子どもたちもつらい経験を追い風に、人生の船を前に進めてくれることを願う。それができるということを語るだけではなく、示すだけではなく、音楽にして聴かせることで彼らを今の状況から引っ張りあげたい。ウクライナ支援の同志。それは平和という願いを共有し、ともに行動する者たちのことをいう。それが日本人であることに、このうえない安心感を覚えてしまう。

1830年、ポーランドが生んだピアノの詩人ショパンは、パリへ向かう際に祖国ポーランドでロシアの圧政に対する11月蜂起が起こったことを知り、怒りや葛藤をぶつけて『革命のエチュード』を書き上げた。その傑作がその後もずっと、ポーランド人に勇気を与えてきた事実を今一度思い出す。

13歳の手紙

11月16日、ウォージャの永眠40日目、この日は仏教であれば四十九日にあたり、ウクライナでは「四十日祭」と呼ばれる。キリストが復活して40日目に昇天したことに由来し、教会などで礼拝が開かれる。妹のオルガがウクライナ入りするため、それに合わせて防寒具（60万円分）、携帯式発電機15台（7万円分）、食料（10万円分）、ガソリン発電機3台（21万円分）、ロウソク１３０本（1万６０００円分）、その他子どものおもちゃや自転車、服などを搬入車両に詰め込んだ。これらは主にウォージャから最後に託された物資リストに基づいた支援で、これをもって亡き友との間で実現可能な約束は全て果たされてしまったことになる。達成感は全くない。できることなら、もっと協力を続けていきたかった。そして彼が残した決して叶わない約束として、戦後ポーランドで勝利を祝い一緒に寿司を食べるというものもある。

しかし、これらはあくまで私と彼との間でのみ交わされた、ある意味生きてもらうために私が彼に押し付けた約束にすぎない。それよりももっと大切な約束がある。それは生前、彼が2人の子どもたちと交わしたものだ。戦争が終わったら息子のマクシム（16）にはスマホを買い、娘のイリーナ（13）とは一緒に寿司を作る。子どもたちとの約束を果たさぬまま逝ってしまった父親……。マクシムのスマホは当時電話もできない状態で、母でありウォージャの妻ガリーナは息子を学校に送り出す度に、ミサイルが飛んで来ても連絡さえとれないと心配していた。ここまで書いてしまえば私のとった行動は先読みされてしまうことだろう。その想像通り、私はガリーナと相談のうえ、マクシムのためにスマホを購入した。私は常に君とともにある、とのメッセージを添えて。友が残した2人の子どもたちを、同じように残された私たち大人は決して見捨てない。葬儀では多くの人が、つらい時はいつでも力になる、と遺族に対して声をかける。

しかし、ウクライナでは日常と化した葬式で、そんな言葉はほとんど社交辞令になっており、時が経つにつれ少しずつ人は離れていく。それでもまだ失ったものがウクライナの人々に比べて少ない私なら、彼らを支え続けたいという言葉が社交辞令ではないことを示し続けられるのではないか。いや、示していかなければならない。その思いをまず形にしたのが、日本の父としてマクシムに贈ったスマホだった。ガリーナから後日送られてきた写真で、私は初めてマクシムの笑顔を見た。子どもたちとはポーランドに避難していた際に何度か会っていたが、一度も彼らの笑顔を見たことはなかった。写真の笑顔はぎこちなく、母親に無理やり笑顔をつくらされているであろうことは想像できるが、それでも嬉しい。次は娘イリーナの笑顔を引き出したい。彼女は父親を失ったショックで葬式にさえ参列できず、1人家に残り、ノートからページを1枚破り取ると私宛に手紙を書いた。

「支援、そして寄り添う心をありがとう。お父さんはこれからもずっと私たちと一緒にいてくれるでしょう。私の家族を、そしてウクライナを支えてくれてありがとう。お父さんは楽観的な人でしたから、私たちがいつまでも悲しんでいることを望まないでしょう。それに、これからもずっと私たちの心の中で生き続けます。お父さんは誠実な人でしたから、私たちの将来のために命を捧げました。しかし、それはお父さんが完全に消えたわけではありません。全てうまくいきますように。ウクライナに栄光あれ」

13歳の少女が1人で思いをぶつけたその紙切れに触れ、何度も何度も読み返す。ウクライナ語の筆記体で書かれただけではなく、震える文字は正直読みづらい。しかし、これは全て私の心にとどめておかなければならない。「お父さんが完全に消えたわけではない」、それはその父が、人生の最後に手を取り合った日本人が証明していくべきだろう。生前ウォージャに託された腕章がある。あれは万が一のことを考え、父の役割を私に託したのではないかと思えて仕方がない。イリーナのために寿司作りセットを購入したのは、この手紙を読み、涙が乾ききらないその日の夜だった。今年はお父さんがいない初めてのクリスマスを迎える子どもたち。大丈夫。それでも絶対にサンタは来るよ。君たちだけじゃなく、私の心の中にも君たちの父は生き続けるから。

翌日、研究所に支援物資を持って行くとターニャが泣いていた。料理をしていたので玉ねぎを切ったせいだろうと勝手に考え、子どもたちに物資搬入を手伝わせる。落ち着かせようとお茶を飲ませても、涙が止まらないターニャ……。そこで初めて、何かがあったことを悟る。

「今日、アンナのゴッドファーザー（実父ではなく、カトリック教会における洗礼時の代父《だいふ》）が戦死したの。この前の火曜日に話したばかりなのに」

またか……。支援を続けていけばいくほど、死と向き合う回数が増えていく。それでも立ち止まれないのは、支援をやめたら私に届かなくなるだけで、その回数はもっと増えるだけだから。すでにターニャの街クレメネチからは７００人を超える男性が戦争に行っている。

「うちの街から男がいなくなる……」

葬式のたびにターニャはそう繰り返し嘆く。

悲しみの中で得た励ましもある。11月10日、「信毎選賞」の受賞が決定した。これは長野県の信濃毎日新聞が、毎年文化やスポーツ活動などを通じて社会に貢献した個人や団体に贈っているもので、１９９６年から始まり今年で27回目を迎える。もちろん、私はウクライナ支援に対してこの賞にノミネートされたわけだが、そこに行きつくまでにたった8ヵ月半しか支援活動を行ってこなかったこと、そして何よりウクライナでの平和が達成できていないことから、受賞することに躊躇《ちゅうちょ》もあった。

しかし、そんな葛藤をかき消してくれた理由がいくつかある。まずはこの賞の趣旨にある「将来なお一層の活躍が期待できる」という文言。つまり、これは今後の活動を見越して与えられる賞であるということだ。そして副賞としていただける30万円だ。時は越冬支援の真っただ中、支援金も減ってきている中で30万円あれば発電機を5台買ってウクライナに送ることができる。それは5人に対してではなく、5つの避難所、または学校に送ることになる。

副賞としての賞金もウクライナに回すのか、という声もあったが、この賞の主体はあくまでウクライナの人々だ。いただいた金色の表彰状よりも、もっと光り輝くウクライナの子どもたちの笑顔が見たい。その笑顔を作り出すには、電気が必要で、電力インフラが攻撃されている今、発電機は絶対に必要だ。もちろん、受賞がメディアで取り上げられればウクライナへの関心も今一度高まるかもしれない。そのような理由から、まさにこのタイミングでの受賞は越冬支援にとって大きな追い風となった。

こっちの光とあっちの光

Aで始まる名前の4人姉妹を含め、ウクライナの子どもたちを預かり、時々気持ちの切り替えとして遠足に連れていくことがある。動物園も、ラーメンも、プールもそしてカフェも全てが彼らにとって初めての経験だ。ポーランドで、というわけではない。田舎に住み、自分の街さえ出たことがない彼らにとって、ほぼ全ての体験が人生で初めてのことだ。

子どもが増えるとさすがに5人乗りの自家用車には乗り切れず、物資搬入用に以前購入した8人乗りの車両を手配することがある。こちらは日本コカリナ協会（会長 黒坂黒太郎）からいただいた支援金で購入した車だが、所有者はオルガで、保管場所も彼女の家だ。車を貸してほしいと頼むが、彼女は、そもそも車両は日本からの支援物資だと考えており、私が必要な時にはいつでも使うべきだと言う。そのため5人以上のウクライナ人と移動する時には何度か利用させてもらっている。

購入したのは8月の初めだったが、私が初めて運転したのは11月になってからで、7人の子どもたちを連れ、ワルシャワ南部にあるヴィラヌフ宮殿で行われていたイルミネーションの祭典に行った時だ。車の中で久しぶりの遠足にはしゃぎ続ける子どもたち、彼らの瞳はまるで小さな天使たちがこの世に下りてきたように輝いている。一方の私は天使たちに目を向ける余裕はない。母親たちから多くの子どもたちを預かり、初めて運転する車のハンドルを握り、それも高速を走るという緊張感で内心汗だくだ。

ウクライナではその日も全土でロシア軍の攻撃の影響により計画停電が敷かれており、子どもたちの故郷では夜でも電気が通っていない。そんな中、イルミネーションを楽しんでいる彼らを見て、感じるのは喜びよりも、ウクライナに残された他の子どもたちをここに連れてこられない悔しさだ。走り回る子どもたちを尻目に、私の心はウクライナにある。祖国に残るこの子たちの家族や先生、そして友だちは、彼らが楽しむ様子を写真で見てどう思うのだろう。嬉しさ？　悲しさ？　やるせなさ？　それとも羨ましさ？　彼らの日本に対する信頼は眩しすぎるほどで、ゆえに言葉の裏にある彼らの苦悩が見えにくくなる時がある。4人姉妹が通っていた学校に在籍している子どもは460人。私個人ではここにいる子どもたちと同じだけ彼らの信頼に応えられるほどの光を届けられる自信がない。私1人であれば、である。

聞かなくても、話さなくても分かっている。少女たちの学校の英語教師リュドミラ（46）とは英語でやりとりできることもあり、子どもたちが想像できないほど密に情報交換を続けている。だから私は、ウクライナの学校がどのような状況で、何に困っていて、どんな支援がこれから必要なのかもよく分かっている。そして、今帰国させたらこの子たちにどんな環境が待ち受けているのかも……。

長いやりとりの中で、聞かなくても話さなくても分かっていること、それは学校の先生は外国に逃げたくても、そして逃げられたとしても精神的にそうできないような環境にあるということだ。だから私は、リュドミラにポーランドに避難する気はないのか、なんて決して提案できない。子どもたちを置いて先生が逃げたら、残された子どもたちはどうなるのか。戦争が終わって学校に戻ったら、逃げられなかった子どもたちからどのような目で見られるのか。先生たちがそれを想像していないわけがない。とくに、リュドミラのように100人の母のような先生なら。

一度だけ、11月3日にウクライナから避難してきた学校の先生に会ったことがある。彼女は名をクリスティナ（37）といい、15歳と14歳の娘とともにポーランドに来ている。はっきりしたことは分からないが、恐らく娘がいることが避難を決めた第一の理由ではないだろうか。彼女の夫は今、最前線でロシア軍が日々攻略しようとしているバフムトで戦っている……。

私はリュドミラの教え子たちを預かり、彼女に代わり英語を教えている。彼女の学校に代わり子どもたちを遠足に連れていく。その様子を見て喜んでくれるリュドミラ。

でもリュドミラ、君は心の中で、私や子どもたちと一緒にここにいたいと思っているんじゃないのか？　安全で、光もあり、暖かい宿があるこの土地に。夫と死別し、一人娘は外国に留学している。そんな君をウクライナに留めるものは何なのか、いつか聞いてみたい。気づいているよ。いつも送ってくれる写真から少しずつ消えていくのは、子どもたちの笑顔だけじゃないことを。

その葛藤を解消するため、リュドミラとの連携で今まで多くの支援物資をウクライナのクレメネチ小学校に搬入してきた。最近届けた物資の1つに200本以上のろうそくがある。これは発電機を入れられるまでの慰めにしかすぎないが、電気がない学校の地下に子どもたちが避難しなければならない時、そこにささやかな希望を届けたかったからだ。

そして月末にはリュドミラに、こんなメッセージを添えてガソリン発電機の写真を送った。

「僕は次の搬入で君の小学校に『光と暖』を届ける。だから僕に、そして日本に、お返しに君たちの笑顔を送ってほしい」

発電機は、ウクライナ全土で必要とされており対応しきれない。そこで以前医療物資の確保においてご支援いただいたフェリシモこども基金に再び支援を要請した。今回も資金拠出を決めてくれ、ガソリン発電機30台近くを搬入できることになった。問題はポーランドで極度の品薄状態にある発電機をどう確保するのか。そしてその30台をどう配分するのか。

大きい都市であればそれだけ発電機が必要になるだろうと思われがちだが、必ずしもそうとは限らない。大都市は世界に声を届けやすく、それだけ支援が集まりやすいうえ、交通の面からも支援を受けやすい。地方に比べれば、まだ財政的な余裕もあることを考えると、むしろ深刻なのは地方である。ウクライナの都市を比較すると、西部のリヴィウは多くの避難民が押し寄せていることから軽視することはできない。発電機を送れる目途がついた時点で、30台のうち半数程度はリヴィウに入れるのが妥当だろうと考えながら、リヴィウ市議会の友人ヴィクトリアに連絡を入れる。

「発電機、必要だよね？」

「うん、ものすごく！」

「いくつ？　できるだけ早く、リヴィウ市内の小学校に搬入したいんだけど」

「127校。可能であれば学校の数だけお願いしたい」

正確な学校数が頭の中に入っていることに驚きながら、その数にもっと驚く。私の考えが足りなかった。15台ぐらいを、なんて考えていた自分には現実が全く見えていなかった。ヴィクトリアとの会話では準備できる台数について約束はせず、ある程度集まった時点でリヴィウから物資を引き取るための車を私の自宅まで出してもらうことが決まった。会話が終わってからも電話を握りしめたまま、リビングをぐるぐると歩き回る。127……。127……。その途方もない数を口にするたび目の充血がひどくなる。127台用意できたとしても、それでカバーできるのはリヴィウの学校だけだ。それ以外にもリヴィウの2倍の人口を抱えるウクライナ第2の都市ハリキウやウクライナ最大の港を擁するオデーサなど、他の街からも要請がある。30台も送れると浮かれていた自分は過去のものになり、「127台さえ」という言葉が私の頭をガンガンたたき頭痛がしてきた。発電機が30台買えるという状況にはなんら変化はないものの、電話1本でここまで見方を変えさせられるとは思わなかった。後日、もう1つの数字が私に降りかかり、やりきれない絶望感が頭をもたげる。リヴィウにある幼稚園数、118。中学高校の数は聞かないようにしている。それでも、とにかく前に進むしかない。本格的な冬が来る前に、1校でも多く。

全く支援をしなくても、ウクライナから不満は出ない。そもそも、支援する義務など私にはないのだから。しかし、支援をすれば不満も多く私にぶつけられる。発電機を例に挙げれば、受け取れなかった学校の関係者は、程度の差こそあれ確実に不平を漏らす。なぜ私の学校は配布リストに入っていないのか。どうして隣の学校のほうが早く届いたのか。うちの州には支援はないのか。全ての支援先が暗闇に包まれていれば、逆に不満も出ないだろうに。

私への苦情は甘んじて受け入れるが、ウクライナ側で私が協力している人々が傷つくことは断じて許さない。とくに行政関係者ではなく、個人の善意で動いているような友人たちに対しては。一縷の理を拾うなら、戦争のストレスで誰かに不満をぶつけたくなる気持ちも分かる。そして私も、最初から全員を救えない前提でこの世界に足を踏み入れている。それでも支援すると決めたのは、他でもなく私自身で、全ての現実を受け入れる覚悟があるかないかの問題だ。

もちろん、発電機に重点を置くといっても、搬入している物資はそれだけではない。地下室で充電ができるような小型の手動発電機、絵本、座布団、そして気を紛らわすことができるカードゲームなどなど……。それらの物資が届いたという報告とともにウクライナから送られてくる写真を見ると、以前に比べずっと子どもたちの笑顔が減っている。暗い、寒い、怖い。そんな環境に置かれている子どもたちに笑顔を求めるなどわがままだと分かっているものの、心のどこかでそれを求めてしまう。

大ニュースとなったわずか1発

11月15日、ポーランド領内にミサイルが着弾した。ＮＡＴＯ加盟国で初めて2名の犠牲者を出す。一時緊張が走ったが、メディアも政府も、そしてＮＡＴＯも冷静だ。戦禍がポーランドに拡大することを恐れた人々が、開戦当初のようにＡＴＭやガソリンスタンドの前に長蛇の列をつくることもない。本件を大きく取り上げていた日本のメディアとは見事に対照的なまでの落ち着きぶりだ。

その理由は簡単で、ポーランドでは多くの人がいつかこのような事態になるだろうと想定していたからだ。今までだって、何度もポーランド国境から近いウクライナ領内にロシアによるミサイル攻撃があり、最近はその命中精度も落ちてきていることは周知の事実だ。今回ＮＡＴＯ加盟国内で犠牲者が出たことは深刻ではあるが、ウクライナはこの9ヵ月、毎日これ以上の惨劇にさらされてきた。日本のメディアの取材に答えながら、ウクライナでの１００発より、ポーランドへの１発がこうも注目されるのかと違和感を覚えてしまう。

再び雪の季節へ

11月19日、初雪を観測。夜6時半、同様に白い世界となった姉妹都市グリニャニから3人の男たちがやってきた。彼らの目的は防寒具（180万円分）を引き取ること。2度出国申請をしたが却下され3回目にして、ようやく許可が出たという。1人は副郡長のアンドリーで、3ヵ月間の許可を得ている。つまり、今後3ヵ月は自由に国境を行き来することができ、物資の搬入もしやすくなるわけだ。越冬支援が本格化する中、彼が自由に動き回れるようになったことはありがたい。

3人というのにもわけがある。物資が不足するウクライナでは、強奪も起きているのだ。先日はポーランドからオデーサに防寒具を運んでいた車両が襲われ、運転手の命と段ボール2箱が奪われた。残りの2箱が残されたのは、持っていけなかったのか、または強奪犯の情けのかけらか。いずれにせよ1人での搬入には危険が伴う。

アンドリーは、私に会うなりスマホを見せる。荷物を積んだらお茶を飲む間もなくとんぼ返りすると聞いていたので、よほど見せたいものがあるのだろう。そこに映っていたのは最近グリニャニに落ちたロシア軍のミサイルだった。スマホの画面には小さく映るが、なんと長さは12メートルもあるという。ウクライナ軍が迎撃したもののそのまま落ちてきて、不発弾となった。とはいえ迎撃の爆風で学校の窓が割れるなどの被害が出ている。今までパソコンなどを送って支援してきた学校だ。早朝で子どもたちが登校する前であり、人的被害がなかったことは不幸中の幸いだ。ミサイルは弾頭が抜かれた核ミサイルで、このような物は当時ウクライナ全土でも3発しか確認されていない。

「で、不発弾はしばらくウクライナ軍に回収されずに、その後数日間はそのまま学校から遠くない落下現場に残されたんでしょ？」

突然会話を引き継いだ私に、アンドリーはその場でひっくり返る。

「知ってるよ。いつ落ちたのかも。どこに落ちたのかも」

そう、この話はすでにグリニャニ出身の避難民クリシャから落ちたその日に聞いていたのだ。というのも爆音でたたき起こされ、真っ先に現場に駆け付けたのは彼女のお父さんだったからだ。危険だからと妻レシャ（53）が止めるのも聞かずに飛び出し、しばらくするとミサイルの破片を記念として持ち帰ったそうだ。

「まったく……。私のお父さんたら何考えているんだか」

そう言うクリシャに大げさにうなずきながら、私でも同じことをしていただろうと思うと、クリシャの顔が見慣れた妻の呆れ顔と重なる。

クリシャの父アンジェイ（52）には今まで2度会ったことがある。彼は以前、1ヵ月の出国許可を得て2度ポーランドに来ていたからだ。アンドリーと同じように、出国許可には、ウクライナに支援物資を運び込む義務が付随する。それはつまり、私が支援物資を買えなければ彼も出国できないということを意味する。

娘で開戦当初からポーランドに避難しているクリシャは強い。本当に必要な時にしか私に支援を求めず、極力自立しようとしている。ゆえに助けてほしいと連絡が来る時は決まってすでに状況が深刻化している。彼女が涙する姿も数えるほどしか見たことがない。最後はヘルソン奪還のニュースが入った時だった。彼女自身、周りに助けを求るのが苦手だと認めており、私の負担になりたくないとも口にする。一度真剣に話し合い、負担になる時は私からはっきりと無理だと言うから、遠慮しないようにと伝えてある。ただ、この9ヵ月、彼女に無理だと伝えたことはない。あれはただ、彼女を安心させるためだけの言葉で、実際に支援を頼まれれば負担になるなどと誰が言えよう。

そんな彼女の父親が来る。一体どれだけ強いお父さんなのだろう。心が身構えてしまうのは、ウクライナ人男性に会い慣れていないからでもある。父親を紹介された時、笑って握手を求める私に対し、向こうは手を差し出しながらもぎこちないつくり笑顔だった。常に笑っている母レシャとは対照的だ。ずいぶん寂しくなった父の頭も無言の威圧感を放っている。娘にずっと会えない父からすれば、いつでも会える私に嫉妬しているのか。娘がビデオ通話で私の話ばかりするため、いつか私に取られてしまうことを心配しているのか。父はポーランドに来られたものの、クリシャの夫は若すぎるという理由で、出国許可は今まで全て却下されている。その夫と年も近い男性が娘のそばにいたら心配する気持ちも分からなくもない。私は結婚しており、今の家族と死ぬまで一緒にいるつもりだが、離婚が多いウクライナ人の見方はまた違うのかもしれない。

「お父さんは寡黙で、恥ずかしがり屋なだけだから」

クリシャはそう言うが、おしゃべりな彼女と彼女の母に比べて、あまりにも差が大きい。母レシャは30年以上小学校教師をしており、父の仕事は魚の養殖業だ。普段は1人で湖上にいることが多いらしい。その後、男手2人で車に支援物資を詰め込む。初めて会った父と無言で作業ができるほど精神的に強くない私は、手だけではなく口も積極的に動かそうとする。私が質問役にしかなれない会話もどこか居心地が悪い。しばらくして、父は突然私にマーカーを差し出した。

「この段ボール、医療物資って書いといて」

私が？　自分で書けばいいのに……。いや、これは試されているのかもしれない。彼が他の作業をやめ、私の隣で仁王立ちしていることがその証拠だ。何を試されているのか。恐らくそれはウクライナ語の筆記能力だ。彼の顔を見ずとも、うなずく様子から大体の表情が読み取れてしまい集中できない。そして私はおびえる心で段ボールに向かい、震える手でマーカーを動かしてみる。医療物資……。発音は分かるが、書けるだろうか。書き終えた私は「書き直しだ！」と言われる覚悟をしながらマーカーを返す。緊張しすぎて、マーカーにキャップをせずに返してしまうところだった。

「書けたじゃん。まさかとは思ったけど」

ようやく、作り笑顔ではない本物の笑みを見せてくれた父を前に、私は胸をなでおろすことができた。その目は存外優しく、何かの面接に受かったような気がした。恐らく、この男がいれば娘と孫をポーランドに預けておける、そう思ってくれたのかもしれない。いや、そう思いたい。「医療物資」という言葉の綴りを間違えていたら、仁王のままなのかと思うと内心汗だくだった。2度目、父がポーランドに来た時はそこにもう仁王はいない。弾む会話にあの時の仁王は別人だったのかとも思ってしまう。父は私に巨大なコイ科の淡水魚ハクレンの燻製《くんせい》を、娘と孫娘の世話をしているお礼にと置いていった。

再び奪われた教育

春から夏にかけて、比較的安定していたウクライナ西部。そんな地域から避難してきている子どもたちの多くは、ウクライナから配信されるオンライン授業を受けてきた。もちろん、全く問題がないわけではなく、インターネットが途切れれば授業も中断される。9ヵ月経ってもなお、スマホで授業を受けざるを得ない子どもたちもいる。それでも、教育へのアクセスがあるだけまだましだった。

その環境が一変したのが10月中旬から続くウクライナ全土へのミサイル攻撃だ。学校が被害に遭わなかったとしても、電力が奪われれば、世界中にいるウクライナの子どもたちにネットを通した教育を届けることはできない。ミサイル警報でしょっちゅう地下に避難しなければならないウクライナでは、対面での教育さえ難しくなってしまった。各学校に発電機を届けながら、ウクライナ国外で教育機会を失っていく子どもたちも無視できない。

戦死した友人ウォージャの故郷はポーランド国境から直線距離で50㎞しか離れていないが、そこの発電所にも11月16日に3発撃ち込まれ、うち1発が着弾。ウォージャの息子マクシムからは、思った通りの光景が写真となって送られてくる。寒く、電気もない。そんな悲痛な叫びは私の胸をえぐり続ける。ポーランドに来いと伝えたが、墓に眠る父を置いていけないと言う。

全土へのミサイル攻撃が続く11月末、ターニャがついに4人姉妹を地元の学校に通わせることを決意した。私はずっと、たとえウクライナから教育を受けられたとしても、子どもたちを一日中パソコンの前に座らせるべきではないと言い続けてきた。子どもは子どもの中で育てるべきだ。そのため、6月の段階ですでに入学手続きの資料なども確保してある。それでもウクライナからの教育を受け続けてきた理由は、すぐに帰国できることに一縷の希望を持ち続けてきたからだ。ターニャ自身も娘たちに、秋には帰国すると何度も伝えてきた。しかし9月以降、ターニャが帰国意志を口にすることも減っていった。

「この前、そろそろ帰ると伝えた時、娘たちにそろって反対されたの。いつも喧嘩ばかりしている4人が一致団結して、それも目に涙を浮かべて。なんでって聞くと、日本のお父さんが泣くのを見たくないからだって。日本のお父さんをおいて私たちだけ帰国できるわけないって。もし、おばあさんとお兄さんに会うために一時帰国するなら、お母さんだけ行って、娘たちはあなたとポーランドに残るとまで。娘たちはもう、雨の中でも雪の中でもあなたについていくわよ」

信用と信頼で彼女らを安全な土地に引き留めるという計画は、半年を経てようやく実を結んだようだ。急がば回れ。子どもたちの心が動けば親の心はついてくる。2人の子どもを持つ親として私が学んだ教訓だ。この5人を私の目と鼻の先にある研究所に避難させたことも功を奏した。安全なポーランドにいてほしい。そして帰国するのは平和なウクライナで、帰る時に乗っている車のハンドルは私が握りたい。ターニャたちが避難生活の年越しを覚悟し始めた時に起きたのが、ロシア軍による全土への無差別ミサイル攻撃。そして、安全なポーランドにいる子どもたちから再び奪われた教育……。状況の改善を期待し1ヵ月様子を見たが、全くよくなる見通しはたたない。そこでターニャと長い話し合いを持ち、ついに子どもたちを地元の学校に通わせることへのゴーサインが出た。

最初、子どもたちは入学を拒んだ。春にポーランド南部で2ヵ月だけポーランドの学校に通っていたが、その時に味わった言葉の壁が今でもトラウマになっている。何度も何度も人とのつながりがつくり出す価値、パソコンの前に座り続ける弊害などを説明する。アリビナはそれでも食い下がる。

「平和になったら復讐《ふくしゅう》として、お父さんを私のウクライナの小学校に登録させるから。一緒にウクライナ語勉強させるから、絶対忘れないで！」

「はいはい」とそっけない返事をしながら、普段冗談をあまり言わずに真正面からぶつかってくる娘の覚悟は正直怖い。ただ、平和になってからウクライナの小学校に行くのも想像の中では悪くない。小学校時代に浅学非才だった自分のことを考えると、ウクライナで小学校に入り学びなおすのもまた巡り合わせなのかもしれない。

子どもたちは本当に純粋で、その気持ちはさまざまなしがらみの中で生きている私たち大人にとって時に突き刺さるものがある。彼らの前では言葉を濁すことさえ許されない。最近は支援の時間もお金も労力も、そのほとんどをウクライナ国内支援に充てている。そのため、子どもたちに使える時間は長くても週に1、2時間程度だ。会いに行き、コートも脱がずに5分過ごして避難先を出るなんていうこともよくある。

「時間ないから」

「いいから座って！」

それは私と彼女たちとの間で交わされるあいさつのようになってしまった。私の都合など知ったことではない子どもたちは、極力熱いお茶をいれる。できるだけ大きいカップに、できるだけたくさん注がれるお湯。1杯だけならと腰を下ろせば、途端に両脇を固められ、私をできるだけ長く留めようとする。念のためと言いつつ、机に並べられる別の種類のお茶、2杯分のお湯が沸かされているのも子どもたちの愛がなせる業《わざ》だ。そんな時、溢れるのはお湯よりも、感動だ。熱くなるのはティーポットより、私の目頭だ。重い椅子を運んでくる8歳のアンナを見ると、座らないことに罪悪感を覚えて、結局他の予定を後回しにして腰を下ろしてしまう。結果として睡眠が削られ後悔することになるが、何度も同じことを繰り返してしまうのは、やはり子どもたちに向き合いたいという自分自身の欲求に逆らえないからだ。とりわけ、いつくなってしまうか分からない子どもたちとは。

越冬支援が始まってからはあまりにも忙しく、数ある支援要請を一つひとつこなしていくことなどとてもできない。全てを同時に。たとえ少しずつであったとしても。それが全ての人に見捨てられていないと感じさせるための鉄則だ。とくに子どもたちのためには時間が〝あるか〟ではなく〝つくれるか〟で考えていかなければならない。

ある日、地元の小学校の校長にこんな話をされた。

「私はイルカを見たりすることで落ち着けるの。イルカセラピーって言えばいいのかな。あなたにとって、忙しい中でも子どもとの時間は絶対に必要。子どももセラピーだと思って、できるだけ会いに行くといい」

なるほど……。寝不足で疲れていても、子どもといると笑顔になれるのはそのためか。ウォージャを亡くした翌日に、涙を流さないために子どもたちとの全く関係のない話に逃げた自分を思い出す。積み重なるストレスから、助けられていたのは実は私のほうだったのだ。

私のウクライナ語能力を、一番高めているのも子どもたちだ。支援が始まって、いつからか必要となった外国語だ。海に突き落とされてもがくうちにいつの間にか泳げるようになったかのように、免許もない重機の操縦を突然任され、傷をつけながらもいつの間にか操縦方法を覚えてしまうように、私の中でウクライナ語は支援における新たな武器として確立しつつあった。より正確に言うならば、確立せざるを得なかった。下校する子どもたちと避難所まで歩きながら、ウクライナ語で笑い合える自分をつい数ヵ月前までは全く想像できなかった。いや、これは彼らの能力が向上していることもあるだろう。9ヵ月もポーランドにいれば、たとえ100%分からなくても、私が何を言おうとしているのかを想像する力を子どもたちは磨いてきたはずだ。

11月24日、子どもたちの入学書類を提出する。11月28日、給食配給手続きをして、彼女たちの配属学級が決まった。11月29日、授業日程を受け取る。11月30日、文房具等の購入。12月から子どもたちは登校し始める。ポーランドに来てから9ヵ月。母ターニャが働ける日もそう遠くないかもしれない。つまり、入学支援の終了は、就職支援の開始を意味する。ただ、入学してからも就学支援は続く。

「9月から3ヵ月ウクライナの学校でオンライン授業を受けてきたという証明を手に入れてほしい」

小学校から私にそのような電話があったのは子どもたちが通い始めて1週間が経った頃だった。母親のターニャを通さず私がウクライナ側の学校とやりとりするのも不自然だと思い、ターニャに相談しつつ手続きを進めていくこととする。

ウクライナに電気を届ける

11月末、フェリシモこども基金からいただいた資金200万円、文房具プレゼント交流友の会（静岡市。代表 望月晃）からいただいた200万円、そこに他の支援金を大量につぎ込み計85台のポータブル発電機、そして18台のガソリン発電機を購入した。ともに発電機でありながら、それぞれ長所と短所があるため両方ともがウクライナでは必要だ。前者は持ち運びが容易で、車を運転しながらの充電もできるが出力は最大300ワット、後者は50kg前後あり持ち運びは難しく、値段も張る。また、ガソリンがなければ発電ができない。一方で出力は3000ワット以上と高く、大きな施設全体に電気を送るのに適している。施設といってもガソリン発電機は排気ガスを出すため屋内では使えない。そのためハリキウの地下鉄に避難している人々などに送るのは、必然的にポータブル発電機となる。

11月26日にはそのうち10台をグリニャニに搬入した。小学校や幼稚園、避難所などに配られたが、まだまだ足りておらず、受け取れなかった学校から不満が出る。

11月29日朝7時、リヴィウよりトラックが到着。ポータブル発電機50台、そしてガソリン発電機3台を詰め込む。リヴィウ市議会のヴィクトリアとの話し合いに基づく支援だ。リヴィウの学校全て、127校に届けられる数ではないが、それでも希望は形になってウクライナへと向かう。計10枚近い搬入書類作りだけでも3時間かかり、結局午前中はこの作業だけで終わってしまった。この搬入後には個人宅にもほしいという市民からの声が直接私に届く。

これらの不満への対応も大切な支援であり、一つひとつ丁寧に説明して理解を求めていく。私にも声が届くのだから、ウクライナ側で実際に配布をしている友人たちも、私には言わないだけで、多くの不満と日々戦っているだろうことは想像に難くない。

ただ、そんな不満の100倍の感謝をもらっていることを強調しておきたい。恐らく、戦前は日本と全く関係のなかったような人々からも「アリガトウ」と日本語で感謝の声が届く。頭痛の種は、その感動を私がほぼ独り占めし、日本のみなさんに直接伝えられていないことだ。

搬入物資に貼る日の丸ステッカー作りにも膨大な時間を要する。印刷してしまえば一瞬だが、やはりここは手描きにこだわりたい。効率が悪いことは分かっているが、人は誰しも合理的ではないと分かっていながら続けてしまう何かしらの習慣があり、ステッカー作りは私にとってのそれに当たる。ただ、決して無駄な時間を過ごしているわけではなく、日の丸を描く時間は次の支援について、子どもたちの笑顔について、日本とウクライナの将来について考えを巡らせる貴重なひと時だ。このステッカーが貼られた物資を受け取る人々も、手描きのほうが嬉しいに違いない。ここにもまた、お金がかからない支援の形がある。

第八章

必ず、春は来る

2022年12月9日、ウクライナのズビフ・ミスト小学校でクリスマスプレゼントを受け取った子どもたち

本格化する冬

11月末の段階で、ウクライナのために購入した物資のレシートや領収書は600枚を超え、総支援額は5200万円に達した。それでも、まだ何を達成したのかを考える時ではなく、越冬支援が本格化した今、明日何ができるのかに思いを巡らせる。ロシア軍はウクライナから「光と暖」を奪おうと躍起になっている。そんな中、こちらも支援の手を緩めるわけにはいかない。

「冬の武器化」。それが最近メディアで取り上げられる戦況を如実に表している。ロシアが冬を武器とするのなら、こちらは発電機を盾とし、全てに日の丸を貼ってウクライナに投入していこう。この冬を耐え抜けば、ウクライナには必ず春が来る。その頃、ロシアの経済、そして軍には本格的な冬が到来することだろう。国際法違反の侵略戦争を続けるロシア軍を撤退させるためにも、国際法に則った自衛権を行使するウクライナ政府に故郷奪還に対して注力してもらうためにも、私たちがウクライナの民間人を支えていかなければならない。

日々搬入された発電機についての報告も上がってくる。とくに12月1日にきたリヴィウのヴィクトリアからの報告は涙なしでは読めなかった。そこには発電機53台に囲まれ、満面の笑みを見せるヴィクトリアの写真。寒い冬、彼女の笑顔は心の底から私を温めてくれる。長いメッセージを彼女はこう締めくくった。

「今日までリヴィウは暗闇の中にあった。今回、この街の小学校のために多くの発電機が届いた。私は今、まるでサンタクロースにずっとほしかったプレゼントをもらった子どものような気持ちだ」

数日後、ヴィクトリアから50枚近い写真が追加で送られてきたが、そこには各学校の先生たちが日の丸のついた発電機を手に見せる笑顔があった。恐らく、ウクライナの人々は発電機を手にする前に、届いたというニュースで心を温めているに違いない。とはいえ、もちろん全ての学校に発電機が入ったわけではない。127の小学校に118ある幼稚園を加えれば、計245の施設がある。私が必死でかき集めても発電機を届けられたのは、全体の5分の1にすぎない。今年はミサイル警報や電力の問題で、リヴィウの学校では冬休みを12月23日から翌年1月末までと1ヵ月以上に設定せざるを得なかった。

教育機関以外にもリヴィウには多くの避難所があり、東部や南部から来ている人たちがいる。ピーク時には21万5000人がおり、リヴィウの人口が72万1000人であることを考えると途方もない数だ。その後、国内避難民は地方や山岳地帯のバンガローなどに移っていき、12月の初めには10万9000人にまで半減した。その理由は単純で、地方は攻撃対象になりやすい都市に比べればまだ安全だからだ。バンガローで生活することになっても薪ストーブがあれば、たとえ電気がなく暗闇の中にあっても、凍え死ぬ心配はない。彼らは、頭上で都市に向かって飛んでいくミサイルを日々見上げている。一方、仕事の面では都市部のほうが圧倒的に有利だ。

リヴィウ以外にもウクライナ各地に発電機を送り続けているが、ポーランドでも品薄状態が続いているため、なかなか思うように手に入れることができない。メディアではよくロシアと比較されるため、ウクライナは小さい国のように映るが、ポーランドから見れば国土面積にして約2倍の国である。それだけ支援も広範囲にわたる。ポーランドに物資がなければ外国から調達する必要があるが、それはつまり、輸送に時間がかかるということだ。

そして、問題が起きたのはハリキウへの発電機搬入を計画していた時だった。残念ながら到着予定日を1週間過ぎてもポータブル発電機が自宅に届かない。ハリキウは遠いため、また次に送ればいいという簡単な話でもない。1度の搬入でリヴィウまででもガソリン代は往復700PLN前後（約2万円）かかり、国境では時に5時間以上待つこともあるため、時間的な負担も決して軽くはない。物資の積み込みだけなら楽だ。朝早くても、夜遅くても、重くても、量が多くても構わない。しかし搬入に伴う物資の注文、輸送状況確認、仕分け、搬入書類作成、領収書の整理などの作業は大きな負担となりのしかかってくる。誰かやる気のあるボランティアに一部を任せるというわけにもいかない。国際送金はそもそも両国に口座を持つ私にしかできない。日本への支援依頼、そして報告は日本語で行う。物資リストの作成や搬入は主にウクライナ語だ。そして物資の発注や大量購入に伴う値引き交渉などはポーランド語……。この3言語での作業は全てつながっており、周りの人に頼みたくても簡単には頼めない。逆に言えば、自分ができることで、収まるべき支援の居場所に収まったとも言える。

私の周りにいる支援の仲間もまた、それぞれ独自の役割を担っており、私が苦もなく代われるようなことをしている人は少ない。そんな口にするだけならなんてことのない「搬入」が12月の第一週だけでも3回ある。支援依頼が多いので、物資を取り違えないように細心の注意を払わなければならない。このように同時に複数の船を操縦するかのような状況下にあっても、ハリキウにだけはどうしてもポータブル発電機を入れたかった。なぜなら、この発電機はハリキウの地下鉄内で避難生活を送っている150人に向けたものだからだ。ガソリン発電機なら他から回せるが、地下鉄内では空気を汚すため代替できない。

待っても待っても、肝心のポータブル発電機が届かない。あきらめられないのは日本人としての理由もあった。というのもこの搬入は日本人同士の連携で計画してきたからだ。地下鉄に住んでいる150人の避難民。なんとそこには衣食住を共にする75歳の日本人がいる。名前を土子文則《つちこふみのり》さんと言い、6月からハリキウの地下鉄に住んでいる年金生活者だ。土子さんによると開戦後、人々は5月まで1日1食、9月までは1日2食で過ごしてきたという。

なぜ土子さんはハリキウに入ることになったのか。彼がポーランドを旅行していた2022

年2月、ロシアによるウクライナ侵攻が起きた。土子さんは帰国せず、当初は国境近くの街でボランティアを始めたが、5月にウクライナ入り。その後、紆余曲折あってハリキウの地下鉄にいる避難民の支援を始め、自身の年金を使って避難民の食料や日用品を揃えていった。驚くのはそこからだ。彼は避難民のニーズを的確に把握するため、自ら地下鉄に住み始めたのだ。

この話を聞いて、ハリキウに今まで何度も物資搬入を行ってきた者として、何もしないという選択肢はない。もちろん、ジャンボジェット機を飛ばせるわけではなく、運び込める物資には限りがある。土子さんの話を聞き、ポータブル発電機を入れることが今できる一つの協力方法だと確信したのだ。

何が何でも発電機を届けたい。何度も発注元に電話をし、配送業者に優先配達物に指定してもらってから3日が過ぎている。そしてついに、搬入日前日の夜を迎えてしまった。背に腹は代えられない……。ここまできたら中古であっても我が家で使っている物、そして前章で紹介した中村天平さんから預かったポータブル発電機に手をつけるしかない。頻繁にヨーロッパツアーを行っている天平さんは現在日本に帰国中で、私は彼の電子ピアノなどと共に、ポータブル発電機を預かっていた。フルで充電すれば、電子ピアノなら10時間まで演奏できる貴重品だ。天平さんにメールで事情を説明し、同じようなものを後日購入するので、預かっている発電機を送らせてほしいと頼む。日本はまだ日が昇っていない。返事が来なければあきらめるしかないと思っていた矢先に天平さんから快諾の返事をいただいた。こうして、10月に天平さんのウクライナツアーに同行したポータブル発電機は、期せずしてその約1ヵ月後に再度ウクライナ入りすることとなったのだ。キーウの地下鉄でのコンサートで活躍した発電機は、今回ハリキウの地下鉄へと旅立つ。搬入は翌朝5時。2つの発電機を自宅で最大まで充電してから運び込みたい。発電機をコンセントにつなぎ、ようやく安心し目を閉じることができた。

朝4時、充電された発電機を包み、物資受け渡し場所にしている高速道路沿いのガソリンスタンドへと向かう。ポータブル発電機2台以外にもガソリン発電機5台、防寒具、医療品、モバイルバッテリーなど事前に依頼されていた物資も合わせて搬入する。ウクライナ入りするのは第四章で紹介したオスファルドだ。今まで何度も有休を取ってウクライナを支援してきた彼も、これ以上休みを取ることができないため、年内はこの搬入が最後になる。これもまた、今回私がどうしてもハリキウに発電機を入れたかった理由の1つである。今まで何度早朝のガソリンスタンドで彼と落ち合ってきたことだろう。繰り返し会っているにもかかわらず、ウクライナ支援以外での付き合いは全くないオスファルド。お互い早朝の顔しか知らないのもまた奇妙な間柄だ。

12月7日、テルノピリ州クレメネチ小学校から発電機などが届いたとの報告が入る。以前、この小学校の英語教師リュドミラと交わした「光と暖」を送るという約束が実現した形だ。その際、代わりに笑顔を送ってほしいと頼んでおいたが、彼女はその要望にこれでもかというほど応えてくれた。ピースをする子どもたち。そこにあるのはつくり笑顔ではない。

そう言えるのは、彼らの環境に長らく心を寄せてきたからだけではない。ここ9ヵ月、私にはさまざまな笑みが向けられてきた。つくり笑顔、あきらめ笑顔、はにかみ笑顔、愛想笑いに苦笑い……。いつの間にか、笑顔の奥にある気持ちを読むくせがついてしまった。今回子どもたちが見せているのは、その中でもとびきり私に活力をくれる「満面の笑み」だった。理由は簡単だ。それはつまり、彼らが求めていたものが届いたということだ。発電機？　違う。ろうそく？　それでもない。今回搬入車両のスペースを最も取っていた物資、発電機に比べればはるかに安いもの、それは長座布団40枚だ。子どもたちが搬入車両から地下室まで運び、そこで包みをあけ、今まで自分たちが何度も、それも寒い中長時間座り続けてきた木のベンチに敷きつめていく。温かく、柔らかいベンチに座れば、自然と笑顔の花が咲く。緑色の長座布団は、笑顔の花に添えられた若葉のように、殺風景な地下に色のぬくもりも連れてきた。

子どもたちに囲まれるリュドミラもまるで子どものようだ。子どもにだけ運ばせるのではなく、自ら手本となり手足を動かす。動きやすい赤いトレーナー姿も彼女を子どもたちの世界に溶け込ませている。リュドミラという名前の由来はリュド（人々）とミラ（愛される）であるが、この先生がどれだけ子どもたちに慕われているのかも写真から見て取れる。と同時に、そんな偉大な先生の教え子たちをポーランドでも預かっていることに、今さらながら身が引き締まる。

今回の搬入で、ウクライナ各地に届けた発電機は合計85台となった。周りにいるポーランド人はこの数を聞くと目を丸くして驚く。しかし私は、この数字がどれだけ少ないのか、今ではもう十分思い知らされている。越冬支援は、まだまだここからだ。

日本では長野県上田市で、12月6日から5回目となるウクライナの子どもたちによる絵画展が開かれている。ある日、そこに90を超えるおばあさんが訪れたそうだ。他の会場よりもコンパクトにまとめられた今回の展示会では、歩き回らずして、全ての絵の前に立つことができる。にもかかわらず、そのおばあさんは一時間以上、絵画展から離れようとしなかったと聞く。ついには心配したスタッフが声をかける。おばあさんは展示にとても心を動かされたそうで、その理由は絵を描いた子どもたちと、先の大戦を経験した自分の子ども時代とを重ね合わせていたからに違いない。繰り返される戦争と子どもたちの悲劇は、おばあさんにどんな気持ちを残したのだろう。

戦時下のクリスマス

ポーランドにいるウクライナの子どもたちへ。サンタクロースを信じているなら、ここにお父さんがいなくても、今君たちがウクライナにいなくても、プレゼントは届くはず。だってプレゼントをくれるのは、お父さんやお母さんじゃなくて、サンタなんだから。この10ヵ月、寒くても、苦しくても、不便でも、寂しくてもずっと我慢していい子にしてきたんだから。そんな君たちのために、サンタはきっと来てくれる。サンタは、世界中の子どもにプレゼントを持ってきてくれるんだから、外国にいても君たちのことを見つけてくれるに違いない。

ウクライナに残された子どもたちへ。君たちがサンタを探して去年見上げた空。今はミサイルが飛び交い、鈴の代わりに警報が鳴り響く。そんな危ない空をサンタは飛べるのか。電気がなく真っ暗なのに、君たちのことを見つけてくれるのか。心配だよね。でも大丈夫。サンタがウクライナに行けなかった時のことを考えて、今年は周りの大人がサンタの代わりに届けるから。安全なルートは、サンタよりも私たちのほうがよく分かっている。でもそれは今年だけで、来年のクリスマスはまた、イルミネーションが輝く街で、平和な空を君たちに見せられるよう、そして本物のサンタが来られるよう、大人たちは絶対にあきらめずに戦い続けるよ。

私の周りにいるウクライナの子どもたちにはサンタへの手紙を書いてもらう。ウクライナ国内に残された子どもたちには、菓子パックを大量に作り、ソリやトナカイに代わって搬入車両で届けたい。ただ、今まで関わってきた全ての子どもたちにプレゼントを届けることはできない。この10ヵ月で支援を届けてきたウクライナ各地の教育機関数は１００を超えるが、その全てに1台ずつの発電機さえ入れられない状況で、そこにいる万単位の子どもたちにプレゼントを送るなど物理的にも金銭的にも到底不可能だ。

問題は他にもある。ポーランドには12月6日にミコワイキ（ミコワイはポーランド語で「サンタクロース」の意味）という日があり、子どもたちは小さなプレゼントをもらう。小学校や幼稚園にサンタが来て、子どもたちに菓子などを配ることもある。そのミコワイキはウクライナにもあるが、それは12月19日だ。ただ、ミコワイキのプレゼントは小さいものなので、周りにいる子どもたちに2回あげたとしても財布はそこまで軽くならない。

問題はより大きなプレゼントが求められるクリスマスのほうだ。ウクライナでは、徐々に西欧式になってきているとはいえ、ソ連時代の名残でクリスマスは1月7日であり、家庭によっては元旦にクリスマスツリーの下にサンタがプレゼントを置いていくこともある。ウクライナの子どもたちに祖国の文化を伝えていきたいのなら、1月にプレゼントをあげるべきだろうが、かといって12月24日に周りにいるポーランドの子どもたちがプレゼントを手にする中、放っておくわけにもいかない。底をつきかけている支援金、そして命に関わる防寒具や発電機を搬入し続けるためにも、工夫が必要になる。１００人の子どもに4回プレゼントを贈るより、４００人の子どもに1つずつ届けるのが恐らくこの状況下では最も賢い道だろう。せめて、１０００人の子どもたちに。今年はそれを目標に据えた。

1000人の子どもたちにプレゼントを贈る。それができるのは、決して私の力ではない。その主体は言わずもがな、支援を寄せてくれる日本のみなさんだ。これは政府からのお金でもなく、大企業からの献金でもなく、官庁からの助成金でもない。これは日本中の個人個人からいただいた浄財だ。遠く離れてはいるが、ウクライナから見て隣の隣の国、日本。今年、私の周りにいる子どもたちのもとへ、サンタは東から飛んでくることになるだろう。

幼い頃、食事でお米の1粒でも残そうものなら「アフリカの子どもたちは……」と叱られて育った。今、日本の子どもたちはアフリカではなく、「ウクライナの子どもたちは……」と言われているのかもしれない。そしてウクライナは、関心が薄くなってきたとはいえ当時のアフリカに比べればずっと身近な存在だ。メディアやSNSの発達、そして日本がウクライナ避難民を受け入れたことも、この戦争を、そしてウクライナをより身近なものにしている。だからこそ、支援金を送ってそれで終わりにしてほしくない。そのお金がどこの誰にどのような形で届いているのか、そこまで知ってほしい。そしてこのクリスマスには、日本のみなさんにウクライナの子どもたちの笑顔をお返しに届けたい。それはきっと、ウクライナをさらに身近な存在にしてくれるはずだ。

最初のプレゼントを届けたのは12月19日。11月に中村天平さんがピアノコンサートを行った小学校に通う125名の子どもたちに会いに行く。11月に訪問した際、今年中に再訪し、端から抱きしめるという約束を子どもたちと交わしていた。教師の1人オクサナの出身地クリビーリフでは、3日前の12月16日にあったロシアによる大規模ミサイル攻撃で、子どもを含む多数が死傷した。このような状況でも、決してロシアにウクライナの子どもたちからクリスマスを奪わせてはならない。そんな覚悟で子どもたちにプレゼントを配り、抱きしめながらも笑顔は絶やさぬよう心掛ける。子どもたちにはクリスマスの時だけでも祖国で起きている現実から離れ、笑顔を保ち続けてほしいと願っているからだ。次は和太鼓か。それとも全員に浴衣を着せてあげようか。彼らが笑ってくれるなら、できることはなんでもしたくなる。

ウクライナ国内の子どもたちにプレゼントを届けるにあたり、日本からの支援は全体の半分。残りの半分を埋めるのは、ウクライナ各地に届けてくれる私の盟友たちの存在だ。ザスタブネ小学校（リヴィウ州）にいる124人の子どもたちに届けるレシャ。クレメネチ小学校（テルノピリ州）にいる460人の子どもたちにはリュドミラを通して。オルガにはズビフ・ミスト小学校（リヴィウ州）にいる88人の子どもたちに届けてもらう。第一章に登場した私の大学院時代の同級生アナスタシアの要請を受けて秋に購入した搬入車両2台も頻繁に国境を行き来し、ウクライナの奥深くまでプレゼントを届けてくれる。ハリキウの子どもたちにはオスファルドに、そしてもちろん、リヴィウ市内にいる子どもたちへのプレゼントはヴィクトリアに託す。この10ヵ月で培った強固な絆をエンジンに、私にとってサンタのような彼らは、ハンドルを握り戦地に入る。

武士道とコサック魂

彼らとの連携が危機に際し、ここまで長く、ここまで深く続いていること。それはただ単に私たちが「ウクライナの平和」という共通の目的を持っているからだけではない。平和を願うだけなら、世界中のほぼ全ての人が同じ気持ちを共有していることだろう。なぜ、ポーランド人の多くが支援の第一線から離れる一方で、日本人である私とウクライナ人の彼らは走り続けられるのか。そこには平和への想いや共通言語という要素以上に、日本人として、そしてウクライナ人としての誇りがある。そしてこの2つの異なる民族の誇りが、お互い響き合うことで力を発揮していることに疑いの余地はない。

ウクライナ人は自らがウクライナ・コサックの末裔《まつえい》であることを誇りとしている。それは歌詞に「コサック民族の血を示せ」とあるウクライナ国歌からもうかがえる。軍事的共同体であったコサックが重んじた「自由と平等」という理念。それは現在ロシアに対して立ち向かっているウクライナにも強い影響を及ぼしており、彼らの精神的な支柱ともなっている。ウクライナ人にとって自由がいかに大切で、そのためにどれだけの犠牲を払っているのかを考えていけば、民族の誇りに帰結するところが大きい。

ウクライナ人にとってのコサック魂のように、日本人の私が心の拠り所としているのは言わずもがな「武士道」である。武士道の哲学として挙げられる、人としての正しい道「義」、その道を外れないための心構え「勇」、他人への思いやり「仁」などに則れば、ウクライナ支援は日本人としての常識を全うしているにすぎないと言える。ウクライナ人が見せている祖国への血の貢献からは、武士道の「忠義」も見出すことができる。

国歌にある「自由のためには魂も体も捧げ」という文言。体を捧げ、命を落としたら自由になんてなれるわけがないと思われるかもしれない。しかし、国外に逃れるのではなく、あえて荒波の中、困難な海路を進むことを決めた彼ら。ウォージャを含む多くの戦死者、そして祖国の自由のために立ち上がっているウクライナの人々は次世代に自由を残すために自らの魂と体を捧げている。これは武士道の「名誉」に重なるところがある。

自分1人だけのためなら1日でも疲れるところを、次世代のためと考えれば、10カ月などいかに短いものだろうか。武士道とコサック魂を突き詰めていけば、日本とウクライナは精神的にも、お互いをさらに近い存在として感じられるだろう。

この戦争が始まるまで、ウクライナの心に私たちの多くはあまり気づけなかった。ウクライナは長らく、対外情報発信が苦手であっただけではなく、そこに投資できる国家予算も十分ではなかった。オイルマネーを背景に世界であらゆる角度からの情報発信を強めてきたロシアとは真逆である。そのためウクライナは多くの日本人にとって、どこか遠くの国でしかなかった。日本にはウクライナ専門家も少ない。ロシア語ができる人は多いが、ウクライナ語人材と言ったら数えられるほどだろう。そのため、戦前、そして戦争の初期にロシアによるプロパガンダに多くの人が踊らされていたことは致し方なかったのかもしれない。それは私達が無知なのではなく、知りたくても情報が限られていたからに他ならない。

真実は、自ら掴み取りにいかなければ手に入らない。受動的なテレビやラジオなどから得た情報のその先に真実がある。ウクライナ専門家が少ないということは、それだけ限られた情報の中で判断せざるを得なくなるということだ。私は決してウクライナ専門家ではないが、ウクライナの声を日本に伝えたいと強く思い、ここに筆を起こした。ここ数カ月、ウクライナのニュースといえば戦況分析ばかりだ。そこには世界に対して声を上げられない大多数の、とくに子どもたちの声はほとんど反映されていない。だからこそ、子どもたちへの支援に集中できるこのクリスマスという時期に、多くの人に耳を傾けてほしい。声は届かないだけで、そこで苦しんでいる子どもがいるという事実は変わらないのだから。

それでも、まだ恵まれている

12月から現地の小学校に通い始めた4姉妹。学期が始まってから最初の3ヵ月はウクライナからのオンライン授業を受けていたため、ポーランドの小学校では進級に必要な出席日数も、成績も足りない。このまま通い続けたとしても進級はほぼ不可能で、来年また同じ学年で学ぶことになるだろう。それでもウクライナからの授業ができないのなら、通い続けるしかない。進級はほぼ無理だと今から分かっていながら、毎日学校に行く子どもたちの心中は推し量るだけでもやるせない。彼らは通常の授業に加え、週に計4時間半ウクライナ人を対象としたポーランド語クラスもあるため負担も決して軽くない。そんな子どもたちに、日々、今の苦労は将来の光につながると伝え続けてはいるが、彼らにとっては将来より今を何とかしてほしいに違いない。

「もう限界。明日から学校行かない」

アデリナとアリビナが泣きながらそう訴えてきたのは12月下旬のことだった。どうやら学校で2人の男子生徒にいじめられてきたと言う。その晩、10時過ぎに少女たちと向かい合う。聞けば、「お前たちの家はもうロシア軍に爆破されたって。どうせ帰っても住むところもないくせに」などと人前でからかわれ続けてきたそうだ。入学したばかりで周りに友だちもおらず、その場で泣くしかなかった。たとえ言い返せたとしても流暢ではないポーランド語が、次の嘲笑につながることも分かっている。

学校に行きたくないという2人の言葉に二の句が継げないのは、嫌がる子どもたちを学校に入れたのが、他でもない私だからだ。今回ばかりは無理やり行かせるわけにもいかず、解決するまで休んでもいいと伝えざるを得なかった。翌朝、小学校の教頭に事情を説明し、午後には校長とも面会できた。その日のうちに対応してもらう。子どもたちからも直接話を聞きたいということで、結局一日も休むことなく学校に通うことになる。解決の過程で、いじめていた男の子たちは学内でタバコを吸っていたことも判明した。

正直、来年落第して下のクラスに移ったほうが彼女たちにとっても都合がいいのかもしれないと思うと、なんとも切ない。子どもたちのために、と大人の考えで最善の道を常に用意しているつもりが、結果として子どもたちを追い詰めてしまっているのではないかと不安になる。そんな日常にも慣れてしまった。その度に、ウクライナでミサイル警報が鳴り響く中、寒く暗い地下室で閉じ込められるよりはましなはずだと自分自身に言い訳をし続けている。同時に、このような状況に子どもたちを導いてきた責任は、将来に渡って私がとっていかなければならない。それがせめてもの罪滅ぼしだ。

学校に行きたくないと言いながらも、ウクライナに帰りたいとは口にしない子どもたち。祖国に残してきた友人たちと連絡を取る中で、子どもなりに今はそれでもポーランドにいるべきだと理解している。ウクライナでは食事も満足にとれない子どもたちの間で病気も流行っている。先日も風邪をうつされウクライナから帰国したオルガが、２週間以上熱を出して寝込んでいた。いじめられても通学でき、電気も水もある。そして、何より安全なポーランドにいられるということ。子どもたちは幼いながらに過酷な現実と向かい合い、それでも自分たちは恵まれているのだと、頭と心で理解しようとしている。

12月30日、そんな4姉妹が通っていたクレメネチ小学校では、年末年始の休暇中であるにもかかわらず、全校生徒が集められた。ホールでクリスマスプレゼントの保温タンブラーを受け取るためだ。先日4姉妹に手伝わってもらって、日本とウクライナの国旗やメッセージを書き込んだ460本。電気やガスがなくても、温かいお茶が飲める年末年始を子どもたちに届けたい。プレゼントを受け取る前に子どもたちの前にサプライズで映し出された私からのビデオメッセージは、事前にリュドミラから頼まれていたものだ。

メッセージで子どもたちに伝えたかったこと、それは、心は常に彼らとともにあるということ。今は大変でも、将来への希望は決して手放さないでほしいということ。私の活動に活力を与えているもの、それは彼らの笑顔であるということ。そして最後にどうしても伝えたかったことがある。彼らの友人であり、ポーランドに避難している4姉妹のおかげで、今までの支援が送られているという事実である。4人はいつか帰国する。そして、外国に逃げなかった、または逃げられなかった友人たちと再会することになる。その時に自分たちが故郷を離れたことに対し、負い目を感じてほしくない。外国から故郷を支え続けたことを誇りに、ポーランドでできた日本とのつながりを糧に、胸を張って帰国してほしい。460人の子どもたちに向けられたメッセージは、同時に4姉妹が将来、罪悪感なく帰国できるための下地作りでもあった。

以前、教育支援の一環として送ったプロジェクターやパソコンが使われている様子が、式典の記録動画に写し出される。同時にビデオメッセージを見て、涙を流す先生方の姿も。希望なのか、悲しみなのか、戦争が始まってからの涙は理由など考える前に流れ出す。その涙につられ、そこにいない私まで目頭が熱くなる。式典の最後に、子どもたちは大きな声で「アリガトウゴザイマス」と日本語で声を揃えた。そこにいない私に、そして日本のみなさんに対して。かつて、寿司は日本にもあるのか？　と聞いてきた子どもたちも、知らず知らずのうちに日の丸に背中を支えられた年末を迎えることになる。

ここ数ヵ月、クレメネチの子どもたちは学校の中でも教室ではなく、地下にいる時間が増えている。そこも今では「映画館」と呼ばれるようになった。日本の支援で送られた発電機、パソコン、そしてプロジェクターを使い、先日届けた長座布団に座り、映画が映し出される白い壁に向かう子どもたち。地下では響き渡るミサイル警報もそこまで届かず、映画が見られる環境にあることもまた確かだ。ロシアのミサイルはこれ以上、彼らから光も暖かさも、そして時間も奪えない。今後も、できるだけ多くのウクライナ国内にある暗くて寒い地下施設を、明るく暖かく、そして楽しめる場所に変えていきたい。ミサイルが飛んできたら「地下に避難しなさい」ではなく「映画を見る時間です」と先生が子どもたちに伝えられるように。

ウクライナに残された子どもたちのために、送り続けている発電機。クリスマス・イヴ前日の12月23日にはクレメネチ、オデーサ、そしてリヴィウ州グリニャニへと、3つの異なる場所への搬入を同日に行うことになった。クリスマスまでに搬入した発電機の数は計114台。その後年末年始にさらに77台購入し、1月5日にリヴィウに追加で搬入した。ついにリヴィウ市内の全小学校（127校）への発電機搬入が完了した。リヴィウから要請を受けた当初は到底不可能だと考え、血涙を絞ったこの規模の支援。それも年をまたいでついに実を結び、万単位の子どもたちを光で包むことになる。

この搬入では300台の照明も同時に搬入しているが、こちらは私が購入したものではない。同じリヴィウ市に搬入する物資としてワルシャワのある団体から事前に私の家に送られていたものだ。私の家はウクライナ支援において、時にはワルシャワとウクライナ国境の中継地点としての機能を持つ。ウクライナから大型のトラックで物資を受け取りに来る場合、首都に入るにはある程度の負担が伴う。道中にある私の家で全ての積み込みができれば、手間も、ガソリン代も、駐車代も節約できる。それ以上に、会社や団体、またはどこかの倉庫などから物資を受け取りたければ、平日の営業時間に合わせなければならない。一方、私の家なら昼夜を問わず門が開く。実際、物資の積み込み作業は早朝か夜がほとんどだ。搬入日は事前に分かることが多いが、国境での待機時間が読めない以上、搬入時間はポーランド側に入ってようやく決めることができる。1月5日の搬入も、分かっていたのは日付だけ。昼過ぎに運転手のユラ（54）に電話をすると、強風で徐行運転しかできないため、夕方4時頃になるだろうと言われる。結局、彼の3トントラックが私の家に着いたときには夜11時を回っていた。深夜に2人で77台の発電機、300台の照明、200本の保温タンブラーをトラックに詰め込む。それに加えて国境などで提示が求められるいくつもの書類にサイン、押印する。その後、私はベッドに入れるが、ユラは夜通しウクライナへとハンドルを握る。

12月29日、午後にクリシャと会う約束をしていたが、急遽午前中に変更となった。午後からウクライナへ一時帰国することが決まったためだ。10ヵ月以上離れ離れだったが、年末年始とクリスマスぐらいは家族と過ごしたいと言う。彼女のように家族との再会を夢見ながらポーランドで避難生活を送ってきた人々の中には、年末にミサイルが飛び交うウクライナへの帰国を決意するケースが多々見られる。昼の12時にクリシャのいる避難所に車が迎えに来ることになっており、午前中に荷物の整理や部屋の掃除、ごみ捨てなどを手伝う。カーシェアリングでリヴィウまで350PLN（約1万500円）がかかる。夜行バスに比べれば随分高いが、幼い子どもを連れていれば自ずと選択肢も限られてしまう。それにしてもなんというタイミングだろうか。今朝、120発以上のミサイルがウクライナ全土に撃ち込まれ、彼女が今から向かうリヴィウにも着弾している。それでも、10ヵ月以上スマホの画面にしかいなかった夫に会える喜びが、戦地に入る恐怖を覆い隠している。

同じ車で6人のウクライナ人女性が帰国する。クリシャは1月中旬にポーランドに戻るが、他は全員祖国への片道切符しか持っていない。私の「ウクライナにはいつまでの予定ですか？」というウクライナ語での質問に「Nazawsze（永久に）」とポーランド語で返される。そのやりとりだけで、ポーランドでの生活がいかに彼女たちにとって長かったのかがうかがえる。

年末に帰国を決める人が増えているとはいえ、それでもまだ多くのウクライナ人が外国に留まっているという事実は変わらない。年末、ウクライナ教育科学相は国民の約6分の1にあたる700万人前後が祖国で新年を迎えることができず、そのうち約50万人が子どもだと発表した。

それでも、あきらめない

まもなく、この戦争は1年を迎える。私を一夜にして19世紀のヨーロッパに引き戻したあの日から。両軍の兵力も、犠牲も、そして戦線が2000km以上にも及ぶという戦闘地域の広さを考えても、第二次世界大戦以降最大の戦争に向き合うことになった私たち。2000kmとは、日本でいえば直線距離で北海道の知床岬から種子島までに相当し、その規模で何十万もの兵がぶつかり合っているのだ。将来、この戦争の名称がどうなるのか現時点ではまだ定かではないが、ここまで世界的に経済戦、情報戦が繰り広げられ、世界がかき回されていることを鑑みるに、「第三次世界大戦」と呼ばれる可能性も排除できない。すでに第三国ともいえるポーランドやベラルーシ、モルドバではミサイルによる物理的被害が出ており、いずれ戦火が他国に拡大することも想定しておく必要があるだろう。

外交学を学んできた私の物差しで測っても、開いた口がふさがらなかったこの1年。それでもウクライナに寄り添い続けることができたのは、日本の先人たちが作り上げてきた人道支援の歴史、そして日本からの支援があったからだ。祖国の後押しは私にとっての高台となり、支援の視野を大空へと広げてくれた。全てを投げ出したくなるような難題にぶつかっても、支援の主体が常に〝私たち〟である事実が、困難の崖から滑り落ちようとしている私に何度も手を差し伸べてくれた。日本に行けない分、その1年分の感謝をこの活字を通して伝えたい。長期化する戦争において引き続きウクライナを支え、日本からの関心も高めたい。今の支援を続けながら世界に届かないウクライナの声を伝え、過去の犠牲を文章に表すことで記憶し、将来のウクライナ支援につなげたい。

この1年、戦地ウクライナと祖国日本を必然的に何度も比較して考える機会を与えられた。結果として日本が抱える安全保障の問題も強く意識せざるを得なかった。今回の戦争を機に、日本は平和でよかったと感じた人も多いだろう。それは「平和ボケ」がメディアで話題になっていることからもうかがえる。第二次世界大戦以降、78年間戦争してこなかったから平和ボケしてしまったのか。いや、それでは私が住んでいるポーランドを初めヨーロッパ各国がほぼ同じ期間戦場となってこなかったにもかかわらず、平和ボケが話題にならないことへの説明がつかない。日本は近くに脅威がないため平和ボケが懸念されるのか。それも違う。実質的にロシアのみを脅威としているポーランドに比べれば、日本はロシア以外にも軍事大国と化した中国や北朝鮮などから核の脅威を受け続けてきた。周辺にこれといった脅威を持たず、約250年間戦争とは無縁のスイスでさえ、国防意識を高くもち続けている。

外国から見れば、日本の平和は「実質的平和」ではなく、そう信じたいという「願望的平和」に映る。隣国に多くの同胞を拉致され、硫黄島などで80年近く帰省を待つ旧日本兵の遺骨から目を背け、故郷を奪われた北方領土の島民がいる国。日本で、ある意味歴史のベールに包まれてきた〝悲劇〟は、ウクライナで多くの子どもたちがロシアへ拉致されたというニュースや、クリミア半島に続きウクライナ領が占領されていく状況によって、否応がなしに再考せざるを得なかった。

ウクライナ人から「日本は大丈夫？」と聞かれるたび、それは核保有国に囲まれているという実質的な脅威についてではなく、それらの脅威から目を背け平和だと信じてきたその姿勢を憂いてしまう。ウクライナがこの1年間多大なる犠牲を払って、世界に、そして日本に教えてくれた平和のあり方。日本はこの犠牲を無にせず、真の意味で日本が平和になるためにはどうすればいいのか、世界基準の平和とは何なのかを考えるべき時に来ているのではないか。

個人が国の安全保障なんて考えても、と思われるかもしれない。そもそも、安全保障の議論はあまり票にもならないと言われ、政府でさえ真剣に向き合ってこなかった節がある。しかし、より狭い範囲で考えれば分かりやすいだろう。日本をあなたの家に例えれば、拉致問題は自身の子どもが無理やり連れていかれ、監禁されたままであるという状態。北方領土問題は家の一角に強盗が居座っているようなものだ。国際問題もこのように自分の家に例え、自分事としてとらえることは決して極端な考え方ではない。私たちは国を家として考えてきたからこそ、「国家」と呼ぶのではないか。

そしてウクライナ支援が日本の平和につながるということも意識していきたいものだ。日本からのウクライナ支援は必ずやウクライナの親日化につながるだろう。将来、震災などで日本が国際的な支援を必要とすれば、ウクライナは迷わず寄り添ってくれるだろう。ウクライナでの平和実現が日本の安寧《あんねい》にもつながるのであれば、一挙両得ではないか。

私たちはただ生きているのではない。生かされているのだ。たまたまウクライナに生まれなかったから、銃を手にしなくてもよかっただけだ。生かされているとはいえ、その与えられた命をどう使うのかは私たち自身の判断にゆだねられている。自分のために使うのか、周りのために使うのか。今のために使うのか、未来のために使うのか。その〝命〟の〝使〟い方を「使命」と呼ぶ。私はこの1年、ウクライナ支援を自分の使命としてきた。今後もしばらく、与えられた命をウクライナのために使わせてほしい。

避難民の受け入れ、エネルギー価格の不安定化など、今回の戦争は決して私たちと無縁ではない。ウクライナでの戦争が日本人の国防意識を高め、国家防衛戦略にも大きな転換がはかられた。それはつまり、私たちは日本国内の環境だけではなく、ヨーロッパで起きている戦争にも大きな影響を受けるということだ。その戦争の行方によっては、侵略当事国やいくつかの専制主義国家に囲まれている国として、近い将来直接的かつ物理的な影響も受けかねない。核兵器を持つ国が、核を持たない国を核で脅しながら侵略する世界に私たちは生きている。被侵略国への国際的支援をも、核をちらつかせることで委縮させようという謀略にも対応しなければならなくなった。国連に平和の道を求める意見も、安全保障理事国が世界の安全を破壊するという暴挙の前に説得力を失っている。それでも、この世界をより平和にしていくため、私たちは戦後の世界秩序も考えながら前に進み続けなければならない。日本として、どんな世界を作りたいのか。そのビジョンはあるのか。その展望を実現するための具体的施策を、私たちは持ちあわせているのか。

日本は世界第3位の経済大国である。では、ウクライナに対し、世界平和を願う国として、それに見合う支援ができているのだろうか。アメリカの統計会社「Statista」のデータを元に対GDP比で各国の支援状況を比べてみたい。2022年11月20日までの段階で世界第3位の支援をしているのは日本ではなく、私が住むポーランドでGDP比0・5％である。日本はというと0・01％にしかすぎず、なんと世界30位に甘んじている。トップのエストニアは1・1％。第2位にはラトビアの0・93％が続く。ウクライナ近隣国からの支援は大きくて当然だと、距離でこの数字を片づけるわけにもいかない。アメリカやカナダは0・23％、ウクライナから見て日本よりもずっと遠いオーストラリアでさえ0・13％出しているのだ。

国際社会から見れば、日本は普段世界平和や核廃絶を訴えながら、結局行動が伴っていないと言われても仕方ない。軍事支援でなくとも、経済支援、金融支援、越冬支援などできることは多いのだから。憲法前文にある「自国のことのみに専念して他国を無視してはならない」姿勢を、支援疲れが叫ばれる欧米に代わって発揮してほしい。今後も武士道精神でウクライナを支援し続けてほしい。武士道の「武」とは「戈（ほこ）」を「止」めると書くように、人を傷つけるためではなく、人を守るところに理念を置いている。ウクライナの人々の命を守るために、多くの人に〝日本人として〟立ち上がってほしい。

ともに、平和への道を

1月に入り、ウクライナ支援に投入した支援金額は6000万円を超えた。医療物資だけで46万8702PLN（約1406万円）、パソコン265台、発電機207台、車両6台、自転車14台、1000人を超える子どもたちへのクリスマスプレゼント。レシートや領収書は700枚を数える。今後もこの数字はしばらく増え続けることだろう。山積みになった書類は負担ではなく、ウクライナへの想いが積み重なったものだ。

困難な時代、それは同時に考える機会を私たちに与え、お互いに支え合い、大切なことに気づかせてくれる時代でもある。ぜひこの機会を逃さないでほしい。もしあなたが明日突然避難民となったら、家を失ったら、家族と引き裂かれ一人外国に行くことになったら……。もしあなたが明日突然支援者となったら、言葉が通じない人々が無期限であなたの家に住むことになったら、支援のために100万円を託されたら、いつ誰に何のために使うのか。

そこに正解などない。暗記や模範解答が求められる受験勉強の習慣を捨て、教科書になかった問題に対し、答えは〝探す〟のではなくあなた自身が〝つくりだす〟必要がある。将来、国際社会に出ようという若者たちへ。世界に出たら、多くの壁にぶつかるだろう。そこではあなたが助けられることも、逆に困っている人を助ける側にまわることもあるだろう。その時、

〝私〟としてではなく〝日本人〟として何をどうしたいのかを考えてほしい。〝今〟どうしたいのかではなく〝歴史〟というパズルの中で自分の立ち位置を定め、あなたがそのパズルの1つのピースとなって〝未来〟をつくってほしい。言語や文化、そして習慣が異なる人々との関わりの中で、あなた自身の価値観も変化し、答えも時代や場所によって変わっていくことだろう。それでも、信念だけは決して変えずに突き進んでほしい。

世界に出るということ。日本にいれば知らなくてよかったようなことを知ることになり、気づかなくてもよかったことに気づくことになる。私の周りで多くの命が失われていく中、自分の支援にかける時間の一瞬一瞬がかつてなく大切に感じられ、出会わなくてもよかった子どもたちとの時間が何よりも貴重なものとなった。彼らと出会えたことは幸せだが、そのきっかけが戦争である限り、1年が経った今でも決して心から喜ぶことはできない。長期化する避難生活で、向き合うべき問題はより大きく、より複雑になっていく。それでも日本人として決して彼らを見捨てることはしない。武士道について前述したが、ここでもう1つ、江戸時代が終わってからも日本人は日本人としての気概をもっていたという事実を紹介したい。かの有名な福沢諭吉は『学問のすすめ』の中で次のように述べている。

「この国に生まれて日本人の名あり、すでにその名あればまたおのおのその分を明らかにして尽くすところなかるべからず」（著者意訳「この国に生まれ日本人の名をもつ以上、それぞれの使命をしっかりと意識し、尽力すべきだ」)

これが書かれたのは今から約150年前の明治7(1874)年1月のことだ。鎖国が終わって20年足らずで、日本ではすでに日本人として励むことが説かれていた。今は当時と時代も変わり、海外との関りは一部の知識層に限られたことではない。そして、世界における日本の存在感にも雲泥の差がある。それだけ、日本人として海外と関わる機会も増えている。

ウォージャがよく言っていた。それぞれの立場で、そこでしかできない平和への戦い方があると。戦死した彼に代わり、私から伝えたい。あなたの立場で、あなたにしかできない戦い方があるはずだということを。その道は険しいかもしれないが、逆境に負けずに登り続けてほしい。富士山にいくつかの山道があるように、あなたはあなたの道で登ればいい。どの登山口からでも、頂上に向かっていることには変わりない。ウォージャにとっては前線で命をはって戦うという最も険しい道、レシャやオスファルドにとっては物資を運ぶこと、子どもたちにとっては平和に向けた絵を描くというやり方、私は言語や活字、そして日本やポーランドとのつながりを駆使して山道を登り続けたい。平和を実現し、いずれ頂上であなたと出会った時、ともに同じ景色が見られる日を今から夢に見ている。

終章

ふるさとは　遠きにありて　思ふもの

そして悲しく　うたふもの

これは詩人、室生犀星《むろうさいせい》（１８８９－１９６２）の詩『小景異情』のその二である。私にとって故郷である日本。ポーランドというヨーロッパの国にあってさえ、なお私の祖国であることに一点の曇りもない。外国での生活は15年近くになるが、これほど日本人として生まれたことに感謝した1年はなかった。ウクライナに日の丸をつけた物資を送り続けてきたが、この日の丸に一番支えられたのは、紛れもなくこの私自身である。また、この詩には続きがある。

私が故郷日本との絆を強めていく一方で、多くのウクライナ人は故郷を追われ、破壊されていく祖国を悲しく見つめている。同じ故郷であっても、この地球上には帰れる故郷と帰れない故郷がある。私たちにとっては当たり前の家族、学校、仕事や地域社会。それが一瞬にして奪われた時、人はそれを悲劇と呼ぶ。しかし侵略という悲劇も1年続けば〝戦争慣れ〟という言葉で世界から片づけられ、当事者を残し、多くの人が日常へと戻っていく。侵略される悲劇。そして、忘れられていくことは第二の悲劇と言ってもよい。

いずれ迎えるであろう終戦。その瞬間に世界は平和に沸くだろう。その時、ウクライナの子どもたちの目の前に広がるのは積みあがった瓦礫、地雷、不発弾、壊された学校や自宅である。そこに以前のような故郷はない。終戦で終わるのは戦争だけ……。そこからようやく、何十年もかかるであろうインフラや心の復興を始められるということを忘れてはならない。その時、世界は引き続きウクライナに関心を向け続けてくれるだろうか。

この1年はあまりにも多くのことがありすぎ記憶がおぼろげだ。何をしたかより、何をしていないかを考えたほうが手っ取り早い。夏には人生で初めて、国政選挙の在外投票をしなかった。ドラマや映画、テレビを全く見ない一方で、日々目にするのはウクライナの現実。本を読む時間がないにもかかわらず、相手の気持ちを読む力だけが鍛えられていく。国内外を含め一泊の旅行にさえ行けなかった反面、旅先以上に多くの人と出会うこととなった。戦前はほぼ毎日嗜んでいた趣味の書道や墨絵。この1年は筆をおき、代わりにウクライナの子どもたちの手を取った。この1年からは娯楽という言葉が消え去った。これは奪われたのではなく、自らの意志で離れたに過ぎない。また、故郷や家族まで奪われた人々と過ごしていると、私が手放したものなど数えるに値しない。戦場は、何が失われたかより、何が残ったかで語られる。
ポーランド語とウクライナ語には意味が全く同じ諺がある。

prawdziwych przyjaciół poznaje sie w biedzie
——訳：真の友とは困難な時に分かるもの

Друг пізнається в біді
——訳：友とは困難な時に分かるもの

この1年で培った友のつながりは私に翼を与え、より遠く、より深く、より長く、より広い支援へと視界を開いてくれた。しかし、この支援も始まってまだ1年だ。長い歴史から見れば、たったの1年だと言われることだろう。2014年のクリミア危機から数えれば9年、そして気が遠くなる復興まで考えるとめまいがして頭が回らなくなる。しかしこんな危機に際して、人類の人類としての美しさが現れることもまた事実だ。ウクライナが困難な状況であり続ける限り、いや、その後もずっと彼らの友であり続けたい。日本に、今後もウクライナの友であり続けてほしい。それはきっと、私たちが次の世代に残せる1つの平和の形だろう。

本書は、そんな将来のウクライナ支援を見越して生まれた。世間の関心が減る中、少しでも多くの人にウクライナに寄り添い続けてほしい。印税の全てを支援の原資とすることで、長期支援に備えたい。そんな私の思いに賛同し、双葉社とつないでくださった日本のＥＣサイト「hacol」を運営する株式会社ｃｄ．代表取締役の葛西龍也氏、ウクライナ支援で十分時間が取れない中、執筆において適切なサポートをいただいた双葉社の谷水輝久氏、その他多くの方の協力がなければ本書は日の目を見ることはなかった。

この本を日本から応援してくれる全ての方に。将来世界を背負っていく日本とウクライナの子どもたちに。そして印税を支援物資に変えてウクライナで今も苦しむ人々に送りたい。忘れないでほしい。ウクライナ支援の主体はあなたであるということを。そして、この本の主体も私ではなくウクライナの人々であるということを。

最後に、家庭よりもウクライナばかりに目を向けている私を、追い出さずに支えてくれる家族に感謝し本書を締めくくりたい。

■戦況とできごと

2022

2月24日		戦争勃発。ウクライナの軍事施設を攻撃。東部から首都キエフ郊外や南部にも及ぶ
2月26日	ウクライナ	ゼレンスキー政権亡命拒否。「戦争はここで起きている。必要なものは武器であり、移動手段ではない」と宣言
	EU	ロシアを国際決済システム「SWIFT」から排除
2月28日	ウクライナ	EU加盟申請書に署名
3月1日	ロシア	60km超にも及ぶロシア軍車列がキーウ近郊へ
3月2日	ロシア	南部ヘルソンを支配下に置いたと発表
3月2日	ロシア	南東部の欧州最大規模の原子力発電所、ザポリージャ原発を占拠
3月8日	EU	ロシア産天然ガスへの依存を年末までに3分の2程度削減することを決定
3月11日	ロシア	キーウ北部に迫る
3月13日	ロシア	ポーランド国境から25kmしか離れていないヤーヴォリウを攻撃。35名死亡
3月16日	ロシア	マリウポリ劇場攻撃。約300人が死亡
3月25日	ウクライナ	国内避難民650万以上、国外避難民が370万人に達する
3月27日	ウクライナ	中立化と東部ドンバス地方を巡る譲歩について言及

3月29日　トルコ・イスタンブールにて和平協議。

4月2日　**ロシア**　5週間に及ぶ占領後、ブチャから撤退

4月7日　**国連**　国連総会、人権理事会におけるロシアの理事国資格を停止する決議を採択

4月8日　**ロシア**　東部ドネツク州クラマトルスク駅を攻撃。子ども5名を含む52名死亡

4月21日　**ロシア**　南東部マリウポリでの勝利と同地の解放を宣言

5月3日　**ウクライナ**　ハリキウにて反転攻勢。ロシア軍を40㎞押し戻す

5月12日　**ウクライナ**　国外避難民600万人に達する

5月15日　フィンランドとスウェーデンがNATOへの加盟申請を発表

5月17日　マリウポリ州アゾフスターリ製鉄所が陥落

5月27日　東部ルハンスク・セベロドネツクでの攻防戦が始まる

6月1日　**アメリカ**　HIMARS(M142高機動ロケット砲システム)の供与発表

6月6日　**イギリス**　M270MLRS(多連装ロケットシステム)の供与発表

6月15日　**ロシア**　パイプライン「ノードストリーム1」のヨーロッパへのガス供給量を60％削減

6月23日　**EU**　ウクライナとモルドバをEU候補国に認定

6月27日　**ロシア**　中部ポルタワ州クレメンチュクのショッピングセンターを攻撃。18人死亡

6月25日　セベロドネツクが陥落

6月30日	ロシア	黒海の北西部ズミイヌイ島から撤退
7月3日	ロシア	ルガンスク州全域の占領を宣言
7月4日	国際社会	スイス・ルガーノにてウクライナ復興国際会議開催
7月18日	ウクライナ	ロシアが計3000発の巡航ミサイル撃ち込んだことに言及
7月22日	ウクライナ・ロシア・トルコ・国連	黒海を通じたウクライナからの穀物輸出の再開に合意
7月29日		東部オレニフカに収容されていたウクライナ人戦時捕虜50人爆殺。両国が敵国の攻撃を主張
8月1日	ウクライナ	穀物輸出合意に基づいた最初の輸送船がオデーサを出航
8月9日		クリミア半島サキ空軍基地にあったロシアの爆撃機9機が破壊される。ウクライナは関与を否定
8月20日		ロシアの思想家アレクサンドル・ドゥーギンの娘ダリアがモスクワにて爆殺される
8月24日	ウクライナ	旧ソ連から31回目の独立記念日
8月27日	国連	ウクライナから黒海経由の穀物輸出が再開以来100万トンを突破と発表
8月29日	ウクライナ	ハリキウにて大規模反撃開始
9月1日	ロシア	東部軍管区にて7日間の日程で大規模軍事演習「ボストーク2022」開始
	IAEA	調査団、ロシア軍が掌握するザポリージャ原子力発電所を視察
9月11日	ウクライナ	東部ハリコフの要衝イジュームを奪還
9月12日	ウクライナ	9月以降、東部と南部で計6000㎢超の領土を奪還したと発表

9月15日 **ウクライナ** イジュームで440人以上の集団墓地発見。ロシア軍による民間人虐殺の疑い

9月21日 **ロシア** 「部分動員」を可能にする大統領令に署名

9月23日 **ロシア** 東部ドネツクとルハンスク、南部ザポリージャとヘルソンの4州でロシアへの編入を問う〝住民投票〟強行。27日まで

9月27日 デンマーク、スウェーデン沖の3ヵ所でロシアの天然ガスパイプランからガス漏れ

9月30日 **ロシア** 住民投票を理由に東・南部4州の併合文書に調印

10月1日 **ロシア** ドネツクの要衝リマンから撤退

10月4日 部分動員発令後60～70万人のロシア国民が出国

10月7日 **ウクライナ** ゼレンスキー大統領、北方領土に関し日本の主権と一体性の支持を表明

10月8日 ケルチ海峡にかかるクリミアとロシアをつなぐクリミア大橋で大爆発発生

10月10日 **ロシア** 計75発のミサイルでウクライナ全土を攻撃

10月12日 **国連** 総会にてロシアのウクライナ東・南部4州〝併合〟非難決議を採択

10月15日 **ウクライナ** 議員団が来日。ロシアへの圧力強化、インフラの復旧支援などについて議論

10月17日 **NATO** ロシアの威嚇に対して14カ国が参加して核抑止演習を開始。30日まで

10月20日 **ロシア** 東・南部4州の戒厳令に署名。ベラルーシとの合同部隊始動

10月31日 **モルドバ** ロシアのミサイルをウクライナが迎撃、その一部が北部の集落に落下

11月5日 **イラン** 侵攻する数ヵ月前に、ロシアへの無人機(ドローン)供与を認める

11月6日 **ロシア** 兵員不足で重罪を犯した受刑者の軍への動員を合法化

11月9日 戦闘に参加していた20代の日本人義勇兵死亡

11月11日 **ウクライナ** 南部の主要都市ヘルソン奪還

11月15日 **ポーランド** 東部プジェボドフにミサイルが着弾し2名死亡

11月19日 **イギリス** スナク新首相、就任後キーウ初訪問。ゼレンスキー大統領と会談

11月22日 **日本** ウクライナへの電力不足支援として約3億6000万円の緊急無償資金協力発表

11月23日 **ウクライナ** ロ軍攻撃により国内4原発で外部電源喪失と発表。放射線量には異常なし

11月25日 **ロシア** プーチン大統領、兵士の母親ら17人と面会。26日はロシアの「母の日」

12月2日 **G7** ロシア産石油の価格に1バレルあたり60ドル(約8000円)の上限を設定

12月5日 **モルドバ** 10月末に続き北部でミサイルの破片が発見される

ウクライナ国境から600km離れたロシア領内エンゲルス空軍基地に無人機攻撃

12月20日 侵攻開始300日

12月21日 **ウクライナ** ゼレンスキー大統領電撃訪米。戦争下の国家元首としては異例

12月22日 **アメリカ** 北朝鮮がロシアの民兵組織「ワグネル」に兵器を納入したと発表

12月26日 ロシア南部エンゲリス空軍基地に再びドローン攻撃

2023

12月29日 **ロシア** ウクライナ全土に120発以上のミサイルを発射

1月1日 **ウクライナ** ドネツク州マキイウカへのHIMARS攻撃により、ロ軍に過去最大級の人的被害

1月4日 **フランス** ウクライナに軽戦車AMX－10RCの供与を決定。欧米製の戦車供与は初めて

1月5日 **アメリカ・ドイツ** 歩兵戦闘車の供与を共同声明にて発表

ロシア プーチン大統領が6日正午から8日午前0時までの停戦を指示。ウクライナにも呼びかけ

1月6日 **アメリカ** 過去最大30億ドル（約3700億円）規模の軍事支援を発表

1月11日 **ロシア** 「制服組」トップのゲラシモフ参謀総長を統括司令官に任命

ポーランド ドイツ製戦車レオパルトの供与を決定。西側の支援拡大へ

1月14日 **ロシア** ドニプロの集合住宅にミサイル攻撃。40人が死亡、さらに行方不明者が多数

イギリス 主力戦車「チャレンジャー2」の提供を決定。支援を強化する意向を表明

1月16日 **国連** ロシア侵攻後のウクライナ民間人死者数が7000人以上と発表

1月20日 **国際社会** ドイツで約50ヵ国が参加し「ウクライナ防衛問題コンタクトグループ」の会合を開催

1月26日 **ウクライナ** ドネツク州ソレダルから撤退

1月29日 **ウクライナ** 欧米各国からの戦車供与が300両超と発表

2月3日 **ウクライナ・EU** キーウで首脳会議を開催。財政・軍事支援について協議

2月24日 侵攻開始から1年を迎える

坂本龍太朗（さかもと・りょうたろう）

1986年2月14日、岐阜県生まれ、長野県育ち。ポーランド・コレギウム シヴィタス大学大学院国際関係研究科卒業。静岡大学教育学部在学中にアメリカ・ネブラスカ大学オマハ校、ベラルーシ・ホメリ国立大学奨学生。2010年に大学院へ進学して以降、ポーランド在住。大学院在籍中にワルシャワ日本語学校を設立。学校経営のかたわら和太鼓や書道をポーランド国内外で紹介。現在、ワルシャワ日本語学校教頭、ポーランド日本語教師会事務局長、ポーランド日本祭り事務局長。著書に『日本を出て、日本を知る ～日本人が日本人として、これからの時代を生き抜くヒント～』などがある。2022年2月に始まったロシアのウクライナ侵攻に対して、隣国から支援を続けている。2022年、ウクライナ支援に対し第27回信毎選賞を受賞。

●著者の支援活動については、Facebookでご確認いただけます。
https://www.facebook.com/sakamoto.ryotaro

●国内からの支援等についてのご相談は
「千曲市ウクライナ避難民を支える会」にお問い合わせください。
https://www.facebook.com/100083369996597

本書の売り上げの一部、また著者が得る報酬の全てを「千曲市ウクライナ避難民を支える会」を通じてウクライナ支援に充てさせていただきます。

ウクライナとともに

涙《なみだ》と笑顔《えがお》、怒《いか》りと感謝《かんしゃ》の365日《にち》

2023年2月25日　第1刷発行

著　　者　坂本龍《さかもとりょう》太《た》朗《ろう》
発 行 者　島野浩二
発 行 所　株式会社双葉社
〒162-8540 東京都新宿区東五軒町3番28号
TEL.03-5261-4818［営業］ 03-5261-4869［編集］
http://www.futabasha.co.jp/
（双葉社の書籍・コミック・ムックが買えます）

印刷・製本　中央精版印刷株式会社

ISBN 978-4-575-31778-7 C0095